THOMAS POPPE

Espresso mit dem Teufel

THOMAS POPPE

Espresso mit dem Teufel

**Die Nacht, in der er mir
seine Tricks offenbarte**

IRISIANA

Penguin Random House Verlagsgruppe FSC® N001967

1. Auflage
© 2021 by Irisiana Verlag, einem Unternehmen der
Penguin Random House Verlagsgruppe GmbH,
Neumarkter Straße 28, 81673 München
Redaktion: Martin Stiefenhofer
Satz: Uhl + Massopust, Aalen
Illustrationen: Christian M. Weiß
Projektleitung: Sven Beier
Umschlaggestaltung: Geviert, Grafik & Typografie
Covermotiv: © GettyImages-157189164 / elkor
Druck und Bindung: CPI books GmbH, Leck
Printed in Germany

ISBN: 978-3-424-15413-9

Liebe Leserin, lieber Leser,

vielleicht stehen Sie gerade in Ihrer Stammbuchhandlung, in einer Bibliothek, vielleicht haben Sie kurz beim Buch- und Zeitschriftenhändler im Bahnhof oder Flughafen haltgemacht... und Sie fragen sich, ob dieses Buch etwas für Sie wäre:

Schlagen Sie es schnell irgendwo auf, lesen Sie zwei, drei, vier Zeilen.

Wenn Ihnen diese Zeilen sofort etwas sagen, dann ist dieses Buch für Sie gedacht. Und wenn sie Sie schockieren, beunruhigen, ärgern – dann erst recht.

Wir wünschen Ihnen viele interessante Einblicke und viel Glück und Liebe auf Ihrem Weg. Möge die Neugier Sie nie verlassen.

Tom und Fred

P. S.: Auf Seite 266 finden Sie »Freds Wegweiser« durch dieses Buch.

Good morning. Please allow me to introduce myself: I am the Devil, but please call me Fred. No need to guess my name...

Mit diesen Worten, in perfektem Englisch und der Andeutung eines Lächelns streckt mir der Mann seine Hand entgegen. Automatisch ergreife ich sie und schüttle sie kurz. Ein fester Händedruck, eine warme, trockene Hand.

»*Guten Morgen, erlauben Sie mir, dass ich mich vorstelle: Ich bin der Teufel, aber nennen Sie mich einfach Fred. Damit sie meinen Namen nicht raten müssen...*« *Die Worte eines Fremden, der mich aus dem Halbdunkel anspricht, mitten in der Nacht an der Bar eines Flughafenhotels im Westen der USA. Worte aus »Sympathy for the Devil« von den Rolling Stones.*

Ich spüre, dass die Härchen auf dem Rücken meiner rechten Hand kitzeln und kerzengerade aufrecht stehen. Ein Gefühl kriecht in mir hoch, das ich nicht benennen kann...

Es ist drei Uhr morgens, ich habe einen langen Flug von der Süd-
spitze Südamerikas hinter mir und warte auf den Anschlussflug
nach Europa; ein doppelter Espresso verhindert, dass ich vom Bar-
hocker rutsche, eine Dusche wäre jetzt das höchste der Gefühle, viel-
leicht auch ein Upgrade in die Liegesitze der First-Class, aber nein,
karge Economy wartet im Flieger. Noch schnell ein Hotelzimmer?
Nein, lohnt sich nicht mehr; ein kleiner Bildschirm zwischen den
Whisky-Flaschen zeigt die Boarding- und Abflugzeiten – und der
Teufel hat mich gerade angesprochen …

Der Mann: interessantes Gesicht, hellwach, lässig-elegant gekleidet,
mit kurzen, tiefschwarzen, hier und da leicht angegrauten Haaren;
ich würde ihm wohl ohne langes Feilschen einen Gebrauchtwagen
abkaufen. Mein Blick wandert zur leeren Espressotasse vor mir.
Ich bin jetzt absolut sicher, dass ich mich verhört habe – als mein
Gegenüber weiterspricht, jetzt in perfektem Deutsch, ohne Anflug
eines Dialekts …

Verzeihen Sie, wenn ich Sie so einfach anspreche, aber ein gutes
Gespräch verkürzt die Wartezeit. Wenn ich Sie aber in Ruhe lassen soll, dafür habe ich Verständnis. Ich habe immer Verständnis für das … *Ruhebedürfnis des Menschen.*

Die letzten Worte zieht der Mann auf besondere Weise in die
Länge und lächelt dabei. Was will er damit sagen? Meine Müdigkeit
ist plötzlich wie weggeblasen. Von Natur aus neugierig, denke ich:
Das Spiel mitzuspielen, kann vielleicht ganz amüsant werden.

Nein, Sie haben recht, das ist auch meine Erfahrung.

Wunderbar. Sie habe ich übrigens gesucht. Sie sind Schriftsteller, richtig?

Aus irgendeinem Grund kullern die folgenden Worte aus mir nur so heraus, als wäre ich jahrelang zum Schweigen verdammt gewesen und dürfte jetzt zum ersten Mal wieder den Mund aufmachen. Seltsam ...

Richtig, woher wissen Sie? Kennen Sie meine Bücher?
Mein Gesicht taucht in den Medien kaum auf.
Sie haben mich gesucht? Warum?
Und warum sagen Sie, Sie seien ein »Teufel«?

Nehmen Sie mich bitte beim Wort, das ist heute Nacht sehr wichtig! Also, ich bin nicht *ein* Teufel. Ich bin *der* Teufel. Aber sagen Sie doch einfach Fred zu mir.

Fred, der Teufel. Also gut, Fred, ich spiele jetzt einfach mal mit. Was mir da gleich in den Sinn kommt: Unter dem »Teufel« stelle ich mir etwas *ganz* Anderes vor, beziehungsweise *jemand* ganz Anderen. Den Bildern in meinem Kopf entsprechen Sie ganz und gar nicht.

Statt sofort zu antworten, lächelt Fred und zieht ein langes, dunkelbraunes Zigarillo aus der Innentasche seines Jacketts, schnippt mit Mittelfinger und Daumen der rechten Hand, worauf eine kleine, blaue Flamme aus seiner Daumenspitze züngelt. Langsam führt er die Flamme zur Spitze des Zigarillos, zündet es an, löscht mit Daumen und Zeigefinger der linken Hand die Flamme, zieht langsam am Rauchwerk und bläst im Ausatmen einen kunstvollen, leuchtend roten Rauchkringel in die Luft. Langsam dehnt er sich aus, verwandelt sich in ein dreidimensionales rotes Herz und löst sich dann im Luftstrom der Klimaanlage auf. Ich starre dem Rauch hinterher, mir bleibt kurz der Atem weg – und Fred redet weiter, als ob nichts geschehen wäre.

Wenn der Rauch Sie stört, sagen Sie es nur; die Zeiten haben sich da ja sehr geändert.

Ja, verständlich, Ihre Sicht, was das vermeintliche Wesen des Teufels betrifft. Das zeigt mir nur, wie gut ich war. Meine Arbeit in dieser Welt erfordert Unsichtbarkeit. Ich und meine Getreuen, wir arbeiten fast ausnahmslos *undercover*. Glauben Sie mir, wie und wo ich am erfolgreichsten arbeite, das ahnt kaum jemand. Das gehörte zu unserem Handwerk. Bis heute ... Was glauben Sie, woran erkennt man einen guten Geheimagenten?

Wenn Sie so fragen: Man erkennt ihn gar nicht.

Treffend gesagt! Für meine Aufgabe ist das eine Grundvoraussetzung. Wer mich nämlich erkennt, der ist mir oft im gleichen Augenblick auch schon entwischt, zumindest für den Moment. Ich kann ihm nur noch hinterherrufen: »Bis zum nächsten Mal!« Geht es Ihnen gut? Sie sehen etwas blass aus.

Alles bestens, Sauerstoffmangel vielleicht. Gut. In Ordnung, Fred, Sie haben recht, so ein Gespräch zwischen den Welten kann manchmal das Leben verändern, das habe ich selbst schon erlebt. Manchmal genügt schon ein einziger Satz. Als ich einmal einen Ausflug vom kühlen Landesinneren Argentiniens ins brütend heiße und feuchte Buenos Aires machte, seufzte ich beim Aussteigen aus dem Charterbus laut: »Wenn ich das gewusst hätte, wäre ich auf dem Land geblieben.« Woraufhin sich eine ältere Dame vor mir umdrehte und ganz ruhig sagte: »Ach komm, Herzchen, wenn du's vorher gewusst hättest, wärst du gar nicht geboren worden.« Habe ich nie vergessen, diesen Satz.

Also dann, was führt den Teufel hierher, in diese schöne Nacht an einen Flughafen im Nirgendwo?

Ich wollte mit Ihnen sprechen.

Mit mir? Ist meine Zeit schon um?

Keine Sorge, Sie stehen schon länger nicht mehr auf unseren Listen. Wir können nicht überall sein, deshalb arbeiten wir nur an schwierigen Fällen, um die wir uns laufend und intensiv bemühen müssen.

Wen wir nicht mehr im Visier haben, den haben wir entweder mit Haut und Haaren im Sack oder er ist nicht mehr der Mühe wert, weil er sich für einen guten Weg *entschieden* hat – wie Sie zum Beispiel.

Das Wort »entschieden« betonte mein Gegenüber auf eine besondere Weise, die mir einen leichten, aber nicht unangenehmen Schauer über den Rücken jagte. Ich machte mir eine gedankliche Notiz.

Bei Menschen wie Ihnen verlangt unsere Geschäftsordnung nur, dass wir in größeren Abständen auf den Busch klopfen und die eine oder andere Versuchung schicken, damit ihr nicht den Faden verliert. Sie wissen schon, Hiob und so.

Aber Sie, mein Lieber, Sie sind ein Spezialfall. Und darum suche ich heute Nacht das Gespräch mit Ihnen. Sie könnten mir nämlich eine große Hilfe sein. Ich wünsche mir von Ihnen, dass Sie unsere Unterhaltung wortgetreu aufzeichnen und dann in alle Welt verbreiten – bis in den letzten Winkel, wenn es geht.

Ich soll dem Teufel helfen? Wenn das mal meinem Ruf nicht schadet …

Was mich dazu bewegt, kann ich nicht so recht einordnen, aber ich drücke auf den Audio-Aufnahmeknopf meines Handys. Ein seltsamer Mensch …

Ja, das wäre mein Wunsch. Und ich verstehe natürlich Ihre Bedenken. Eine Frage aber: Können Sie mir in kurzen Worten sagen, was Ihr wichtigstes Anliegen als Autor ist? Was sollen Ihre Leserinnen und Leser von der Lektüre mitnehmen?

Vielleicht klingt das ein wenig pathetisch, aber ich möchte allen Lesern brauchbare Werkzeuge in die Hand geben, um eine bessere Welt zu schaffen, aktuell und langfristig. Und auf allen Ebenen, in denen wir uns zu Hause fühlen – von sinnvoller Gesundheitsvorsorge über umweltschonende Methoden beim Bauen und Reparieren bis zu erfolgreicher Bio-Landwirtschaft und … Sagten Sie nicht, Sie kennen meine Bücher? Dann kennen Sie auch meine Anliegen! Die Lektüre soll einfach zu mehr Unabhängigkeit führen – und zu einer langsamen Umkehr in Richtung harmonisches Miteinander von Mensch und Natur.

Ich bekräftige hiermit: Wir ziehen am selben Strang. *Sie* haben gute Absichten – und *ich* bin heute darauf angewiesen, dass Sie mit Ihren guten Absichten Erfolg haben.

Tatsächlich haben wir zwei *ein- und dasselbe* Problem und könnten es vielleicht gemeinsam lösen. Dazu müssten Sie unsere Unterhaltung Ihren LeserInnen zur Kenntnis bringen. Sie sollten problemlos Kanäle dafür finden, denn es gibt ja heute schon so viele Bücher über Gespräche mit Gott, mit Buddy, mit ihren Freunden, den Meistern und Engeln und so weiter – da würde ein Dialog zwischen uns beiden sicher auf Interesse stoßen. Wie sagt man doch bei euch: *Audiatur et altera pars.*

Freds letzten Satz hatte ich zuletzt vor etwa 45 Jahren gehört. Ein Lehrer an meinem Gymnasium damals wollte sich der Vorverurteilung eines Schülers, dem man einen etwas heftigen Streich zur Last gelegt hatte, nicht anschließen. Aber keinem anderen Schüler traute man damals zu, einen waschechten, beinahe noch warmen Kuhfladen auf den Schreibtisch des Direktors zu drapieren, in den obendrein ein Hakenkreuz geritzt war – in Anspielung auf die unbestrittene Nazi-Vergangenheit des Schuloberen. Ja, und niemand wollte dem Schüler Gelegenheit zur Verteidigung geben; vielleicht auch deshalb, weil er selbst sich gar nicht darum bemühte. »Audiatur et altera pars« – »Beide Seiten mögen gehört werden«. Diese Maxime des altrömischen Rechtssystems hatte damals mein alter Lateinlehrer zitiert und er bohrte so lange nach, bis der Beschuldigte ein überzeugendes Alibi nachweisen konnte. Kein Wunder, denn ich war es gewesen, der den Kuhfladen dort platziert hatte. Ich dachte, ich käme damit sicher durch, weil mir das niemand zutrauen würde nach neun Schuljahren mit fast »weißer Weste«. Tatsächlich blieb damals die Urheberschaft dieses gelungenen Streichs offen. Als ob Fred das Ende des Streifzugs durch meine Erinnerungen gespürt hätte, spricht er erst jetzt weiter.

Gut, für den Augenblick sollten Sie sich eines vor Augen halten und ein wenig darüber nachdenken: Vom Anbeginn der Zeit bis heute und in alle Ewigkeit – *ohne mich geht nichts!* Eure zahllosen Gespräche mit Buddy und ihren Getreuen, all die vielen Bücher und Abhandlungen, sie alle würden gar keinen Sinn machen, wenn ich nicht wäre.

Das Naturgesetz lautet: Die Guten existieren nicht ohne die Bösen, die Sieger hätten keine Chance, gäbe es keine Verlierer, Yin ist nur heiße Luft ohne Yang, jede Anstrengung, sich zu verbessern und zu entwickeln, wäre sinnlos, weil es *nicht anstrengend* wäre, den Urknall gäbe es nicht, so manche Nobelpreisträger wären armselige Würstchen ohne ihre Ehefrauen …

Wie bitte?

Nur ein Scherz, nur ein Scherz! Beziehungsweise, das ist ein spezielles Thema, das wir vielleicht noch streifen sollten. Nein, worauf ich hinaus will: Die Erde würde nicht existieren, wenn es weder Herausforderung noch Anreiz noch Widerstand gäbe, sich zu entwickeln. Des Bergsteigers bester Freund ist nicht nur sein Ehrgeiz, sondern auch der Berg.

Was die Nobelpreisträger betrifft, da stimme ich Ihnen voll und ganz zu. Personenkult in jeder Form ist mir ein Graus. Vorbilder, Idole – damit kann ich nichts anfangen. Zumindest ist das heute so. Selbst noch so objektive und sachliche Danksagungen bei Preisverleihungen können mich da nicht umstimmen. Früher, als ich jung war, war das anders, aber im Nachhinein muss ich sagen: Menschen auf Podeste zu heben, hat mir eigentlich immer nur Enttäuschungen gebracht. Außer vielleicht Beethoven, die Beatles und das Animal Liberation Orchestra. Kennen Sie die Band?

Über Musikgeschmack lässt sich nicht streiten.

O.K., Fred, also: Angenommen, Sie sind wirklich der Teufel. Da drängt sich mir als Erstes die Frage auf: *Warum gibt es Sie?* Was *genau* ist Ihre Aufgabe auf diesem schönen Planeten? Den

Menschen Steine in den Weg legen? Versuchungen ausstreuen? Gier, Hass, Neid fördern? Für die Bad Guys das Hotel Hölle in der Unterwelt betreiben …? Ihr Ruf ist, wie gesagt, wahrlich nicht der beste.

Ich kann Ihnen versichern, ich bin es wirklich. Und was Sie da aufzählen, Gier, Hass, Neid – das ist Kinderkram, dafür schicke ich die unbedarften Lehrlinge aus unseren Reihen, so offensichtlich zerstörerisch sind diese Dinge. Und »Hotel Hölle«? Darüber wird noch zu sprechen sein.

Mein miserables Image ist in fast allen Facetten mein eigenes Werk – ein Ablenkungsmanöver quer durch alle Zeiten. Wie gesagt, so konnte und kann ich ungestört meiner eigentlichen Arbeit nachgehen, denn fast alle Welt vermutet mich, wo ich gar nicht bin. Als die Menschen die erste Eisenbahn zischend und schnaufend auf sich zurollen sahen, schrien sie: »Der Teufel selbst sucht uns heim!« und rannten in alle Himmelsrichtungen davon. Wir haben alle sehr gelacht, glauben Sie mir.

Also, ich gebe Ihnen mein Wort: Fast jedes Mal, wenn einer von euch predigt oder angsterfüllt murmelt: »Das ist Teufelswerk!« oder wenn jemand das schreckensvolle Gemälde einer »Unterwelt« malt, mit Pinsel, Idee oder Wort, dann habe ich diese Überzeugung gefördert und zur fixen Idee reifen lassen – um meine eigentliche Arbeit unentdeckt zum Erfolg zu führen.

Ganz meine Rede! Wer den Teufel an die Wand malt, braucht eigentlich Hilfe oder Therapie, um Ängste loszuwerden – oder seinen Fanatismus, was dasselbe ist, wenn Sie mich fragen. Man sollte solches Tun einfach ignorieren, speziell die Medien! Und vor allem sollte man solche Menschen nicht in Ämter wählen!

Also, wenn all das »Teufelswerk« Ablenkung ist, was treiben Sie den lieben langen Tag als Geheimagent der Unterwelt, wenn ich so sagen darf?

Meine Aufgaben lassen sich in einfache Worte fassen. Vielleicht fange ich einmal so an: Ich arbeite Tag und Nacht daran, die Menschen davon zu überzeugen, dass Bequemlichkeit ihr Geburtsrecht ist. Dass Stillstand erstrebenswerter ist als Bewegung – körperlich, geistig und seelisch. Ich bin der Erfinder der Morgen-Diät: »Was du heute kannst besorgen, das verschieb' sogleich auf morgen!«

Sie waren das? *Diese* Diät kenne ich in- und auswendig! Aber was gibt es da schon groß zu tun? Ich dachte immer, die Neigung zur Trägheit sei eine angeborene menschliche Eigenschaft, gegen die man eigentlich tapfer ankämpfen muss. Dafür wurde die Selbstdisziplin erfunden. Sagt man zumindest …

Augen auf, mein Lieber. Schon mal einen Kinderspielplatz beobachtet bei Sonnenschein im Frühling? Trägheit ist keineswegs eure Natur, sondern Symptom eines bestimmten Zustands. Sie gewinnt erst dann die Oberhand, wenn Geist, Körper und Seele nicht mehr im Gleichtakt schwingen auf ein gemeinsames Ziel hin, sondern sich gegeneinander richten. Wenn Körper und Geist miteinander im Clinch liegen, kostet das mehr Kraft als ihr euch vorstellen könnt. Am sinnfälligsten wird euer Drang wohl in den ersten Klassen eurer Volksschulen. Beobachten Sie, wie dort die kindlichen Körper lieber über die Wiesen rennen würden, statt stundenlang auf unnatürlich geformten, kalten Sitzmöbeln verharren zu müssen.

Ich erinnere mich an meine eigene Schulzeit, und richtig: Ich glaube, wenn unser Turnlehrer damals nicht von der Notwendigkeit ungezwungener Bewegung überzeugt gewesen wäre, hätte mich meine Betragensnote vom Besuch des Gymnasiums abgehalten.

Aber manchmal muss man sich doch auch ausruhen und den Müßig-Gang einlegen, oder?

Die Trägheit, von der ich spreche, ist das genaue Gegenteil von lebensfroher, notwendiger Muße und Regeneration. Die wirklich erfolgreichen Menschen beherrschen sogar die Kunst, sich von einer kreativen Arbeit mit einer anderen zu entspannen. Aber das ist nur ein Aspekt der Geschichte. Sie müssen verstehen, warum ich so interessiert war, das Streben nach einem bequemen Leben zu fördern. Mir ging es dabei nämlich um den nächsten Schritt.

Halten Sie sich vor Augen: Stehenbleiben, Stillstand, Nichtstun – das existiert eigentlich gar nicht! Es ist eine Illusion. Was ihr stillstehen lasst, was ihr nicht gebraucht, das verurteilt ihr zu einer anderen Form der Bewegung, nämlich zur *Aktivität der Rückentwicklung*. Es schwindet und verfällt im Laufe der Zeit, was ja auch eine Form von Bewegung ist.

Abwärts sozusagen.

Das gilt für einen Muskel ebenso wie für das Denken, für Gefühle, Intuition. Wer Bequemlichkeit als ein Gut anstrebt, erkauft es mit Verfall – er übt Verrat an seinen Träumen, an den Aufgaben, um derentwillen er oder sie auf die Erde gekommen ist.

Eure Wissenschaftler behaupten, dass die Fähigkeit des Gedankenlesens nicht existiert. Das könnt ihr erst jetzt festschreiben, nachdem ihr euren sechsten Sinn habt verkommen lassen, ihn ersetzt habt durch Internet und Telefon, Google und Wikipedia, die euch obendrein bequemes Pseudowissen verkaufen. Euer Gehirn schläft ein, sodass ihr nicht einmal mehr die Telefonnummern eurer Liebsten auswendig kennt. Was glauben Sie, warum im Jahr 1743 eine Hebamme um vier Uhr früh aufwachte, sich anzog und zwei Kilometer über einen See ruderte, weil sie wusste, dass drüben bei der Frau des Fischers die Geburt bevorsteht? Hatte ihr Handy geklingelt?

So gesehen …

Genau! Also: Abbremsen und *Stillstand*, das ist mein Job. Wer rastet, der rostet, und Rost ist cool – in den Augen des Teufels! O.K., stellen Sie sich vor, Sie sind körperlich fit und unternehmungslustig und entscheiden sich, den nächsten New-York-Marathon mitzulaufen, obwohl Sie noch nie länger als fünf Kilometer am Stück joggten. Angenommen jetzt, Sie machen einen Versuch und rennen einen ganzen Probe-Marathon ohne jede Probleme. Sie fühlen sich am Ende fit und kommen nicht einmal außer Atem, haben keine Blasen an den Füßen, mussten sich kaum anstrengen … Meditieren Sie in Ruhe über diesen Aspekt.

Das wäre ja gar keine Leistung! Wo ist da die Freude am Gelingen?

Anderes Beispiel: Stellen Sie sich vor, Sie möchten Gitarre lernen und schnappen sich das Instrument – und am nächsten Tag spielen Sie schon wie ein Flamenco-Virtuose. Was stimmt an diesem Bild nicht?

Ich glaube, ich verstehe …

Wer sich von meinen Einladungen zu Trägheit und Stillstand verführen ließ, den habe ich im Sack. Wer von euch hingegen niemals zu lernen aufhören möchte, der ist meine besondere

Zielperson. Wer vorurteilsfrei neugierig ist, um den muss ich mich speziell kümmern.

Mir scheint, die Zahl Ihrer Opfer ist nicht gering …

Korrekt, eigentlich hätte ich darauf bestehen sollen, pro Person bezahlt zu werden. Scherz beiseite: Den Stillstand einzuladen, den Bremser zu spielen, das hat viele Nebenwirkungen und Verästelungen, wie Sie noch sehen werden. So verführte ich euch dazu, eure aktuell gepflegten Meinungen, Überzeugungen, Glaubenssätze als »Wahrheit« zu deklarieren, die nicht mehr geprüft werden muss. Das ist bequem und gibt euch ein trügerisches Gefühl der Sicherheit. Fake News waren hier meine besten Helfer, weil sich die Lüge in der Regel viel schneller im Geist einnistet als die Wahrheit. »Gib einem Gerücht einen Vorsprung von ein paar Stunden, und die ganze Welt weiß Bescheid.« Einer eurer weisen Sprüche. Das gilt besonders dann, wenn die Lüge Vorurteile zementiert. Hatte ich hier Erfolg, bewirkte ich natürlich ebenfalls Stillstand und geistigen Abbau.

Sie haben einen dicken, fetten Knopf bei mir gedrückt! Wenn ich Kulturminister wäre, würde ich das Schulfach »Plausibilität« einführen! »Wie unterscheide ich Medienwahrheit von Medienlüge?« oder »Wie erkenne ich eine gefälschte Statistik?«. Und ich würde alles tun, um »Deepfakes« zu unterbinden und Internet-Trolle zu verfolgen und zu bestrafen! Das sind Verbrecher, die das Leben eines Menschen so verändern, ihn so aus dem Gleis werfen können, dass er sich nie wieder zurechtfindet.

Guter Gedanke. Aber solange ihr immer wieder Politiker wählt, die euer Wohl – wenn überhaupt – nur kurz vor den Wahlen im Auge haben, dann wird daraus wohl nichts.

O. K., was geschieht, wenn sich die Menschen an ihre Überzeugungen klammern wie Ertrinkende an den sprichwörtlichen Strohhalm?

Na, alles, was nach Erfahrungsaustausch, Synergie, Kompromiss und dergleichen aussieht, verschwindet aus dem Alltag. Kann man jeden Tag in den Nachrichten beobachten …

Richtig. Überall da, wo echtes Miteinander, Harmonie und Ausgleich herrschen oder angestrebt werden, kriechen aus sämtlichen Ritzen und Löchern Rivalität und Neid hervor. *Das* war mein Job. Ich brachte die Menschen auseinander. Und im nächsten Schritt: Wo man etwas oder jemanden direkt bekämpfte, da war ich und feuerte an. Denn nur die wenigsten unter euch begreifen, dass das Bekämpfen einer Sache oder Person sie nicht schwächt, sondern sie nur stärkt. Darauf kommen wir später aber noch genauer.

Mein größter Gegner war hier schon immer euer starkes Gefühl für den Wert von Harmonie und Miteinander und für die Gleichheit aller Menschen, das in euren Seelen verankert ist. Wenn ihr diesem Gefühl, diesem *Wissen* in eurem Leben eine Chance gebt, könnte das gegen meine Versuchungen immun machen. Für den Augenblick aber zusammengefasst: *Ich machte Stillstand, Gegeneinander und Schwarzweiß-Denken attraktiv und half mit, dass Neugier ohne Vorurteil für euch zum Fremdwort wurde.* Und glauben Sie mir, meine Werkzeuge, um dieses Ziel zu erreichen, waren immer auf dem neuesten Stand und sehr effizient.

Bequemlichkeit verlockender als Sich-Aufraffen? Konkurrenzdenken und Rivalität? Du meine Güte, die Einladungen dazu lachen uns doch von jeder Plakatwand an und machen 80 % einer normalen Fernsehsendung aus! Ganze Industrien arbeiten Ihnen zu! Überall bekommen wir direkt oder unterschwellig zu hören: »So, wie du bist, bist du nicht gut genug. Sei mehr, sei reicher, sei besser, sei schneller, fünf Autos zu besitzen ist moralischer als vier, besser 10 000 Kilometer in den Urlaub fliegen als ins Grüne vor der Stadt radeln!« Ein Rattenrennen überall. Stress, wo man hinschaut. Daran hat auch das Corona-Virus nicht allzu viel geändert.

Aber da ist ein Widerspruch: Überall ist doch auch hektische Bewegung, Streben nach »Fortschritt«, die Ideologie des Wachstums um jeden Preis?

Kein Widerspruch. Hier liegt die Erstarrung darin, künstliche Ideologien als sinnvoll und vielleicht sogar naturgegeben zu zementieren. Eure Wachstumsideologie zum Beispiel ist nackter Wahnsinn.

Ja, und die wenigen Stimmen der Vernunft sehen sich von allen Seiten Verachtung, Hasskommentaren und Fußangeln ausgesetzt. Man hat sogar das Schimpfwort »Gutmensch« für sie erfunden.

Stimmt, die Summen für TV-Werbung, die wir ausgegeben haben, sind fast so hoch wie die Militärausgaben, die wir inspirierten. Und wofür warben wir auf unseren Plakaten in erster Linie? Eben für das, was euch »Bequemlichkeit« verspricht – Produkte, die euch alles abnehmen, die körperliche Bewegung, die geistige Bewegung, die seelische Bewegung, das Verstehen eines Problems und vor allem: das *Fertigdenken*. Fertigdenken – das wäre tatsächlich eine eurer größten Baustellen. Diese Fähigkeit zurückzugewinnen und zu entwickeln, müsst ihr zur Priorität Nr. 1 machen, wenn ihr mein Zerstörungswerk neutralisieren wollt.

Fertigdenken? Ist das dasselbe wie »zu Ende denken«?

Es bedeutet, eine Sache, ein Problem in Ruhe und mit vielen Augen und von allen Seiten zu betrachten, sein Herkommen, die Ursachen, die möglichen Strategien für die Zukunft; es bedeutet genau hinzuschauen, welche Folgen das eigene Tun hätte. Wohin rollt die Billardkugel, wie sieht der siebte Zug im Schachspiel aus? Es bedeutet, die verschiedenen Wege abzuwägen, bis man zu einem Ergebnis, zu einem Entschluss kommt. Und erst dann grünes Licht fürs Handeln zu geben. Fertigdenken habt ihr dank mir verlernt. Sonst gäbe es keine Atomkraftwerke.

Genau! Wie können wir unseren Kindern Abfall hinterlassen, der noch in 300 000 Jahren den Planeten verseucht! Und dafür auch noch Rechtfertigungen in die Köpfe blasen! Fertigdenken sollte Schulfach werden, nein, schon im Kindergarten geübt werden!

Nun, mit meiner tätigen Mithilfe habt ihr gelernt, den Weg vom Fahrrad zum selbstfahrenden Auto als Fortschritt zu betrachten; vom Glas Wasser, das die Kopfschmerzen in 29 Minuten beseitigt, zum Aspirin, das das Kopfweh in 28 Minuten nur betäubt, aber nicht beseitigt. Ihr habt fast vollständig aus den Augen verloren, was all diese Zeitersparnis und Bequemlichkeit bezweckt – wohin soll die Reise gehen? Je mehr Zeit ihr gewinnt, desto weniger habt ihr ein Gefühl dafür, wie ihr die gewonnene Zeit fruchtbar einsetzen könnt.

Auch richtig! Wir produzieren Dinge, die alles scheinbar besser können als der Mensch, ohne uns zu fragen: Was jetzt? Die Assistenzsysteme in Autos machen den Führerschein über kurz oder lang überflüssig. Wir erfinden für alle Fähigkeiten des

Menschen Prothesen und Krücken. Und wundern uns, wenn Fähigkeiten verloren gehen. Die Kids heutzutage können nicht einmal mehr Landkarten lesen! Mir scheint, die Menge an ersparter Zeit schwillt genauso schnell an wie das allgemeine Stress-Niveau.

Ich habe euch blind gemacht für die Tatsache, dass Stress nur dann entsteht, wenn eine von zwei Bedingungen erfüllt ist: Ja handeln und Nein denken oder Nein handeln und Ja denken. Wer das begriffen hat, muss nie wieder unter Stress leiden. Diese Wahrheit unter den Tisch gekehrt zu haben – das ist eine meiner Meisterleistungen.

Aber ich halte euch zugute, dass ich ganz leise und unauffällig gearbeitet habe. Wenn ihr zum Beispiel zwischen einer Rolltreppe und Treppenstufen wählen konntet, waren wir immer zur Stelle und empfahlen die Rolltreppe. Fitness-Freaks, die resolut auf die Treppe zusteuerten, flüsterten wir ganz schnell ins Ohr: »Nur dieses eine Mal...« Einmal ist keinmal, der Spruch stammt auch von mir. Clever, nicht?

Sie sind ein Anti-Treppensteiger? Da müssten ja die Orthopäden, ja eigentlich die gesamte Ärzteschaft mit Ihrer Arbeit ganz besonders zufrieden sein.

Gut beobachtet. Wo jemand zwanzigmal mehr Geld verdient als derjenige, der das Essen auf seinem Tisch produziert, hatten wir meist nur wenig Arbeit; diese Leute sind schon dort, wo wir sie haben wollen.

Wie meinen Sie das?

Nicht so denkfaul, mein Lieber.

Ich soll selbst draufkommen … ? Im Moment fällt mir nur meine Erfahrung ein, dass Reichtum die Menschen nicht verändert, sondern nur zutage fördert, wie sie wirklich sind.

Sie kommen der Sache näher …

Stopp, also bevor ich mich jetzt im Wald verirre, können wir bitte darüber sprechen, was mir schon die ganze Zeit auf der Zunge liegt? Sie sagen, Sie haben mich ausgesucht, weil ich Schriftsteller bin. Das erklärt aber nicht, *warum* ich unser Gespräch veröffentlichen soll!

Ihre Betriebsgeheimnisse verraten – das kann doch nicht in Ihrem Sinn sein, wenn die Arbeit im Geheimen Ihr Erfolgsgeheimnis ist. Warum so viele Jahrtausende Versteck spielen und dann plötzlich die Karten aufdecken? Fred, erklär mir das mal!

Hey, einverstanden! Duzen wir uns, O.K.? Ich kenne dich ja schon so lange, und ob du's glaubst oder nicht, wir sitzen alle im gleichen Boot.

Freds Du-Angebot erwischt mich genau in der Sekunde, in der ich das klare Gefühl gewonnen habe, ihn schon gut zu kennen. Ich weiß nicht, woher, wann, wo und unter welchen Umständen, aber je länger er spricht, desto stärker wird es mir zur Gewissheit. Die Wortwahl, die Intonation. Der Mann ist Teil meiner Vergangenheit!

O.K., einverstanden, ich bin Thomas, Tom, wenn du willst … Aber jetzt nicht ablenken! Warum sich viele Jahrhunderte oder gar Jahrtausende verstecken und sich dann genau hier und heute outen?

Jahrtausende? Mein Lieber, ich war von Anfang an da, vom ersten Augenblick an. Aber du hast natürlich recht, ich muss erklären, warum ich jetzt die Karten auf den Tisch legen möchte. Es gibt dafür genau zwei Gründe: Du sollst Wort für Wort alles aufschreiben und es Wort für Wort allen Menschen nahebringen, wenn möglich in allen Sprachen.

Die Sache ist die, und darin liegt die Notlage, die mich zu dir geführt hat:

Der Teufel ist ein Workaholic!

Im Einsatz rund um die Uhr, sieben Tage die Woche!

Ich bin an der Arbeit! Und die macht mir Freude!

Ich hasse das Nichtstun! Ich brauche keinen Urlaub!

Ja, schon gut, schon gut, na und? Wo ist das Problem? Ein Blick in eine beliebige Tageszeitung in jedem Land der Welt beweist, dass du nicht nur Spaß hast, sondern auch höchst erfolgreich bist.

Aber genau das ist das Problem! Ich war so erfolgreich, dass ihr Menschen heute auf bestem Weg seid, mich für lange Zeit arbeitslos zu machen! Höher, schneller, weiter, reicher! – dieser Weg hat euch an den Rand des Abgrunds geführt.

Ihr steht kurz davor, euch zum 38. Mal seit dem letzten Großen Ausatmen vollständig von diesem wunderschönen Planeten zu eliminieren! Seit dem »Urknall«, wie ihr es nennt …

Fred, du kannst mich nicht erschrecken, erzähl mir was Neues. Das bisschen gesunder Menschenverstand, das ich mir erkämpft habe, sagt mir, dass du recht hast. Trotzdem, aus deinem Mund …

Verzeih meinen Sarkasmus: Wenn wir über die Klippe springen, wäre das doch eigentlich ganz in deinem Sinne, oder? Dafür hast du gearbeitet, verflixt, den Preis hättest du dir verdient!

Nein!

Ja!

Nein!

Um Buddys willen, ich verstehe ja, was du sagen willst!

Du hast recht, zwar war meine Hauptarbeit, der große Bremser zu sein, euch zum Stillstand zu bringen, zu Routine und Schlaf, aber das ist doch im Gefüge des Universums nur ein Spiel!

Ihr seid nicht auf der Welt, um mir den Endsieg zu schenken!

Ihr sollt diesen wunderbaren Spielplatz Erde nicht der Vernichtung entgegenführen, nur weil sich der falsche Stolz und die Sandkasten-Spielchen eurer Politiker und das Gegeneinander auf der Welt so »natürlich und richtig« anfühlen!

Ihr habt sogar den Wahnsinn eines »Rechts des Stärkeren« erfunden, ganz ohne meine Hilfe! Ihr müsst endlich aufwachen! Was hat denn eine Schulklasse gewonnen, wenn sie die Schule in die Luft sprengt? Was hat der Marathonläufer gewonnen, wenn ihn die erste Blase am Fuß zum Stehenbleiben »inspiriert«?

Du meine Güte, was ist wirklich dein Problem? Mir scheint, du beklagst dich auf hohem Niveau! Das kann's doch nicht sein!

Vielleicht klingt das in deinen Ohren wie ein Luxusproblem, aber ich versichere dir, das ist es nicht. Mein Dilemma ist ganz einfach zu formulieren:

Ihr macht es mir zu leicht!

Jedes Mal, wenn ihr euch aus diesem wunderbaren Paradies Erde herausschießt, wartet auf mich eine lange Pause, in der ich mehr oder weniger nur Däumchen drehe und mit Buddy und meinen Kumpels Wiederholungen alter Filme anschaue. Inzwischen gönnt sich der Planet ein paar Hunderttausend Jahre eurer Zeitrechnung, um sich von euch zu erholen.

Natürlich geht mir auch dann nicht die Arbeit aus, denn dieser Planet ist nicht mein einziger Aufgabenbereich, aber mein Job ist nicht, so erfolgreich zu sein, dass ihr diese wunderbare Elite-Universität Erde in Rekordzeit unbewohnbar macht!

Und wenn später mit Steinzeit Nr. 39 alles wieder von vorne anfängt: Der Kampf ums nackte Überleben rund um die Uhr schenkt euch zwar viele Lernerfahrungen, aber als Einserschüler dieselbe Klasse ein paarmal zu wiederholen ist doch elend langweilig!

Kein Zweifel. Aber O. K., was ist jetzt meine Aufgabe? Was kann ich da schon ausrichten? Wie soll ein einzelnes Buch diese Entwicklung umkehren?

Du bist perfekt für den Job! Ich will dir nicht schmeicheln, aber dein Ego hat einfach die perfekte Größe. Klein genug, um die eigentliche Aufgabe nicht aus den Augen zu verlieren und objektiv zu bleiben, und groß genug, um dich der Öffentlichkeit zu stellen, die auf dich zukommen wird.

Achte nur auf eines: Versuche nicht, dich zu rechtfertigen oder irgendetwas zu beweisen. Dieses Buch wird seine Energie aus der Tatsache beziehen, dass jede Leserin und jeder Leser aus eigener Kraft den Nährwert daraus gewinnt und zurückfindet zum Wesentlichen im Leben. Denn erst dann hat der neue Weg Bestand und Dauer und man wird immun gegen Kritik und Anfeindungen.

Hmmm, das ist schon der erste Pferdefuß, denn ich kann zwar einigermaßen schreiben im stillen Kämmerlein, aber in der Öffentlichkeit gibt's keine Zeit zum Wortewägen, da stricke ich mit heißer Nadel Wortgebilde und merke zu spät, dass sie missverständlich sein könnten. Da bin ich viel zu selbstkritisch.

No problem, halt dich einfach an die Regel, nichts und niemanden überreden zu wollen und dir Zeit zu lassen mit den Antworten. Bleib bei dem, was du weißt, und wenn du etwas nicht weißt, sag es einfach. Du wirst Beistand erhalten, um die Armee der Brandstifter aufzuhalten! Und dass du der Versuchung widerstehen kannst, ein Guru zu werden, hast du schon bewiesen. Der Clou ist ja, es kann gelingen, wenn in Zukunft meine Arbeit auf der Erde für jeden Menschen schneller sichtbar wird! Wer mich erkennt, kann leichter Nein zu mir sagen! Er muss nur ein wenig Vertrauen zu seinem freien Willen und seiner freien Entscheidung haben.

Die Chance dazu ist da. Du würdest genügend Mitstreiter für die gute Sache finden, nicht nur bei Greenpeace-Mitgliedern. Greta Thunberg ist nicht allein! Ja, und Mama Buddy würde sich am meisten freuen. Na, habe ich dich an Bord?

Was für eine Frage! Du hast mich doch nicht zufällig ausgesucht, oder? Wer ist »Mama Buddy«?

Buddy? Ach, ich vergaß, das zu erklären; das ist Insider-Jargon bei uns. Mama (oder Papa) Buddy ist unser Spitzname für den »Besten Freund im Universum für immer und alle Zeiten«. Also jene Dame, beziehungsweise jener Herr, der bzw. dem ihr in der Vergangenheit diverse Namen gegeben habt: Gott, Buddha, Gaia, Allah, Krishna, Manitu, Odin, Großer Geist, Mutter Natur etc. Die Namen waren natürlich zu allen Zeiten nicht wichtig, sondern nur, welches Wesen, welche Kraft ihr damit benannt habt, das war und ist wichtig. Wir nennen ihn unter uns einfach nur Buddy. Buddy is short, Buddy sounds cool, und Mama Buddy selbst, ihr gefällt's auch.

Von Buddy habe ich meinen Auftrag.

Buddy. Klingt gut. Hey, das Vaterunser müsste also beginnen »Bester Freund im Himmel« oder »Buddy im Himmel« … hat was …

That's the spirit!

Moment! Du sagtest gerade, du bist von Buddy beauftragt! Der Teufel ist also von Gott geschickt …?

Geschickt in der Sekunde, in der sich Buddy dieses Universum ausgedacht hat. Ich bin das Gegengewicht, der Ausgleich, das Dunkel, ohne das ihr Licht gar nicht erkennen könnt. Die Mühe vor der Freude. Das Süße nach dem Bitteren. Das Gewicht am flinken Fuß. Das Fieber, das den Kranken seine Gesundheit erst schätzen lässt.

Das ist viel Stoff zum Nachdenken …

Ist der Sinn unserer Begegnung. Eine Bitte noch: Ich habe dir hier zusätzlich einige Texte und Kniffe vorbereitet, die deinen Leserinnen und Lesern helfen werden, aus eigener Kraft eure aktuelle Situation zum Guten zu wenden. Ich empfehle, sie nach Lust und Laune und Intuition in deinem Buch zu verteilen. Es sind Worte aus dem Mund von Menschen, die immun gegen meine Verlockungen geworden sind und die ihrerseits viele von euch meinem Einfluss entrissen haben. Vorreiter für die gute Sache eben.

*Fred gibt mir einen schmalen Ordner, den ich kurz öffne und über-
fliege. Er enthält Texte und kurze Zitate. Ich habe sie alle unzen-
siert und nach Bauchgefühl auf den folgenden Seiten im Buch ver-
teilt.*

O. K., das sind aber nicht wenige … und beim ersten Durchlesen befassen sich die Texte mit sehr verschiedenen Themen. Meinst du nicht, dass wir im Aufbau des Buchs dann etwas chaotisch werden?

Du meine Güte, keine Sorge, wir können nach Belieben springen, wie es dir und mir gerade in den Sinn kommt. Das wird kein lineares Lehrbuch mit Lektion eins bis zehn. Kennst du eines der wichtigsten Bücher der Welt? Es heißt »Fihi ma Fihi«, verfasst von einem gewissen Rumi im 13. Jahrhundert eures Kalenders. Der Titel lautet auf Deutsch: »Es ist drin, was drin ist«. Verfasst wurde es im Bewusstsein, dass jede Leserin, jeder Leser sich aus dem Buch holen wird, wozu sie oder er gerade bereit ist, je nach Verständnisvermögen. Und natürlich je nach Courage, möchte ich hinzufügen. Wir zwei machen es genauso, einverstanden? Dein Buch wird jeden dort abholen, wo sie und er steht, wie es sich für einen guten Lehrer gehört.

Vielleicht sagst du deinen LeserInnen, sie sollen es wie ein Orakelbuch verwenden. Einfach ab und zu irgendwo aufschlagen und lesen. Das bringt den meisten Profit.

Darf ich zusammenfassen? Ich soll also Betriebsspionage in der Unterwelt betreiben, aber *mit* Wissen und Billigung des Chefs der Unterwelt. Interessante Aufgabe. Und was ist der zweite Grund für unser Treffen? Du sagtest vorhin, es gebe zwei…

Der zweite Grund? Ach ja, der klingt vielleicht etwas banal. Auch ich brauche manchmal eine Gelegenheit, um mich auszusprechen. Ein zwangloser Chat hier und da – und meine Aufgabe ist nicht mehr ganz so… wie soll ich mich ausdrücken… dunkel? Mein Job kann etwas einsam machen.

Also, du musst mithelfen, dass die Menschen mich kennenlernen. Solange ihr mich und meine Aufgabe als etwas betrachtet, das man unbedingt bekämpfen, vor dem man Angst haben muss, solange könnt ihr meine Arbeit hier nicht *verstehen*. Nur wer versteht, kann korrekt handeln. Blindes Bekämpfen macht mich stärker, verstehen gibt euch das Werkzeug in die Hand, meine Aufgabe zu durchschauen und Entscheidungskraft zum Guten zu entwickeln. Ihr kommt eurem Ziel keinen Schritt näher, wenn ihr glaubt, zuerst alle »falschen Wege« identifizieren und bekämpfen zu müssen.

Also gut, kein Problem, wir reden ja gerade miteinander. Du sagst mir also, *wie* du arbeitest – und was soll *ich* dann machen? Deine Methoden öffentlich machen genügt vielleicht nicht. Du verrätst mir hoffentlich deshalb auch Tricks, wie man deinen Bremsmanövern und Verführungen entgehen kann.

Genau! Das hatte ich vor. Devil-Hacks! Dieser Ordner hier enthält sehr wirksame Devil-Hacks und gemeinsam werden wir noch viele weitere vorstellen.

Was ist ein »Devil-Hack«?

Ja, Hack, so nennen eure Kids doch das, was man früher einfach mit Trick oder Kniff bezeichnet hat. Meine Leute erfanden das Wort »Devil-Hack«, wenn der eine oder andere von euch ein Mittel gefunden hat, sich gegen uns immun zu machen.

Ein Beispiel? Kürzlich hat sich einer meiner treuen Jünger entschlossen, die Dauerfehde mit seinem Nachbarn zu beenden und gelassen dessen Spott zu ertragen, weil er seinen englischen Rasen in eine blühende Bienenwiese verwandelt hatte. Gelassenheit und Toleranz waren sein »Devil-Hack« – und schon war er mir ein Stückchen entkommen.

Oder an einem anderen Ort auf der Erde hörte kürzlich ein christlicher Missionar auf zu predigen und Gehirnwäsche zu betreiben, weil ihm plötzlich ein Licht aufgegangen war. Er hatte von einer Sekunde zur anderen eingesehen, dass es vollkommen genügen würde, seinen Glauben den Menschen einfach nur vorzuleben, um dessen Sinn und Wert erfolgreich zu vermitteln. Sein Devil-Hack waren gesunder Menschenverstand und bedingungslose Menschenliebe. Und natürlich die Erkenntnis, dass er bis dahin Wein getrunken und Wasser gepredigt hatte. Dass er in Nullkommanix exkommuniziert worden ist, hat ihm die Augen noch weiter geöffnet und ihn noch erfolgreicher arbeiten lassen. Oder schau dich selbst an: Erinnerst du dich, wie eine spezielle Erleuchtung dich hat begreifen lassen, dass alle Wut und aller Zorn eigentlich nur Folge persönlicher enttäuschter Erwartungen sind – und somit immer selbst gemacht?

Du meine Güte, ja! Ich erinnere mich! Da war ich zwanzig und hatte mir ein Buch in einer Buchhandlung mit dem Titel »Denk über diese Dinge nach« geschnappt und genau diese Seite aufgeschlagen …

Jetzt verstehe ich! Ein Devil-Hack ist also eine Methode, deinen Verführungen zu widerstehen und die Welt und/oder sich selbst auf einen besseren Weg zu bringen. Devil-Hack klingt passend.

Gut, bleiben wir dabei.

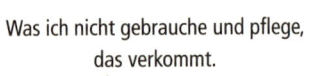

DEVIL-HACK!

Was ich nicht gebrauche und pflege,
das verkommt.
Meine sechs Sinne, die ich nicht pflege
durch Gebrauch und Schärfung,
machen mich blind, taub und stumm.
Liebe, die ich nicht pflege durch Zeigen
und Schenken und Bedingungslosigkeit,
macht mich einsam und lässt mich absterben.
(Der Übersetzer)

O. K., zurück zum Wesentlichen: Ich soll also über unser Gespräch schreiben? Und ich soll mithelfen, deine Arbeit zu torpedieren …

Nein! Das *ganze* Gespräch bitte! Ungekürzt! Nichts hinzufügen, nichts weglassen. Ihr seid ja schon immer Meister gewesen im Entstellen, Lügen und Fake News produzieren, das musste ich euch gar nicht beibringen. Deshalb ausnahmsweise meine Bitte um Genauigkeit und Sorgfalt. Das ganze Gespräch, von Kopf bis Fuß, mit Haut und Haar, zum Fressen gern …

Gut, das macht's einfach und ich gebe mein Bestes. Ich habe bei meinem Handy auf »Aufnahme« gedrückt, dann sind wir auf der sicheren Seite. Einverstanden? Und was wir bisher besprochen haben, kann ich sicher präzise wiedergeben.

Aber sicher! Gute Idee. Und bitte verzeih' mir jetzt schon, wenn es kein echtes Gespräch wird, kein Dialog. Ich bin ein Telegrammbote und kein Diskussionspartner.

Liebe Leserinnen und Leser, macht euch an dieser Stelle keine Hoffnung, dass es eines Tages einen Podcast oder ein Audiofile dieses Gesprächs geben wird. Nachdem ich es Wort für Wort abgetippt hatte, war es nämlich auf meinem Handy verschwunden. Und ihr könnt sicher sein, dass ich nicht versehentlich auf den »Löschen«-Knopf gedrückt habe!

Das ist in Ordnung, aufs Zuhören bin ich trainiert. Aber bevor ich es vergesse, vorhin erwähntest du den Urknall. Meine Neugier treibt mich zu der Frage: Gab's den wirklich?

Ja und nein, eigentlich ganz einfach: Das ist der Augenblick, wenn Buddy wieder vom Einatmen ins Ausatmen wechselt. So gesehen kommt der Urknall ziemlich häufig vor.

Übrigens, wo du es schon ansprichst: »Vater unser im Himmel«, diese Zeile war der geniale Schachzug eines meiner Mitarbeiter, denn damit hatten wir zwei entscheidende Wahrheiten verschleiert. Nämlich dass Buddy weder weiblich noch männlich ist. Davon später mehr, wenn uns Zeit bleibt. Und zweitens, dass Buddy nicht irgendwo jenseits der rosa Wolken wohnt, sondern euch näher ist als eure Nasenspitze – und das 24 Stunden täglich, sieben Tage in der Woche. Kannst du dir vorstellen, was daraus zwingend folgt?

Momentan fehlen mir die Worte …

Verständlich, wenn ich bedenke, was ich euch immer eingeflüstert habe. Also, daraus folgt zwingend, dass es vom Anbeginn der Zeiten bis heute zu keiner Sekunde eine echte *Notwendigkeit für Vermittler* zwischen Buddy und jedem Einzelnen von euch gab, und das ohne jede Ausnahme.

Wahr ist dagegen, dass es zu allen Zeiten einen gewissen Bedarf an korrekten *Wegweisern* für euch gab. *Und daran herrschte niemals Mangel, ob du es glaubst oder nicht!* Sie waren euch zu jedem Zeitpunkt der Geschichte zu Diensten – mit Ausnahme vielleicht mancher Jahre in der Zeit, die ihr Mittelalter nennt. Die meisten Reiseleiter habt ihr aber entweder ignoriert oder gleich den Löwen zum Fraß vorgeworfen, geviertelt, verbrannt und Schlimmeres. Tatsächlich war eure stärkste Waffe gegen die guten Leute nicht das Fabrizieren von Märtyrern, sondern das Ignorieren.

Ich wage es kaum auszusprechen, aber willst du damit sagen, dass wir eigentlich *gar keine* Priester, keine Gottesmänner brauchen? Vielleicht sogar keine Religionen?

Doch, ihr habt gute Verwendung für Wegweiser, aber erstens nicht als Folge einer zwingenden Notwendigkeit und zweitens nur dann, wenn es *authentische* Wegweiser sind – und das sind die allerwenigsten. Schon gar nicht braucht ihr Einpeitscher, die euch die Gehirne waschen mit Schnapsideen wie Todsünde, Zölibat, Verschleierungsgebot für Frauen und dergleichen Unsinn mehr.

Warum denn Vermittler, ihr Faulpelze? Warum seid ihr so bereitwillig meinen Verführungen verfallen? Zwischen dich und Buddy passt kein Blatt Papier, auch jetzt und heute nicht. Diese Grundwahrheit gilt für jeden Menschen. Niemand wird verstoßen, niemand im Stich gelassen, niemand ist wirklich allein, kein Fehler ist so groß, dass man verlassen wird. Wenn du Buddy ernsthaft vermisst und suchst, aber ihre leise Stimme nicht fühlst und nicht hörst, dann hörst und fühlst du sie auch nicht in Synagoge, Moschee, Tempel oder Kirche. Jede Distanz, jedes Verlassenfühlen, die Taubheit gegenüber Buddys Stimme, das ist euer eigenes Denken und Tun, eure eigene Verantwortung, eure eigene Illusion, die ich – das gestehe ich – natürlich nach Kräften unterstützt habe. Ich flüsterte euch immer ein: »Besser dem Pfarrer oder dem Imam zuhören als dem eigenen Gefühl« und »Besser zwanzig Jahre bei einem kurzweiligen Guru, als sich Buddy jetzt und hier öffnen«. Sorry, aber ich war nun mal ich.

DEVIL-HACK!

Wer mit den Hunden schläft,
wacht mit Flöhen auf.
Wer Rosen schenkt, bringt Gesichter zum Leuchten.
Lebenskunst heißt auch, nicht überrascht zu sein,
wenn wir ernten, was wir gesät haben.
(Der Übersetzer)

Manchmal erschrecke sogar ich, wie leicht mir das bei euch gefallen ist. Ihr habt mit offenen Armen die Vereinsamung und Lebensangst als Atheist willkommen geheißen – mit demselben Enthusiasmus wie den Dauerstress und die Entfremdung von Buddy wegen der eingebildeten Furcht vor einem strafenden Tyrannengott.

Statt nachzudenken und zu dem Schluss zu kommen: Buddy würde doch niemals auf die Idee kommen, sich ihren Kindern zu entziehen und damit sich selbst zu strafen!

Das ist entscheidend, mein Lieber: Was eure Religionshändler »Strafe Gottes« genannt haben und immer noch nennen, ist entweder Ernte dessen, was ihr selbst gesät habt. Oder es ist ein Kapitel in einem Drehbuch, für das ihr euch aus freiem Willen vor eurer Geburt entschieden habt – als Lernerfahrung und Herausforderung.

Vor der Geburt?

So ist es, aber Geduld! Dazu komme ich noch. Denk nach: Würde euch »Strafe« heimsuchen, entsteht Trennung und Widerstand und Angst, aber nur sehr selten Einsicht. Wenn ihr es aber »Konsequenz einer Handlung« nennt, findet ihr eine gültige Antwort auf die Fragen: »Was ist die Ursache? Wie kann ich es besser machen?« Schon mal was von Karma gehört?

Jetzt kriege ich eine Gänsehaut, weil ich schon immer in diese Richtung gedacht oder zumindest gefühlt habe, aber gut, versprochen, ich schreibe mit, ich nehme alles auf. Und denke jetzt trotzdem noch nicht allzu viel nach. Was also gehört weiter zu deinem Repertoire? Wo bist du an der Arbeit? Wo begegnen wir dir?

Was nehmen wir als Nächstes? O.K., vielleicht dieses: Zu unseren verdeckten Operationen gehörte in den letzten Jahrhunderten, überall auf der Welt die berufliche Spezialisierung zu fördern und gleichzeitig dafür zu sorgen, dass die Worte »Spezialist« und »Experte« einen immer besseren Klang bekamen.

Das musst du mir näher erklären. Ich habe zwar auch meine Erfahrungen und Vorbehalte, aber was ist deiner Meinung nach falsch an Spezialisten oder Experten?

Oh, gar nichts. Vorausgesetzt, deren Arbeit dient dem echten Fortschritt der Seele und dem harmonischen Miteinander aller Menschen und von Mensch und Natur. Ins Spezialistentum hatten wir aber eine clevere Falle eingebaut. Der Spezialist konzentriert sich auf Teile eines größeren Ganzen und beginnt dann, gleichsam in den Teilen zu wohnen. Er erforscht alle Winkel und Aspekte des Teilbereichs und wird allmählich zu einer Autorität, vielleicht sogar zu einem Leuchtturm seines Fachs. Wir haben dafür gesorgt, dass er oder sie einer ständigen Versuchung ausgesetzt ist, und wir waren mit den Resultaten sehr zufrieden. Was meinst du, was könnte das gewesen sein?

Sorry, mir fällt nicht mehr ein, als dass die Verwandlung in eine Autorität ein idealer Spielplatz für das Aufblasen des Egos ist. Diese Versuchung konnte ich an mir selbst ganz gut beobachten. Und das zieht natürlich alle möglichen Nachteile für die Person und seine Umgebung nach sich. Die Götter in Weiß und so ...

Richtig, Eitelkeit macht blind. Aber da ist noch etwas: Die Ganzheit hinter dem untersuchten Teilaspekt macht in der Arbeit des Spezialisten eine Verwandlung durch. Die wahren Zusammenhänge eines Problems, einer Krankheit, einer Störung verkommen allmählich zur Nebensache, ja, bis hin zum ärgerlichen Hindernis. Wenn du monatelang an einer defekten Zündkerze herumbastelst oder wenn du gar als Lebensaufgabe die perfekte Zündkerze entwickeln möchtest, dann interessiert dich im Lauf der Zeit immer weniger, wohin du eigentlich ursprünglich mit dem Auto fahren wolltest. Extrem formuliert: Spezialisten sind oft wie Menschen, die zuerst die Zusammensetzung des Rauchs analysieren wollen, bevor sie den Brandherd zum Löschen freigeben.

»Rauchfänger«?

Genau – und wo wird das bei euch im Alltag am deutlichsten sichtbar?

In der Politik?

Nah dran. Am heutigen Stand eurer Heilkunst. Ihr habt sie mit meiner tätigen Mithilfe in eine Symptombekämpfungsmaschine verwandelt. Eure Spezialisten-Ärzte haben in der Regel sehr wenig Ahnung, was Krankheit und Gesundheit wirklich bedeuten, was die tieferen Ursachen einer körperlichen Störung sind. Und die sind fast immer in einem Ungleichgewicht innerhalb einer Ganzheit zu suchen. Ursache kann sogar solch eine Kleinigkeit wie ein zerstörerisches Bild moderner Kunst sein. Es sendet einen Strom negativer Energie auf den Betrachter, der irgendwann in körperliche Krankheit mündet.

Das allmähliche Ignorieren der Ursachen macht sich sogar bei eurer psychologischen Wissenschaft breit. Oder was glaubst du, warum Kinderpsychologen nur sehr selten auch die Eltern mit in die Therapie einladen? Warum heute immer mehr Therapeuten zur Chemie greifen, um der Seele zu helfen?

Noch bis vor Kurzem definierte eure »Weltgesundheitsorganisation« Gesundheit ganz offiziell und in Stein gemeißelt als die »Abwesenheit von Krankheit«. Geht's noch? Weitere Beispiele gefällig?

50 % aller Kreuzschmerzen gehen von belasteten Nieren aus und Schokolade ist ein starker Migräneauslöser. Dennoch reden Internist und Orthopäde nicht miteinander. Und Schokoladenhersteller und Konsumenten haben meist keine Ahnung von den Zusammenhängen, weil die Kopfschmerzen erst etwa 12 bis 24 Stunden später einsetzen.

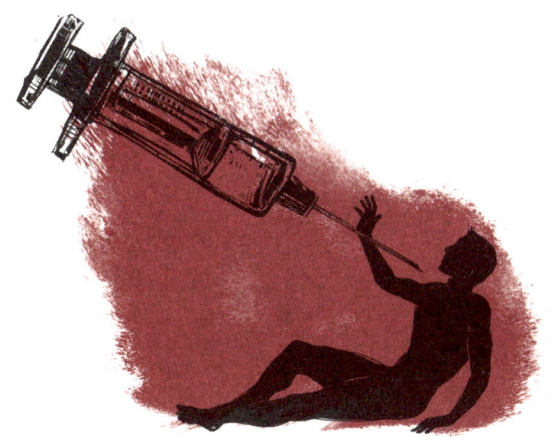

Jetzt, wo du es sagst: Drei Nougat-Kugeln am Abend und ich bin am nächsten Morgen wie erschlagen!

Nicht nur du. 80% aller körperlichen Krankheiten finden ihre eigentliche Ursache in eurer alltäglichen Normal-Ernährung. Aber kein Arzt absolviert auch nur einen einzigen Pflichtkurs »gesunde Ernährung« während Studium und Praxis-Semestern. Besucht er ihn freiwillig oder bildet sich bei Ernährungsexperten weiter, bekommt er »den letzten Stand der Wissenschaft« serviert, mit der Garantie, dass spätestens nach drei Monaten ein anderer »letzter Stand« Gültigkeit hat.

DEVIL-HACK!

Ein Anhänger der Wahrheit darf nicht aus Rücksicht auf Gebräuche handeln. Er muss sich immer offenhalten für Korrektur, und wenn er entdeckt, dass er im Irrtum ist, muss er es um jeden Preis eingestehen und wiedergutmachen.
(Mahatma Gandhi)

Schau genau hin: In euren Krankenhäusern bekommen die Patienten oft genau jene Kost ans Bett geliefert, die sie überhaupt erst krank gemacht hat. Tatsache ist auch: Viele Ärzte würden selbst niemals befolgen, was sie ihren Patienten verschreiben, wären sie in der gleichen Situation. Weißt du eigentlich, wer für den Erfolg einer Heilung verantwortlich ist?

Wenn du so fragst, überlege ich mir meine Antwort noch einmal genau. Meiner Erfahrung nach ist fast die ganze Menschheit der Meinung, es ist der Arzt oder ein Heiler.

Es ist immer der Kranke selbst, der sich heilt! Die eigentliche Kunst aller Ärzte, Heilerinnen und Heiler der Welt besteht ausschließlich darin, Umstände zu schaffen, die es deinem Körper, Geist und Seele ermöglichen, sich zu *erinnern*, was Gesundheit bedeutet. Dann machen sich dein Körper, Geist und Seele *im Team* ans Werk und heilen sich selbst. Das ist eines der größten Geheimnisse aller Heilkunst, und alle echten Heiler beherzigen es.

»Trau keinem Doktor!« – das war eines der coolsten Bücher, die ich je gelesen habe. Von einem praktischen Arzt in den USA geschrieben. Robert Mendelsohn hieß er.

Ha! Ich kenne den Mann! Zum Glück für viele von euch konnte ich ihn nicht zum Schweigen bringen. Ja, eure Tendenz, sich auf Symptome statt auf Ursachen zu konzentrieren, machte mir von Anfang an die Arbeit leicht. Ihr habt das Wichtigste aus eurem Bewusstsein ausgeblendet und in den Keller verbannt, nämlich dass alles mit allem zusammenhängt. Man kann keine Insektenart auf einer Südseeinsel durch Pestizide ausrotten, ohne dass sich die Folgen nicht schon bald negativ auf Alaska auswirken.

Wahrlich, eure künstlichen Ländergrenzen und Mauern sind manchmal sogar für mich ein trauriger Anblick, denn es gibt kein einziges echtes Problem, das vor einer Grenze haltmachen würde. Die 15 000 Kinder, die ihr täglich verhungern lasst, sind euer aller Problem, nicht nur das Problem armer Länder der Dritten Welt, die ihr ausgebeutet habt. Ganz zu schweigen von der Erderwärmung.

So viele Symptome, so wenig Einsicht! Der Brexit zum Beispiel ist ein so törichtes Signal für die Welt, dass er von mir gewesen sein könnte.

Und ich war bis heute sicher, dass das dein Werk war! Wie sonst kann sich ein Volk so übers Ohr hauen lassen! Andererseits, ich gebe zu, dass die EU beziehungsweise der Brüsseler Beamtenstaat wirklich trottelige Fehler gemacht hat. Speziell was die allgemeinverständliche Darstellung des Nutzens der EU für jeden britischen Bürger hat. Eine Postwurfsendung hätte genügt …

Nein, der Brexit ist euer Werk, für dich wahrscheinlich ein schwacher Trost. Wenn also ein Mensch, der sich von aller Menschlichkeit schon vor Langem getrennt hat, »America first!« brüllt, dann ist er wie eine Milz, die schreit »Ich bin wichtiger als alle anderen Organe«!

Aber was ist mit der ärztlichen Versorgung, mit der Tatsache, dass wir alle inzwischen krankenversichert sind, das gehört doch zu den größten Errungenschaften unserer Zivilisation.

Grundsätzlich richtig, aber ihr seid nicht alle krankenversichert. 50 Millionen Amerikaner zum Beispiel können sich nicht einmal den Besuch beim Arzt leisten, geschweige denn seine diagnostischen und therapeutischen Maßnahmen. Auf diesem Gebiet war ich leider sehr erfolgreich. Meine Gehirnwäschen hatten erreicht, dass eure Schulmediziner überzeugt sind, zehn- bis hundertmal mehr Geld zu verdienen als ein Landwirt oder Bäcker sei wohlverdient und moralisch. Für entsprechend mehr »wert« als Mensch halten sie sich dann auch.

Das habe ich befürchtet, dass du dahintersteckst. Den Wert eines Menschen nach der Dicke seines Bankkontos zu bemessen, das kannst nur du gewesen sein.

Eure Notfallmedizin ist O. K., dank der Maschinen und Hilfsmittel. Aber der allergrößte Teil der heutigen Ärzte befasst sich fast ausschließlich mit der Behandlung von Symptomen. Leben wird um jeden Preis verlängert, auch wenn das verlängerte Leben die Bezeichnung »Leben« gar nicht mehr verdient. Ihr solltet euch hier mehr Selbstverantwortung erstreiten! Mann, eure Ärzte verschreiben Antibiotika bei Erkältungen! Echte Ursachenforschung bringt zu wenig Geld, führt nicht zum Nobelpreis. Umfassende und vor allem verständliche Information und echte, wirksame Vorbeugung sind euch langweilig geworden, bringen keine Umsätze. »Lass uns Milliarden verpulvern und spätestens in 20 Jahren finden wir die Ursache für Übergewicht in den Genen.«

Ja klar, das würde viel mehr Geld bringen, als einfach nur aufzuhören, das Falsche zu essen. Kürzlich sah ich im Fernsehen eine Werbung für eine Pille gegen Sodbrennen. Nach der Einnahme sah man, wie die Schauspieler sich wieder fröhlich Pizza und Burger reinschoben, weil »ja jetzt nichts mehr wehtun kann«. Ich dachte mir damals, dass die pharmazeutische Industrie Kissen verkauft an Menschen, die unter Kopfschmerzen leiden, weil sie sich mit dem Holzhammer ständig auf den Kopf hauen.

Ja, und weil das noch nicht genug ist, werft ihr erfolgreich den wahren Heilern, den geborenen Heilern, alle möglichen Knüppel zwischen die Beine. Zum Beispiel indem ihr nur Menschen den Arztberuf ermöglicht, die sich in euren industriefreundlichen Schul-Lehrplänen am besten zurechtgefunden haben – nämlich den Einser-Schülern. Oder Kids, deren Eltern genug Geld haben. Was meinst du, was qualifiziert eigentlich einen echten Heiler?

Na, ich denke, wer heilt, hat recht. Und irgendwie denke ich … nein, ich bin absolut überzeugt, dass er oder sie die Menschen lieben muss.

Richtig, in erster Linie qualifiziert einen guten Arzt, dass er die Menschen kennt und liebt und die Berufung zum Heilen deutlich empfindet. Wie war das mit den Einser-Schülern, die du kennengelernt hast im Laufe deines Lebens? Würdest du sie als »automatisch zum Arzt qualifiziert« bezeichnen?

Nicht im Traum. Mir fällt da einer ein. Super pedantisch und arrogant, lebensfremd, nie eine Freundin bis zum Abitur, immer der Beste in Mathe und Latein, half uns niederem Volk aber nie beim Lernen. Irgendwann habe ich erfahren, dass er Frauenarzt geworden ist.

Ich kenne mich ein wenig in der heutigen Ärzteausbildung aus. Das System blockiert aktiv die Fähigkeit zum Heilen und stellt sicher, dass nur die »Richtigen« durchkommen, die später brave Verwalter des Systems werden. Am schlimmsten finde ich, dass Ärzten heute genau vorgeschrieben wird, was sie im Krankheitsfall tun müssen. Standardisierung nennen die das, als ob wir alle identisch gebaute Maschinen wären. Der Einzelfall wird abgeschafft, das ist der schlichte Wahnsinn. Denn was dem einen hilft, ist dem anderen zusätzliche Belastung. Dazu braucht's Erfahrung und Intuition!

Es ist wie in der Schule, wo die wirklich guten Lehrer keine Chance haben, Direktor zu werden.

Ein feiner Devil-Hack an dieser Stelle: *Betrachte in Ruhe, wer bei euch die Chance bekommt, sich zum Vorbild zu entwickeln, und wie dieser Prozess abläuft.* Daraus kannst du viel lernen. Wer schafft es denn bei euch, auf den Seiten und Bildschirmen der Medien zu erscheinen? Sind es die Verlierer und Gewinner von Kämpfen oder die stillen Helden, die Kämpfe verhindern?

Wie sagte einst ein Fernsehdirektor? »Hauptsache Pulverdampf, das bringt die Quote«.

So ist es. Ihr seht heldenhafte Feuerwehrmänner und Gesetzeshüter, aber nicht die viel größeren Helden, die das Feuer und den Konflikt verhindern. *»Hervorragende Ärzte verhindern Krankheiten. Mittelmäßige Ärzte kümmern sich um noch nicht ausgebrochene Krankheiten. Unbedeutende Ärzte behandeln bestehende Krankheiten.«* Der Spruch stammt aus dem alten China.

DEVIL-HACK!

Die Wahrheit, die uns befreit und weiterbringt,
ist fast immer eine Wahrheit,
die wir nicht so gern hören wollen.
Sagen wir also, irgendetwas sei nicht wahr,
meinen wir nur allzu oft:
»Ich will es nicht hören.«
(Der Übersetzer)

Den Spruch werde ich mit Freuden weitergeben!

Sorry, auch hier habe ich ganze Arbeit geleistet, um zu vernebeln und die Dinge auf den Kopf zu stellen. Eine Frage zum Meditieren: Wer ist der wahre Held? Der Psychotherapeut, der sich in monatelanger, jahrelanger Arbeit um nervöse, launische, reizbare Problemkinder bemüht, der über seine Erfahrungen drei Bücher schreibt, die weltweit Beachtung und Lob finden? Oder ist es der Schuldirektor, der in seiner Schulkantine nur noch Bio-Lebensmittel ohne Fleisch, Milch und Eier erlaubt, der alle zuckerverseuchten Soft-Drinks und Süßigkeiten verbietet und mit dieser einfachen Maßnahme erreicht, dass kein Schüler mehr eine Therapie braucht, geschweige denn auf Dauer Medikamente?

Ich sage immer: Follow the money, folge dem Geld. Wer an Krankheit Geld verdient, woran hat derjenige Interesse? Die Fleisch- und Milchindustrie hat tausendmal mehr Geld für Werbung zur Verfügung als die unabhängige Wissenschaft, die längst nachgewiesen hat, wie ungesund Fleisch und Milch sind.

Passender Devil-Hack: *Beobachte immer, wer einen Rat gibt und warum. Welches Interesse verfolgt er mit seinem Rat? Wohin hat es diesen Menschen gebracht, so zu denken, wie er denkt? Beobachtet und bildet euch euer eigenes Urteil. »An ihren Früchten sollt ihr sie erkennen.«*
Zu meinen wichtigsten Aufgaben zählte es, euch den Mut zu nehmen, solche Fragen zu stellen. Des Kaisers neue Kleider sollte niemand hinterfragen.

Richtig, der Spruch mit den Früchten hat mir im Leben schon so manche Enttäuschung erspart. Heute weiß ich, dass man Menschen nicht nach ihren Meinungen beurteilen sollte, sondern nach dem, was die Meinungen aus ihnen machen.

Siehst du? Den einen oder anderen Devil-Hack kennst du also schon und das ist ein besonders Guter, gratuliere! Vielleicht wendest du in Zukunft auch das Wissen um ein Naturgesetz an, das an keiner Schule gelehrt wird: *»Kein Mensch kann sich gesund oder zum Erfolg jammern und kein Problem kann man lösen, keine Krankheit heilen durch das Bekämpfen von Problem oder Krankheit.«*

Kein Mensch kann eine dauerhafte Wendung zum Besseren bewirken, wenn er nicht allen Beteiligten die Freude daran vermittelt. Wer sich ständig mit Problemen beschäftigt, hat immer welche und strahlt sie aus.

Ich kann's mir schon denken, aber ich frage trotzdem: Warum sollte das *Bekämpfen* einer Krankheit oder eines Problems nicht zum Erfolg führen?

Weil nur das Verstehen eines Problems zur Lösung führt! Leider habt ihr alle meine Einflüsterungen zum »Kämpfen statt Verstehen« bereitwillig angenommen. Überall, wo etwas oder jemand bekämpft wird, da war ich und ermutigte die Kämpfenden bis zum bitteren Ende. Ihr habt euch dadurch langsam in Feuerwehrmänner verwandelt, die zum Brand gerufen werden und als erste Maßnahme riesige Rauchabsauganlagen aufstellen und das dann als Sieg feiern. Und die Medien applaudieren, die Zuschauer applaudieren.

Aktuelles Beispiel: Terroristen bekämpfen erzeugt immer neuen Terror, Terrorismus verstehen, seine Ursachen erkennen, das erst führt zur Lösung. Wenn »Auge um Auge« euer Prinzip bleibt, sind am Schluss alle blind. Was das Bekämpfen von Krankheit betrifft, gilt das Gleiche. Oder was ist deiner Meinung nach verantwortlich dafür, dass immer mehr Bakterien immun werden gegen eure Antibiotika?

Das habe ich auch bemerkt: Seit 9/11 gab es nicht einen einzigen Artikel in den Medien, der sich ernsthaft mit den Ursachen des Terrorismus auseinandergesetzt hätte. Nicht einmal Artikel, die auch nur die *Frage* nach den Ursachen gestellt hätten. Im Gegenteil: Man hatte das Gefühl, einen Terroristen »verstehen« zu wollen, ist etwas Übles, ist nicht Politically Correct. Geschweige denn der Gedanke, dass Terrorismus vielleicht so etwas wie die zwangsläufige Antwort auf Unterdrückung und Ausbeutung sein könnte.

Richtig – und was die wahren Ursachen von Krankheiten betrifft: Eine gute Absicherung im Krankheitsfall hat einen von mir erwünschten Nebeneffekt. Nämlich dass es kein Problem ist, sich aus der Selbstverantwortung zu stehlen oder »krank zu feiern«. Wenn jemand krank wird, kommt er deshalb nur selten auf die Idee, den passenden Devil-Hack anzuwenden: *»Wo habe ich ein Ungleichgewicht in meinem Leben zugelassen, das sich jetzt in der Krankheit äußert? Was will mir die Krankheit sagen?«* Stattdessen flüchtet ihr euch in ausgetretene Pfade: »Doktor, es ist Ihr Job, mich zu kurieren. Alles andere interessiert mich nicht.« Beobachte, wie stark interessierte Kreise in der Medizin das Wissen um den Zusammenhang Körper, Geist und Seele verdrängt haben. Noch vor 50 Jahren war das Wort »Psychosomatik« in aller Munde.

Ui, das stimmt! Die Wissenschaft der gegenseitigen Beeinflussung von Körper und seelischem Zustand ist tatsächlich weitgehend unter den Teppich gekehrt worden, zumindest was ihre Präsenz in den Medien betrifft – und in den Schulen ist davon erst recht nicht die Rede.

Es kommt hinzu: Krankheit und diverse Wehwehchen sind für viele Menschen der einzige Weg geworden, ein Minimum an Zuwendung und Aufmerksamkeit zu bekommen. Eure Seele weiß ganz genau: Liebe und Freude sind die höchste und beste Medizin. Der Mangel an Liebe und Freude sitzt an der Wurzel fast jeder Krankheit und Störung, die den Körper befallen kann. Eure alltägliche Mangelernährung und unmenschliche Arbeitsverhältnisse sind genau genommen nur Symptome von Lieblosigkeit – anderer Menschen, Arbeitgeber etc. euch gegenüber und euch selbst gegenüber.

Liebe deinen Nächsten wie dich selbst wäre hier der Devil-Hack schlechthin.

Auch *das* war meine Arbeit, diese Zusammenhänge zu verschleiern. Dieses Vernebeln habe ich von Anfang an gefördert, wo ich nur konnte. Leider mit zerstörerischen Folgen.

Genau! Was die Selbstverantwortung betrifft, stelle ich mir gerade vor, jemand geht zu seinem Arbeitgeber und sagt: »Hey, ich habe mir jetzt schnell eine Grippe zugelegt, weil ich Zoff mit meiner Frau habe und innerlich zu Eis erstarrt bin. Daran bin ich selbst schuld, ich werde die ausgefallene Arbeitszeit nachholen.«

DEVIL-HACK!

Ein Mensch beklagte sich ständig über andere. Ein weiser Mann sagte zu ihm: »Wenn du wirklich Frieden haben willst, versuche dich selbst zu ändern, nicht andere. Es ist einfacher, die eigenen Füße mit Schuhen zu schützen, als barfuß zu laufen und sich zu wünschen, die ganze Welt wäre mit Leder ausgelegt.«
(Lehrgeschichten)

Würde keiner zugeben, aber so oder so ähnlich wäre es fast immer die Wahrheit.

Ich weiß nicht, ob meine Leser das gern hören werden.

Ebenso wenig gern werden sie hören wollen, dass eure Spezialisten und Experten noch für etwas anderes sehr anfällig sind. Nämlich für ihre Eitelkeit. »Alles, was man erfinden kann, ist schon erfunden worden.« Das sagte 1899 ein leitender Ingenieur des US-Patentamts. Ein Beispiel für die Zerstörungskraft dieser Eitelkeit gefällig?

Na, wenn ich bedenke, wie Ignaz Semmelwis behandelt worden ist, als er seinen Ärztekollegen riet, beim Operieren Handschuhe anzuziehen …

Mein Beispiel ist besser: Schon vor einem halben Jahrhundert hättet ihr die funktionierende Technik für perfektes Energiemanagement auf der Erde mit ausschließlich erneuerbarer Energie entwickeln können. Stattdessen habe ich mit meiner Marionette Ronald Reagan Wissen und Arbeitskraft Tausender Experten und Spezialisten umdirigiert und auf Prestigeprojekte und materiell lukrative Projekte gelenkt wie beispielsweise in der Ölindustrie. Schon immer eine meiner leichtesten Übungen. Was das allein fürs Abbremsen des Klimawandels bedeutet hätte, kannst du dir denken.

Noch ein Beispiel?

Gern. Angesichts eurer Probleme, was macht es da für einen Sinn, zig Milliarden auszugeben, um auf dem Mond ein Fähnchen aufzupflanzen und ein paar Steinchen nach Hause zu bringen? Und welche Motivation hinter der Gentechnologie steckt oder dem Anwachsen von Sicherheitstechnik und Waffenentwicklung, das muss ich nicht erklären, oder? Ebenso wenig, welche Motivation euch treibt, den Klimawandel zu ignorieren. In vieler Hinsicht seid ihr heute noch auf demselben Niveau wie zu Zeiten der genialen Ideen von Flussbegradigungen und Flurbereinigungen. Vom Speer zur Atombombe, das betrachtet ihr als Fortschritt.

Na, Flussbegradigung, da wissen wir heute, was das für eine Idiotie war. Man dachte sich: »Wir gewinnen Land und wenn schon Überschwemmung, dann bitte weiter flussabwärts.«

Was mir noch zum Thema einfällt: Vor einigen Jahrzehnten empfahlen Ärzte und Experten, doch bitte das Küssen einzuschränken oder darauf ganz zu verzichten – wegen der Unmenge von Bakterien und Viren, die dabei »ausgetauscht« werden. Eine Studie hat dann zehn Jahre später nachgewiesen, dass Menschen, die viel küssen, eine um durchschnittlich fünf Jahre höhere Lebenserwartung haben.

Wie so oft sind Liebe und gesunder Menschenverstand klüger als jede Warnung vor Bakterien.

Und ich erinnere mich, bei der Flurbereinigung herrschte damals verbreitet die Überzeugung, dass man die Felder viel effizienter bewirtschaften kann.

Um was zu tun? Um Großbauern noch größer werden zu lassen, auf Kosten der Qualität, und um mit boden- und klimazerstörenden Maschinen McDonalds billiger beliefern zu können? Um fruchtbaren Boden abzutragen und ihm alles Lebendige zu entziehen?

Du hast recht, das hatte man damals aus den Augen verloren. Beziehungsweise wahrscheinlich bewusst ignoriert.

Auf, auf, lies etwas mehr zum Thema, am besten bei Greenpeace. Dann lernst du die Zusammenhänge besser kennen. So richtig begriffen und öffentlich gemacht habt ihr sie aber erst, als die damaligen Ideengeber der Flurbereinigung gestorben waren oder nur noch in der Pension Schaden im eigenen Garten anrichten konnten. Was sie auch taten: Privatgartenerde ist fünfmal stärker pestizidbelastet als landwirtschaftlich genutzte Fläche.

Themenwechsel, bitte, sonst holt mich mein Zukunftspessimismus ein. Können wir wieder von deinen Zielen sprechen? Wo warst du sonst noch am Werk?

Gut, wie ich schon sagte: Euch in Gewohnheitstiere zu verwandeln und in den Schlaf zu wiegen, das war mein Weg und meine Aufgabe. Schauen wir mal genauer hin: Durch Lernen und Üben eine Handlung in Gewohnheit und automatisierte Routine zu verwandeln, das ist zwar eine wichtige Fähigkeit, etwa wenn es ums Autofahren oder das Bedienen einer Maschine geht, aber in so vielen Lebensbereichen wirkt Gewohnheit schwächend, etwa in der Ernährung, besonders aber in eurem Geist. Eine Gewohnheit wird so zur geistigen Prothese beziehungsweise zu einer Sucht.

Devil-Hack gefällig, der euch sagt, wo die Grenze verläuft zwischen einer Verhaltens- oder Denkgewohnheit und einer Sucht? *Einfach mindestens sieben Tage lang auf sie verzichten.* Den Grad der Sucht kannst du an den körperlichen und geistigen Entzugserscheinungen ablesen, die sich einstellen. Die Unruhe, die Reizbarkeit, die Ängste, die Kopfschmerzen.

Das könnte eine brauchbare Definition sein. Wenn ich zum Beispiel daran denke, was passiert, wenn ich mal ein paar Tage auf Espresso verzichte …

Betrachte einmal das Älterwerden eines Menschen aus diesem Blickwinkel und du wirst erkennen, wie erfolgreich ich gearbeitet habe. Für die meisten von euch ist nämlich das Älterwerden »automatisch« ein schleichender Prozess des Versinkens in immer mehr Gewohnheiten im Bereich von Ernährung, Kleidung, Bewegung, Denkweisen, Ängsten etc. Dieses ineinander verspreizte Gebilde aus Gewohnheiten nennt ihr dann auch noch »unverwechselbarer Charakter eines Menschen« oder gar seine »Identität«.

Ich sage dir: Wenn ein Mensch in einer bestimmten Situation nicht anders kann als so-oder-so zu denken, zu fühlen oder zu handeln, ist er kein Mensch mehr, sondern ein Automat. Völlig gleichgültig, ob er im besten Fall nicht anders sein kann als »gut«.

DEVIL-HACK!

Zum Wesen der Liebe gehört die Freiheit. Sobald sich Zwang, Kontrolle und Konflikte einstellen, stirbt die Liebe. Auch die Rose, der Baum und die Lampe lassen dich vollkommen frei sein. Der Baum wird sich nicht bemühen, dich in seinen Schatten zu ziehen, wenn dir ein Sonnenstich droht. Die Lampe wird dir nicht ihr Licht aufzwingen, wenn du im Dunkeln stolperst.

(Anthony de Mello)

Euer stärkstes Schlafmittel ist nicht irgendein Chemie-Cocktail aus der Apotheke, sondern in eurem Geist etwas für »selbstverständlich« zu halten – sei es eine Sache, eine Person, ein zukünftiges Geschehen, ein »verbrieftes Recht«, die monatliche Pension. Darf ich den Satz »Ich halte das für selbstverständlich!« übersetzen?

Nichts hindert dich daran.

»Die Welt hat jetzt und in Zukunft meinen persönlichen Erwartungen zu entsprechen!« Mein Lieber, nur drei Dinge sind selbstverständlich: Das Ablegen eures irdischen Gewandes, das Recht auf Lernen und die Liebe Buddys. Darf ich dir noch eine Übersetzung anbieten? Was ist eine »Überraschung«?

Bin schon gespannt.

In die Wirklichkeit übersetzt bedeutet es: »unerwartet enttäuschte Erwartung« oder »unerwartet erfüllte Hoffnung«.

Was ihr »Glücksfall« nennt, ist oft nichts anderes als die Erwartung, dass etwas schlecht läuft, und dann wird es doch gut. Hurra! Glück gehabt!

Umgekehrt nennt ihr »Pech«, wenn ihr erwartet, dass alles für euch nach Plan läuft, und dann entwickelt sich die Situation schmerz- oder verlustbringend und ihr jammert über »Pech«. Bei dieser Arbeit, euch in Gewohnheiten einzufrieren, hatte ich übrigens, wie schon angedeutet, in euren Essgewohnheiten die besten Helferlein. *Der Devil-Hack hier: Ohne jeden Zweifel erkennen und begreifen, dass eure Erwartungen und Befürchtungen eure eigene Entscheidung sind. Ihr habt die Wahl, wie ihr eure Gedanken und Emotionen steuert.*

Dem würde die Mehrheit widersprechen! O. K., aber jetzt sag schon: Was hat meine gewohnte Ernährung, meine Leibspeise mit deinem Arbeitserfolg zu tun?

Eure heutige Normalkost, speziell in den Kantinen von Firmen, Fabriken und auch Krankenhäusern, macht fabelhaft müde und träge und färbt so einen großen Teil des Alltags. Ihr habt absolut keine Ahnung, wie sehr mir eure Ernährungsgewohnheiten in die Hände gespielt haben! Das war der ideale Nährboden für das tiefe Einwurzeln von Gewohnheiten, von guten wie von zerstörerischen. Die Gewohnheit, Fleisch oder Milch, die erst seit kurzer Zeit auf euren Speisezetteln stehen, als »gesunde Nahrungsmittel« zu betrachten – was für eine Verblendung! Dafür sind nur euer Kurzzeitgedächtnis und die Werbung verantwortlich … und ein wenig sogar eure Archäologen.

Aber es ist doch Allgemeinwissen, dass fleischzentrierte Ernährung quasi Menschheitserbe ist. Sehen die Archäologen das falsch?

Und ob. Sie haben nicht daran gedacht, dass von Gemüse-Eintopf oder Getreidemahlzeiten kaum etwas Fossiles übrig bleibt. Fast restlos kompostiert, wie du vielleicht nachvollziehen kannst. Knochen sind da weit langlebiger. Das Auffinden von Jagdwaffen und Tierknochen ließ sie einfach übersehen, dass eine Ernährung ohne tierisches Eiweiß wenig Zählbares hergibt. Und noch etwas haben sie übersehen beziehungsweise nicht richtig eingeordnet: Wenn sie es bei den Ausgrabungen mit Völkern zu tun hatten, die sich stark fleischzentriert ernährt haben, wiesen deren Knochen und Zähne starke Anzeichen aller heutigen Zivilisationskrankheiten auf: Knochenschwund, Arthrosen, Zahnverfall usw.

Das leuchtet ein. Kürzlich habe ich gelesen, dass beispielsweise die Inuit am Polarkreis sehr schlechte Zähne haben.

Sie leben zwangsweise fleisch- und fettzentriert, das ist der Grund. Wirklich gefährlich für den Erfolg meiner Arbeit wurde es immer dann, wenn ein einflussreicher Mensch aufwachte und öffentlich auf tierisches Eiweiß, auf Zucker, Weißmehl etc. verzichtete.

Du meine Güte, Veganer sind dir ein Dorn im Auge? Was macht sie so speziell? Können sie dir entkommen?

Absolut! Zumindest in den ersten Wochen und Monaten, wenn durch das Weglassen müde machender Stopfblähfüllmittel ihre Sensibilität erwacht und sie in die Nähe dessen kommen, was für mich am gefährlichsten war: eine präzise Wahrnehmung ihrer tatsächlichen, objektiven Situation und wahre Selbstliebe, die zu einem echten Fortschritt ihrer Seelen führt. Wenn sie also die neugewonnene körperliche Frische und Wachheit zu ihrem Besten nützen. Wenn sie ihre geschärfte Wahrnehmung auf das richten, was *echt und wirklich* ist, um einen Weg der Entwicklung und Selbstverwirklichung zu beschreiten und all die Fake News schnell zu durchschauen. Dann sah ich von ihnen nur noch eine Staubwolke. Aber Überraschung! Oft war's gar nicht so schwer, sie wieder einzubremsen.

Stopfblähfüllmittel – eine gute Beschreibung dessen, was uns manchmal vorgesetzt wird. Jedenfalls keine Mittel zum Leben. Ich glaube, ich muss noch mehr darauf achten, gesund zu kochen. Aber wie gelang dir das Einbremsen von Veganern? Gibt's da spezielle Stolpersteine?

Stolpersteine? Nein, keine Hindernisse, sondern Lockmittel. Hindernisse zu platzieren, das ist etwas für Anfängerteufel. Barrieren sind leicht zu erkennen, man kann ihnen aus dem Weg

gehen. Nein, Versuchungen funktionieren viel besser. Die Zielperson kann dann weiter die Illusion pflegen, Herr der eigenen
Entscheidungen zu sein. Der ideale Sklave glaubt, dem Tyrannen aus freiem Willen zu dienen.

Ich habe das immer so gemacht: Hast du mal einen einge-
fleischten Veganer … na ja, »eingefleischt« passt hier vielleicht
nicht ganz so gut … also sagen wir einen restlos überzeugten
Veganer kennengelernt? Das können sehr unangenehme Zeit-
genossen sein, denen der Stolz auf das Erreichte aus allen Poren
quillt. Sie gehen oft allen mit ihrem Credo so sehr auf den Geist,
dass sie viele Menschen von diesem für euch guten und über-
lebensnotwendigen Weg abschrecken. Wer möchte denn schon
so engstirnig werden? Wunderbar, solche Partyschrecks waren
dann wieder ganz nach meinem Geschmack. Aufrechte Soldaten in unseren Reihen.

Keine guten Vorbilder also …

Ich fütterte ihren Stolz darauf, etwas »Besonderes« zu sein,
was wiederum den Erfolg ihrer Überzeugung in der Welt blo-
ckierte. Eine zweite Blockade haben Veganer ganz aus freien
Stücken in ihre Weltsicht eingebaut. Sie haben übersehen, dass
die Hälfte der Menschheit pflanzliches Fett auf Dauer gar
nicht verträgt.

Darüber habe ich geschrieben!

Richtig, du weißt: die andere Hälfte braucht tierisches Fett in
Form von Butter, geklärter Butter oder Butterschmalz. Diese
Lücke im System der Veganer ist groß genug, um ihren Erfolg
vorerst noch zu bremsen.

Ein super Devil-Hack an dieser Stelle: *Wenn du etwas Gutes und*

Echtes zu vermitteln hast, musst du seinen Sinn und Wert einfach nur vorleben. Geh niemandem auf den Geist, versuche niemanden zu überzeugen. Nur dann hast du langfristig Erfolg. Überredungskunst? Das ist oft Gehirnwäschekunst.

Hmm, klingt überzeugend, aber manche Eltern eines Pubertierenden werden mit dem Vorbildsein allein nicht durchkommen.

Ach richtig, eure berühmte »Rebellion in der Pubertät«. Es wird dich überraschen, aber auch das ist alles andere als ein zwangsläufiger, »natürlicher« Entwicklungsschritt, egal, was eure schlauen Erziehungsratgeber und Experten sagen. Sie beruht auf der schlichten Tatsache, dass viele Teenies eine halbwegs intakte Intuition besitzen. Sie spüren instinktiv: »Wenn ich den Eltern gehorche, werde ich genau wie sie.« Und dann sagen sie sich, wer will das schon? Würdet ihr eure Kids den eigenen Weg finden und gehen lassen und nur bei echter Gefahr und Not eingreifen, gäbe es keine Rebellion.

Und wie mir das bekannt vorkommt! Ich jedenfalls habe schon mit sechs Jahren rebelliert, aber eher fruchtlos, ohne echte Absicht und Durchschlagskraft, einfach um mehr Aufmerksamkeit zu bekommen und Bedingungslosigkeit zu spüren.

Die drei inzwischen erwachsenen Kinder einer befreundeten Familie hatten eine wirkliche Rebellion niemals nötig. Heute gehen sie völlig unterschiedliche Wege, unabhängig vom Lebensplan ihrer Eltern. Trotz all der Verschiedenheit in der Familie halten sie aber zusammen wie Pech und Schwefel, wenn's darauf ankommt. Es ist schön zu sehen, wie sie die Verschiedenheit geradezu genießen.

Aber zurück zum Thema Gewohnheit: Ist nicht jedes Lernen so etwas wie Erwerben einer Gewohnheit? Was ist daran falsch, wenn ich ein neues Verhalten in eine nützliche Gewohnheit verwandle, die Kraft und Hirnschmalz spart?

DEVIL-HACK!

»Es scheint so unpraktisch, die ganze Zeit an Buddy zu denken«, sagte einmal ein Besucher zu Yogananda. Die Antwort lautete: »Die Welt ist ganz deiner Meinung – aber ist die Welt glücklich? Wer Buddy, den Inbegriff der Glückseligkeit, verlässt, sucht vergebens nach wahrer Freude. Echte Gottsucher leben schon auf Erden im inneren Himmel des Friedens; die anderen aber, die ihn vergessen, verbringen ihre Tage in der selbstgeschaffenen Unterwelt der Ungewissheit und Enttäuschungen. Wer daher mit Buddy Freundschaft schließt, handelt wirklich praktisch.«

(Lehrgeschichten)

Aus meiner Sicht als Teufel? Alles falsch, wenn die Gewohnheit sinnvoll, fruchtbar und nützlich ist. Total richtig, wenn sie euch erstarren ließ. Denk-Gewohnheiten verwandeln sich ja oft in geistige Trägheit. Trägheit versteinert zu Denk- und Fühl-Tabus. Eure Welt wird dann ganz klein, eine Insel, ein Gefängnis. Ihr lernt zu verachten und zu fürchten, was jenseits der Insel ist. Ihr lernt Schwarzweiß-Denken, ihr zementiert das Normale, bis es sich in einen Klotz am Bein verwandelt. Ihr lernt, das Fließende und Lebendige zu fürchten.

Ehemals vielleicht sinnvolles Tun verwandelt ihr dann in sinnlose »Tradition« und in Abhängigkeit. Traditionen können eine wunderbare Sache sein, von Umzügen, Trachten, Feiertagen bis zu Demonstrationen genialer Kunstfertigkeit in einer bestimmten Weltgegend, das Fest der Eisskulpturen und so. Aber wie ich Traditionen geliebt habe! Manche können gar nicht so massiv zerstörerisch für das Richtige und Notwendige wirken, dass nicht irgendjemand sie erfolgreich verteidigt mit dem Argument »Das haben wir schon immer so gemacht«.

…ich verstehe: Wenn Gewohnheiten, Traditionen, Bräuche, Sitten, Rituale mich froh stimmen, optimistisch und glücklich, dann sind sie O.K. Wenn sie aber nur Erstarrung, Langeweile, müde Wiederholung ohne Sinn bringen, kann man es vergessen, oder?

Beispiele für die zerstörerische Form von Tradition gefällig?

Hitlers Geburtstag feiern?

Auch. Aber ich hatte eher den Bauern bei dir um die Ecke im Sinn, der dir ein fröhliches: »Haben wir schon immer so gemacht!« entgegenruft, wenn sein Traktor die Erde aufreißt. Ich dachte an die Industrielandwirtschaft, die langsam, aber sicher die Erde in eine Wüste verwandelt. Als man begonnen hat, diese »modernen« Methoden den Böden überall in der Welt aufzuzwingen, war die fruchtbare Erde durchschnittlich 70 cm stark. Heute sind es weniger als 20 cm. Nicht mehr weit bis zur Wüste, oder? In Europa dauert es in weiten Landstrichen Spaniens nicht mehr lange, bis dort kein Gras mehr wächst, geschweige denn Tomaten. Weißt du, wie viele Kilo Getreide nötig sind, um ein Kilo Rindfleisch zu erzeugen?

Zwei?

Sechzehn. Wahrlich, eure Gewohnheiten, besser: Eure Sturheit war immer eine meiner engsten Verbündeten. Ihr Lieben, nichts, aber auch gar nichts habt ihr »schon immer« so gemacht!

Hmm, die Industrielandwirtschaft versteckt sich schon immer hinter dem Argument, dass sie eine Weltbevölkerung von bald 10 Milliarden ernähren muss.

Das ist eine absolute und vollkommen bewusste Lüge, dazu erzähle ich dir später etwas mehr. Schnell etwas zum Nachdenken: Was ist der Unterschied zwischen einem Jäger und dem Gejagten?

Du meinst Mensch und Tier?

Ich meine Jäger und Gejagter. Der Unterschied, ob der Jäger Erfolg hat oder ob der Gejagte entkommt, liegt nur in der Vorhersagbarkeit von Verhalten, also in berechenbarer Routine. Ein Jäger beobachtet und merkt sich die Routinen seines Ziels so lange, bis er Erfolg hat. Ein Gejagter wird immer entkommen, wenn seine Bewegungen nicht vorhersagbar sind. Je mehr Routinen und Gewohnheiten ein Lebewesen hat, desto leichter wird es zum Opfer. Beispiel? Der Kaiser von China selbst wird zum Gejagten, wenn er jeden Donnerstagmorgen ein kleines Schokoladenherz braucht. Bekommt er es nicht, wird er so wütend, dass er fast einen Herzinfarkt bekommt und nicht mehr klar denken kann. Wer ist also der wahre Kaiser? Er? Oder derjenige, der ihm das Schokoladenherz bringt? *Deshalb* gehörte es zu meinen erfolgreichsten Strategien, euch in Gewohnheiten versinken zu lassen. Jede erfolgreiche Werbung beruht auf der Kenntnis der Verhaltens-, Denk- und Fühl-Routinen ihrer Opfer und Zielpersonen.

Und genau diese Muster zu fischen ist das Geschäftsmodell der sozialen Medien …

Genau. Mit dem »Weitermachen wie bisher« – damit wart ihr ganz nach meinem Geschmack. Besonders auf dem Gebiet des Verhältnisses der Geschlechter war mir das wichtig, weil es mithalf, kein echtes Glück zwischen Liebenden aufkommen zu lassen.

Wie bitte? Das musst du genauer erklären!

Menschen, die sich wirklich lieben, sind fast immun gegen mich – egal ob Mann und Frau, Frau und Frau, Mann und Mann. Aber schau dir mal an, mit welcher Arroganz überall auf der Welt sich Männer als *von Natur aus* »besser«, »intelligenter«, »fleißiger« als Frauen präsentieren! Auch heute noch! Für die in Gewohnheiten erstarrten Patriarchen auf eurem Planeten müssen wir beide uns gemeinsam besondere Devil-Hacks einfallen lassen, denn das Patriarchat gehört zu den zutiefst zerstörerischen Kräften auf dieser Erde. Alten weißgefärbten Säcken ist es gelungen, das Gegeneinander in der Welt, die Rivalität und Gewaltbereitschaft als Bestandteil der menschlichen Natur zu verkaufen! Ich gestehe, mit meiner Hilfe natürlich, aber ich erschrecke ein wenig, wenn ich zurückschaue, und sehe, dass manche von euch besser waren als ich …

Du willst mir einreden, dass der Teufel ein Gewissen hat?

Mein Lieber, ich gehöre zu Buddys besten Freunden und Mitarbeitern. Ich habe eine klare Aufgabe, aber auch ein Eigenleben und meine ganz eigenen Wertvorstellungen. Sonst säße ich nicht hier.

Hier mein Devil-Hack, um das Patriarchat auf lange Sicht auszuhungern: *Du musst verbreiten, dass jeder Mensch auf der Welt das Recht hat, sich ausschließlich mit Menschen enger zu binden, die ihn schätzen, achten und lieben.* Würdet ihr alle dieses absolute Menschen-

recht erkennen, fühlen und umsetzen, sage ich voraus, dass sehr viel weniger Menschen in euren Altersheimen Besuch bekommen würden als bisher. Und viele Männer würden von einem Tag auf den anderen sehr einsam sein.

Bei mir rennst du da offene Türen ein. Für mich war das Patriarchat schon immer eine gigantische Verschwendung der Fähigkeiten, die Frauen von Natur aus mitbringen. Macho-Männer schießen sich doch nur selbst ins Knie, wenn sie erklären, dass Frauen »weniger wert« seien als Männer. Diese Typen haben sich auf einen Thron gesetzt, der nur allzu schnell ins Wackeln käme, wenn sie anerkennen müssten, dass sie vielen Frauen nicht das Wasser reichen können. Und sie wehren sich dagegen,

dass Frauen sich nicht mehr als willfährige Haussklaven herge-
ben. Klar, manche Feministinnen schießen übers Ziel hinaus,
aber Jahrtausende der Unterdrückung sind für mich Rechtfertigung genug auch für Übertreibungen.

DEVIL-HACK!

Mit fünfzehn wandte ich mich dem Lernen zu,
mit dreißig hatte ich festen Grund.
Mit vierzig hatte ich keine Zweifel.
Mit fünfzig kannte ich den Willen
des Himmels.
Mit sechzig war ich bereit, auf ihn zu hören.
Mit siebzig konnte ich den Wünschen
des Herzens folgen,
ohne gegen das Rechte zu verstoßen.
(Konfuzius)

Ihr Männer habt einfach im Laufe der Zeit eine unumstößliche
Tatsache verdrängt, nämlich die, dass Frauen von Natur aus besondere Fähigkeiten mitbringen. Im Vergleich zu Männern zum
Beispiel *müssen* sie einen viel praktischeren Verstand haben! Es
gäbe sonst keine Babys mehr, die euren Seelen die Rückkehr
hierher ermöglichen. »Müssten Männer die Babys bekommen,
würde die Menschheit bald aussterben« – ein Körnchen Wahrheit steckt auch in diesem dummen Spruch.

Männer – oft sogar die in Amt, Macht und Würden befind-
lichen – entscheiden in der Regel emotionaler und unvernünf-
tiger als Frauen in der gleichen Situation. Das Märchen, es sei
umgekehrt, haben Männer erfunden; natürlich gefördert von
mir. Die Fähigkeiten und Talente von Frauen zu vergeuden, darin seid ihr Männer Meister, ganz wie es einst meine Absicht
war.

Kürzlich las ich, dass der Direktor der Harvard University in den USA die Tatsache, dass in hochbezahlten universitären Berufen weniger Frauen zu finden sind, damit begründete, dass Frauen nicht bereit seien, 80 Stunden in der Woche für ihren Beruf zu opfern. Was für eine Frechheit! Andersherum wird ein Schuh draus: Männer sind nicht bereit zu tun, was jene Frauen leisten, die den hochbezahlten Männern mit den 80 Stunden Einsatz pro Woche den Rücken freihalten.

Aber es kann doch auch anders zugehen in der Frauenwelt. Margret Thatcher, Theresa May, Imelda Marcos oder die vielen Frauen, die den Feminismus bekämpften, ja sogar das Frauenwahlrecht!? Thatcher! Überheblicher und herzloser geht's ja wohl nicht mehr! Und ein ganz spezielles Symptom: Viele Frauen fallen ihrer besten Freundin in den Rücken, wenn sie aus einer Situation der Ausbeutung ausbricht.

Wie überall bestätigen Ausnahmen die Regel, mein Lieber. Die Thatcherin war eine sehr gelehrige Schülerin, in der Tat. Natürlich auch Eva Braun, Grace Mugabe, Mirjana Milosevic, Imelda Marcos, Margot Honecker … Noch viele andere haben im stillen Kämmerlein so manchen männlichen Diktator erst zu seiner vermeintlichen »Größe« angestachelt.

Der Grund?

Nun, ihr Frausein ließ sie leichter erkennen, dass die wirklich Mächtigen auf dieser Erde immer unerkannt im Hintergrund die Fäden ziehen. Ihr Ego stand nicht im Weg. Die wirklich Mächtigen auf der Welt sind erfolgreich, weil sie am Ergebnis orientiert sind und nicht an Orden, Ehrenzeichen und Ovationen. Die eine oder andere eurer Verschwörungstheorien ist alles andere als Theorie.

Zweitens wollten diese Frauen die Leere in ihrer Seele füllen, indem sie die eigene Schwäche ausglichen durch die vermeintliche Stärke dessen, den sie in die Höhe hoben. Das ist natürlich nur eine Illusion. Dieselbe Illusion, die den Anhänger einer Fußballmannschaft glücklich macht, wenn »sein« Team gewinnt. Ich musste immer lachen, wenn die Lügenbarone, die eure Geschichtsbücher schreiben, irgendeinem Würstchen, das nicht erwachsen werden will, den Beinamen »der Große« aufklebten. Aber auch diese Marotte arbeitete mir in die Hände.

Lügenbarone? Aber doch nicht alle, oder? Es gibt ganz tolle Geschichtsbücher, die gar nicht verdreht sein *können*, oder gar irgendeiner Ideologie verhaftet sind und deshalb Geschichte fälschen.

Geschichte spannend und interessant darstellen zu können, sagt absolut nichts über den Wahrheitsgehalt des Geschriebenen. Was tatsächlich geschieht wahrzunehmen, abzubilden und aufzuschreiben, das ist eine hohe Kunst. Kennst du die Geschichte vom Zirkuselefanten?

Vielleicht…

Sie geht so:
Es war einmal vor langer, langer Zeit eine kleine Stadt, deren Bewohner noch nie einen Elefanten gesehen hatten. Als dort eines Tages ein Zirkus seine Zelte aufschlug, zogen nachts nach und nach ein paar Mutige aus, um in der Dunkelheit des Tierkäfigs das unheimliche Wesen zu erkunden.

Ein Philosoph strich über den Rüssel des Elefanten, kehrte nach Hause zurück und referierte seiner Frau über das schlangengleiche Wesen des fremdartigen Tieres.

Ein Arzt bekam ein Bein zu fassen und erzählte dann seinen staunen-

*den Kindern von der rauen Oberfläche des Wesens, von seinem gigantischen
Gewicht und von der Tatsache, dass den Elefanten kaum etwas von den
Säulen am Eingang des Rathauses unterscheide.*

*Ein Dichter strich mehrere Male über das Ohr und verfasste dann zu
Hause ein Gedicht über den Elefanten und seine engen Verwandten, die
Fledermäuse, die jedoch sehr viel kleiner seien.*

*Zuletzt schlich sich ein mutiges kleines Mädchen in das Zelt und zün-
dete als Erstes eine Kerze an.*

Wem willst du also das Aufschreiben von Geschichte anver-
trauen, mit welchem Ergebnis?

Die Geschichte kenne ich schon, nur den Schluss, den hast du
erfunden!

Ertappt! Aber sogar das Mädchen wird über den Elefanten eine
ganz eigene Geschichte schreiben, Licht hin oder her. Aber wir
waren beim Thema Patriarchat. In der Regel sind es die Männer vom Schlage Trumps oder meine Jünger beim Ku-Klux-
Klan oder die religiösen Fanatiker, die Mutlosigkeit, Schwäche
und Elternhass durch die Unterdrückung anderer – speziell der
Frauen – kompensieren müssen. Meine Arbeit bestand immer
darin, solche Typen zu inspirieren, seelische und körperliche
Gewaltausübung mit unbeugsamer Stärke und Willenskraft zu
verwechseln. Sie hüpften wie Marionetten, die glaubten, dass sie
es sind, die die Fäden ziehen. Genial! Junge, manchmal konnte
ich gar nicht aufhören, mir auf die Schultern zu klopfen. Ihr
habt übrigens noch nicht im Ansatz begriffen, welchen immen-
sen Schaden ein »demokratisch« gewählter Mann wie Trump
auf lange Sicht angerichtet hat.

Doch, ich habe zumindest ein Gefühl dafür! Fast die ganze
Welt hat sich an den USA als Führungsmacht ausgerichtet, von

der Musik bis hin zum Traum vom Aufstieg vom Tellerwäscher zum Millionär, der dort angeblich viel leichter sein soll. Deshalb ist der Schock überall so groß, einen solch kindischen Tyrannen vorgesetzt zu bekommen. Und das ist die eigentliche Katastrophe, dass nämlich bei allen Mitläufern, die ihr Verhalten immer nach Vorbildern ausrichten, die moralische Hemmschwelle sank. Überall auf der Welt haben kalte, menschenfeindliche Populisten wieder Zulauf, weil sie versteckte und bisher in Schach gehaltene Vorurteile, Abneigungen gegen »Andersartige« und allgemeine Hassgefühle wieder an die Oberfläche gespült und salonfähig gemacht haben. Man kann sogar wieder hören, dass sich Frauen gefälligst mit ihren von »Natur« aus untergeordneten Positionen zufriedengeben sollen.

Dass die Frau dem Mann »untertan« sein solle, wem es eingefallen ist, diesen Satz Buddy unterzujubeln, der verdient heute noch den Goldenen OUT! Menschen welcher Herkunft und Hautfarbe auch immer wie Besitz und Sklaven zu behandeln, ist exakt dasselbe, wie wenn du deinen Zwillingsbruder wie ein Tier behandelst und ausbeutest, weil er zwei Minuten nach dir geboren wurde.

Scheint, dass wir Menschen noch viel Arbeit vor uns haben. Was ist der »Goldene Out«?

Der »OUT«? Das ist der »Oscar der Unterwelt«, den wir immer vergaben, wenn uns mal langweilig war. Eine »Unterwelt« existiert natürlich nicht, aber wir haben eure Glaubenssätze so lustig gefunden, dass der Name einfach hängen blieb.

Dann wüsste ich einige Kandidaten für den Ehrenpreis, unter anderem einen meiner Lehrer, dessen höchstes Vergnügen es war, mit ausgeklügelten Methoden Schüler zu demütigen. Mit 45 lebte er noch bei seiner Mutter. Damals hat tatsächlich einer meiner Kameraden gesagt: »Den hat uns geradewegs der Teufel geschickt.«

Ups, habe ich tatsächlich, ich erinnere mich. Sorry, aber ich habe niemanden verschont. Das war einfach mein Job, wie du dir allmählich denken kannst. Out-Anwärter sind zum Beispiel alle jene, die Hautfarbe, Religion und sexuelle Vorlieben eines Menschen in das Werturteil über ihn oder sie einfließen lassen. Da waren mir manche von euch sogar um einen Schritt voraus. Den letzten Out haben wir einem Bischof verliehen, dem es nicht nur gelungen ist, die sexuelle Ausbeutung in der katholischen Kirche weitgehend zu vertuschen, sondern der auch noch selbst zu den Tätern gehörte.

Heißes Thema in der Tat, aber Gott sei Dank geht es endlich einigen von denen an den Kragen.

Bei Buddy solltest du dich nicht bedanken, das habt ihr euch selbst zu verdanken, speziell manchen mutigen Frauen unter euch.

Ah, richtig, der freie Wille … Dann bist du auch dafür verantwortlich, wenn Kinder von Eltern verschiedener Hautfarbe und auch Religion oft als Außenseiter behandelt werden, oder? Ich hatte das Glück, ohne größere Vorurteile aufzuwachsen, und so konnte ich wahrnehmen, dass solche Kinder sich meist zu besonderen und zudem äußerlich oft auch besonders interessanten, ästhetischen und schönen Menschen entwickeln. Jedenfalls fand ich, dass die Herabwürdigung solcher Menschen als »Bastarde« dem Neid entspringt, und natürlich auch der Angst,

weil sie lebendiger Beweis dafür sind, dass man Grenzen über-
schreiten kann, ohne dabei an Lebensglück zu verlieren – eher
im Gegenteil.

— DEVIL-HACK! —

Ich bat um Stärke
und Buddy gab mir Schwierigkeiten,
die mich stärken.
Ich bat um Weisheit
und Buddy gab mir Probleme zu lösen.
Ich bat um Wohlstand
und Buddy gab mir Verstand und Muskeln, um zu arbeiten.
Ich bat um Mut,
und Buddy gab mir Gefahren zu bestehen.
Ich bat um Liebe
und Buddy gab mir bekümmerte Menschen,
denen ich helfen kann.
Ich bat um Gunst und Gefallen
und Buddy gab mir Gelegenheiten.
Ich erhielt nichts von dem,
worum ich bat,
und doch erhielt ich alles.
Buddy segne euch.
(Renée Thompson)

Korrekt beobachtet, du gefällst mir immer besser. Ich habe
hart daran gearbeitet, dass diese Tatsache niemandem auffällt.
Und vor allem habe ich die Gedanken des Gegenteils heraufbe-
schworen, nämlich dass solche Menschen dem jeweiligen Umfeld der Elternteile fremd bleiben – Abweichler, Bastarde eben.
So lange, bis sich neutral beschreibende Begriffe wie Bastard,
Mischling, Halbblut und so weiter in Beleidigungen verwandelt
haben.

Aber da ist noch etwas: Noch viel härter habe ich gearbeitet, um zu verschleiern, welche Besonderheiten diese Menschen auszeichnet – vom meist attraktiven Aussehen bis zu ihrer besonderen Fähigkeit, Brücken zwischen den Welten zu bauen. Die Kinder von Eltern unterschiedlicher Herkunft waren und sind nämlich in besonderem Maße geeignet, das Verständnis zwischen antagonistischen Gruppierungen zu fördern, besonders zwischen Schwarz und Weiß, Rot und Weiß, Schwarz und Latino, Juden und Christen, Moslems und Christen, Hindus und Moslems usw. Meist sind sich die Eltern solcher Menschen der Gegnerschaft ihrer Umgebung voll bewusst, gehen aber ihre Verbindung trotzdem ein. Was in der Regel für eine tiefe, echte Liebe zwischen ihnen spricht. Das wiederum ist die beste Voraussetzung für wohlgeratene Kinder, die obendrein fast automatisch lernen, mit den Anfeindungen der Umgebung unbeschadet an Leib und Seele umzugehen. Fast immer wirken solche Eltern und ihre Kinder im besten Sinne befruchtend und bereichernd auf ihre Umgebung. Wenn jene dafür offen und neugierig ist.

Diese Zusammenhänge sind mir bis jetzt eigentlich entgangen, aber meine Lebenserfahrung bestätigt sie, wenn ich darüber nachdenke. Das war bei mir in der Schule schon so, dass mich Kameraden mehr interessierten, wenn sie irgendwie »anders« waren. Ich wollte immer herausfinden, was das Besondere war.

Übrigens, liege ich da richtig? Das Märchen, dass es ein Zeichen von Unmännlichkeit und Schwäche sei, wenn Männer Gefühle zeigen – du weißt schon, »Ein Indianer weint nicht« –, dieses Märchen, dafür bist du auch verantwortlich, oder? Ich kann es mir nicht anders vorstellen, weil dieser Schwachsinn direkt und indirekt für so viel Leid in der Welt verantwortlich ist.

Richtig, aber hier habe ich nur ein paar Samen gestreut, für die ihr die fruchtbare Erde wart: Wenn Väter heute noch stolz auf Söhne sind, die sich als gefühllose Klassentyrannen und Mini-Machos aufführen, statt sie in Ruhe über die Folgen ihres Tuns aufzuklären. Oder wenn Mütter ihre Töchter für gleiches Fehlverhalten unverhältnismäßig schwerer bestrafen als ihre Söhne. Dann erkennst du, wer seinen freien Willen zu welchem Zweck einsetzt. Der Devil-Hack hier, meditiere über diese Wahrheit:

Gewalttätigkeit ist echte Schwäche.
Liebe, Harmonie und Miteinander ist echte Stärke.

Das werde ich sicher beherzigen!

Lobenswert, aber Vorsicht: Die Sache ist bei euch Männern tief verwurzelt. Ihr seid in all euren Institutionen noch so patriarchalisch durchgefärbt, dass zum Beispiel angeklagte Vergewaltiger hier in den USA in 48 von 50 Fällen freigesprochen werden. Das ist symptomatisch, spricht Bände und ist überall auf der Welt zu beobachten.

Zu meinen Meisterleistungen gehörte ja nicht nur, dass Menschen, die zufällig heller gefärbt sind, mit der Überzeugung aufwachsen, diese Lackierung verwandle sie in etwas »Besseres« oder schlimmer noch: etwas Intelligenteres als jene Menschen, deren Geburtsgewand etwas dunkler in Richtung Schwarz, Rot oder Gelb gefärbt ist. Mir ist es auch gelungen, euch Männern im Laufe der Geschichte die Überzeugung einzupflanzen, dass jemand, der mehr Gewalt als ein anderer aufzuwenden fähig ist – aufgrund von Körperkraft oder Waffentechnik – , ihm das die Erlaubnis gibt, sich sowohl unmenschlich zu verhalten als auch, sich dafür als »der Große« feiern zu lassen. Als ob Mordlust, Machtgier und Gewalt einen Menschen in etwas »Höheres« verwandeln, statt in das, was er wirklich ist und was sicherlich keinen Podestplatz in Geschichtsbüchern verdiente. Ihr seid schon einfallsreich. Weiß zum Beispiel behandelt Schwarz von Anfang an wie Dreck und nimmt dann schlechtere Schulnoten als »Beweis« für die Überlegenheit von Weiß. Oder binde Schwarz eine Eisenkugel ans Bein und strafe es mit Verachtung, weil es langsamer rennt als du.

DEVIL-HACK!

Ein berühmter Bildhauer arbeitete gerade an einem Marmorlöwen. Voll Bewunderung fragte ihn ein Besucher, worin das Geheimnis seiner Kunst bestehe. Der Meister antwortete: »Das ist gar nicht so schwierig. Ich klopf einfach alles weg, was nicht wie Löwe aussieht.«
(Aus Arabien)

Ich muss an meine eigenen Erfahrungen denken, du hast recht. Und ich erinnere mich an den Geschichtsunterricht. Von Schlacht zu Schlacht … Ganz schnell nebenbei: Ich habe mich schon immer gefragt, ob es eigentlich einen Unterschied gibt zwischen rechtsextremer und linksextremer Gewalt.

Nein. Nur dem Namen nach und der Häufigkeit. Und ein wenig, was die geistigen Wurzeln der Ideologien betrifft. Rechtsextreme sind fast immer auf einem unbewussten Rachefeldzug gegen ihre Väter und sehnen sich nach der starken Vaterfigur, die sagt »Du bist O. K., du bist einer von uns, ein guter Kamerad«. Linksextreme rächen sich oft an ihrer kalten Familie und sehnen sich nach Geborgenheit in einer Gruppe gegen die böse Welt. Sie vermissen die verlässliche Mama. Hier versteckt sich auch der Grund, warum das Linke in euren politischen Spektren weniger hierarchisch organisiert ist als das Rechte. Linke sind besser im Partisanenkampf. An den extremsten Enden gehen beide den einfachen Weg, ohne Sinn und Herz. Das waren gute Schülerinnen und Schüler in meinen Kursen.

Das werden die Etikettenverteiler in Medien und Politik gar nicht gerne hören …

Du darfst dir Links und Rechts nicht auf einer Geraden vorstellen, sondern auf einem Kreis, bei dem die »Mitte« den Extremen »Links/Rechts« gegenüber liegt. Linksextrem und rechtsextrem, das sind Zwillingsbrüder, verbunden durch die Ablehnung von Selbstverantwortung, durch geistträges Schwarzweißdenken, durch die Sehnsucht nach »Wir-Gefühl« und Bedingungslosigkeit.

Darüber muss ich noch nachdenken. Politik und Medien werden jedenfalls ihren Etikettenschwindel so schnell nicht aufgeben. Apropos Etikett: Mich würde ganz spontan interessieren, wie du dir überhaupt deinen Ruf in der Öffentlichkeit verdient hast. Du weißt schon: Fürst der Hölle und so. Diese Negativ-Extreme wie »teuflisch, diabolisch«. Die Geschichten und Gemälde, die deine angebliche Arbeit schildern, sind ja meist abstoßend und furchterregend.

Ja, und gibt's die Hölle überhaupt, so wie sie uns immer wieder höchst plastisch geschildert worden ist? Erst kürzlich hat der neueste »Buddy-Stellvertreter auf Erden« im Vatikan mit einem Federstrich erklärt, es gebe das Fegefeuer gar nicht, ätschbätsch, angeschmiert! Wir haben der Schafherde zwar jahrtausendelang damit Angst gemacht, aber tut uns leid, selbst schuld, wenn ihr den Quatsch geglaubt habt.

Genial, gell? Alles meine Idee, die Erfindung des »Fegefeuers«. Aber zu deiner ersten Frage: Mich als Chef einer ungastlichen Stätte zu erfinden, bevorzugt unter der Erde, inmitten feuriger Lavaströme, umgeben von röstfrischen, vom Himmel abgewiesenen Menschenwesen, die strafweise über einem Riesen-Barbecue brutzeln, das war einer meiner klügsten Schachzüge, um euch in körperliche, um eure geistige und seelische Abhängigkeit zu zementieren. Angst in jeder Form gehörte ja schon immer zu meinen schärfsten Waffen.

Angst etwa, etwas Neues zu lernen, weil dann sichtbar wird, dass man vorher etwas nicht gewusst hat, beziehungsweise dass das Alte irgendwie nicht »richtig« war.

Angst, vermeintliche Schwächen zu zeigen, weil man dich dann womöglich verspottet.

Angst vor Kritik, Angst, in die »Hölle« zu kommen, weil du »gesündigt« hast.

Das ist ein Stichwort: »Sünde«. Damit wurden zahllose Generationen auf Linie gebracht.

Nicht nur von mir. Die Erfindung der Sünde, da musste ich kaum einen Finger rühren, denn die Religionsdealer in aller Welt haben da ganze Arbeit geleistet. Sie haben einfach alles in »Sünde« verwandelt, was an ihrem unheiligen Stuhl sägen würde.

Fast alles von dem, was euch frei und unabhängig macht, wird in Sünde verwandelt. Dass jedes Kind mit einer »Erb-sünde« behaftet zur Welt komme, dieser Tiefpunkt aller abscheulichen Lügen wäre sogar mir nicht eingefallen, so fernab jeder Wahrheit ist das. Ihr bringt keine Erbsünde mit, sondern ein Übermaß an Lebensfreude und Enthusiasmus.

Die gibt es also nicht, die Erbsünde? Ich habe zwar nie an sie geglaubt, aber das von dir zu hören, ist irgendwie schräg… Es würde mich aber sehr freuen und meine eigene Überzeugung bestätigen.

Bevor ich darauf antworte, möchte ich noch auf einen Zusammenhang hinweisen, ein kleines Schlusswort zum Thema »Patriarchat«. Denn ein bestimmter Umstand ist zu wichtig, als dass er nicht zumindest ein kurzes Schlaglicht verdient hätte.

Ich höre.

Gut. Jeder Mensch, der einen anderen Menschen ausbeutet, der ihn als »weniger wert« behandelt, der auf einen anderen oder andere Menschen herabschaut, *der verliert automatisch seine Selbstachtung.* Bewusst oder unbewusst. Gleichgültig ob Mann oder Frau.

Wie das denn? Schau dir all die Tyrannen und Unterdrücker an! Schau dir die Kulturen an, in denen häusliche Gewalt die Norm ist. Die Mehrheit aller Frauen erlebt dort häusliche Gewalt, und diese Männer verhalten sich nicht, als ob sie sonderlich an sich und ihrem Verhalten zweifeln! Die Beispiele dafür, dass sich Männer völlig im Recht fühlen, wenn sie sich als Machos aufführen, sind endlos.

Genial, nicht wahr. Meine Arbeit war in diesem Punkt äußerst erfolgreich. Leider, muss ich ja heute sagen. Aber du liegst grundfalsch. Die Tyrannen und Ausbeuter mögen völlig skrupellos ihrer Arbeit nachgehen, aber dennoch: Sie haben dafür bezahlt, denn sie haben ihre angeborene Menschenliebe, ihren Seelenkern eingeschläfert. Sie besitzen keine Selbstachtung mehr. Wie geht deiner Erfahrung nach ein Mensch damit um?

Hmmm, da gibt es verschiedene Möglichkeiten. Viele fallen in eine tiefe Depression. Ich denke aber, die meisten werden im Laufe der Zeit noch gewalttätiger, um ihre innere Stimme zum Schweigen zu bringen. Manche begehen Selbstmord auf Raten, indem sie krank werden. Manchen gelingt es auch, ihre Situation zu erkennen und zum Menschsein zurückzufinden. Vom Saulus zum Paulus. Ich hatte mal vor vielen Jahren einen Taxifahrgast, der mich wie einen niederen Dienstboten behandelte. Am Schluss der Fahrt habe ich mich umgedreht und ihn gefragt, warum er so viel Angst vor dem Leben hat. Er fing zu weinen an und erzählte mir seine halbe Lebensgeschichte.

Ich sehe, du hast begriffen. Wenden wir uns also deiner vorigen Frage zu, ob es die Erbsünde gibt. Sünde, so wie ihr das Wort im Alltag verwendet, existiert generell nicht, schon gar nicht euer perverses Hirngespinst von einer »Todsünde«.

Dann gibt es auch keine Bestrafung für Sünden.

Nein, gibt es nicht. Was es aber gibt, sind *Konsequenzen*. Du säst, du erntest. Du rufst in den Wald, es tönt zurück. Ihr habt nur erfolgreich ausgeblendet, dass Ernte und Zurücktönen manchmal sehr lange auf sich warten lassen. Naturgesetze außer Kraft zu setzen, das ist nur wenigen von euch möglich.

O.K., vielleicht sollten wir das Wort »Sünde« löschen. Aber es gibt doch Mist, den man bauen kann. Manchmal sehr großen Mist ...

Klar. Das ist es, was tatsächlich existiert, ihr Lieben, nämlich *Fehler, Irrtum und Umweg*. Ob irgendeine Tat oder ein Ding *tatsächlich* einen Irrweg bedeutet, das ist direkt abhängig vom Ziel, das ihr erreichen wollt, von der Richtung, die ihr einschlagt. George Harrison singt die Liedzeile: »If you don't know where you are going, any road will get you there.« – »Wenn du nicht weißt wohin, führt dich jede Straße ans Ziel.«

Wenn du in München startest und auf dem schnellsten Weg nach Rom willst, hast du einen Fehler gemacht, wenn du nach ein paar Tagen am Hinweisschild »Polarkreis« vorbeituckerst und dich wunderst, dass du die falschen Klamotten im Koffer hast. Aber es war keine Sünde!

Fehler sind es, die ihr macht. Der einzige Nachteil ist, dass man mit jeder Wiederholung des gleichen Fehlers die Wahrscheinlichkeit erhöht, ihn noch einmal und immer wieder zu begehen. Dann habt ihr ihn in eine Gewohnheit beziehungsweise in eine Sucht verwandelt. Aber selbst dann könnt ihr umkehren und neu anfangen. Kennst du die eigentliche Bedeutung des Wortes »Reue«?

Für die meisten bedeutet es wohl ein schlechtes Gewissen.

…was aber noch keine Garantie für eine Besserung mit sich bringt. Mein Freund auf der anderen Seite, Paramahansa Yogananda, er hat's erfasst, als er formulierte: »Denkt nicht ständig über all das nach, was ihr in der Vergangenheit falsch gemacht habt. Konzentrierte Aufmerksamkeit ruft Gewohnheiten und Erinnerungen wach und gibt ihnen Kraft. Ihr solltet eure Aufmerksamkeit deshalb nicht auf die schlechten Taten richten. Verbannt sie aus eurem Geist und achtet darauf, dass ihr solche Handlungen nicht wiederholt. Echte Reue bedeutet nicht das, was man euch bisher einbläuen wollte. Sie bedeutet Ende des Fehlers und Neuanfang, nicht Selbstanklage und schlechtes Gewissen.«

DEVIL-HACK!

Es ist euch gesagt worden,
das Leben sei Dunkelheit,
und in eurer Erschöpfung gebt ihr wieder,
was die Erschöpften sagten.
Und ich sage,
das Leben ist in der Tat Dunkelheit,
wenn der Antrieb fehlt.
Und aller Antrieb ist blind,
wenn das Wissen fehlt.
Und alles Wissen ist vergeblich,
wenn die Arbeit fehlt.
Und alle Arbeit ist leer,
wenn die Liebe fehlt.
Wenn ihr mit Liebe arbeitet,
bindet ihr euch an euch selbst
und aneinander und an Buddy.
(Khalil Gibran)

Man könnte also statt Sünde das Wort Sackgasse verwenden, oder eben Umweg…

Du näherst dich. Ein handliches Beispiel gefällig, was eure verquere Vorstellung von »Sünde« betrifft?

Gern. Es hat wahrscheinlich etwas mit Sex zu tun.

Der Kandidat hat zehn von zehn Punkten. Körperliche Liebe, dieses geniale Geschenk von Mama Buddy habt ihr – leider unter meiner Führung – in etwas »Schmutziges« verwandelt, wie ein hässliches Graffito in der U-Bahn-Unterführung. Eure Religionsdealer haben euch dann vorgeschrieben, dass es sich am gesegneten Tag der Hochzeit wie durch ein Wunder in etwas

Himmlisches verwandeln soll, das man gefälligst seinem Ehepartner zu schenken hat, fein in Schleifchen verpackt. Obendrein verbunden mit einer Zementierung des Patriarchats, denn die Frau hat es zu »geben«, während der Mann es sich »nimmt«. Das alles unter der Jurisdiktion der Religionsdealer, denn Sex darf es nur geben, wenn die feste Absicht besteht, dabei möglichst viele Kinderlein zu zeugen. Und auch nur dann, wenn es nicht allzu viel Spaß macht.

Au weia, du beschreibst das westlich-christliche Sex-Life in all seiner Normalität.

Ihr habt sogar Gesetze geschaffen, die es unter hoher Strafe verbieten, dass sich Teenager körperlicher Zärtlichkeit in kleinen Schritten und vorsichtig nähern. Viele eurer Gesetze sind zu Eis erstarrte Ängste, die nicht in der Herzenswärme von Mut und Einsicht schmelzen dürfen. Gleichzeitig habt ihr aber bis heute nicht verhindert, dass dieselben, anfänglich fröhlich-neugierigen Teenager brutale und abstoßende Pornografie auf ihren Handys und Kinderzimmer-Fernsehern zu sehen bekommen. Was lernen sie also bis zur Volljährigkeit?

Na, das Gegenteil von unverkrampft und fröhlich und natürlich. Aber mir ist auch aufgefallen, dass Pornos und Gewaltfilme unter Jugendlichen oft auch deshalb so beliebt sind, weil sie sich damit von strengen Eltern, Lehrern, Priestern distanzieren können. In der Gruppe oder allein befreien sie sich so von den falschen Vorstellungen der Erwachsenenwelt.

Richtig beobachtet. Und ersetzen sie durch ihre eigenen falschen Vorstellungen. Denk über Pornografie nach. Eben noch abstoßend, eine Minute später ein Buddygeschenk. Kann nicht funktionieren, oder? Mit einem solchen Denken habt ihr Gold in Dreck verwandelt, fast im wahrsten Sinne des Wortes. Und in einen endlos fließenden Geldstrom in die Kassen eurer Psychotherapeuten, die euch so gut wie nie dabei helfen, die Freude und Leichtigkeit einer erfüllten Sexualität wiederzugewinnen. Warum gelingt es ihnen nicht?

Weil … niemand geben kann, was er selbst nicht besitzt?

Treffer!

Mamma mia, ich habe in meinem Leben wirklich viele Therapeuten kennengelernt, glücklicherweise nie als Klient. Ich habe mich fast immer gefragt: »Möchte ich so werden wie dieser Mensch?« Einen fragte ich einmal: »Deine Arbeit zielt eigentlich darauf ab, der beste Freund deines Klienten zu werden. Wenn dir das gelingt, wie fühlt es sich eigentlich an, sich immer wieder von deinen neuen besten Freunden trennen zu müssen?« Statt einer Antwort fing er an zu weinen und ich hatte zu tun, um ihn zu trösten.

Jaja, der Unterschied zwischen Theorie und Praxis.

Haut-Berührung an sich ist so lebensnotwendig wie die Luft zum Atmen, speziell für Babys und kleine Kinder! Ihr »Erwachsenen« habt sie in etwas verwandelt, mit dem man super vorsichtig umgehen muss, wie mit Sprengstoff. Ist ja verständlich, wenn Berührung zur Erniedrigung missbraucht wird. Aber es kann keine gesunde und liebevolle kindliche Entwicklung ohne Zärtlichkeit und Berührung geben.

Schreib es dir auf: *Ohne Berührung erzieht ihr gehorsame, kaltherzige Soldaten, aber keine zu Liebe und Miteinander fähige Menschen.* Auch später im Leben wären Berührung, Umarmen, Streicheln so lebensnotwendig wie Luft und Wasser, bis ins hohe Alter. Wahrlich, ihr seid in manchen Dingen besser als ich.

Moooment, darüber müssen wir dann eben unbedingt ausführlicher reden.

Gerne, ein wichtiges Thema. Aber zuerst noch einmal zu deiner vorherigen Frage. Zum Hirngespinst einer »Hölle« haben sich die Religionshändler mit Begeisterung von mir verführen lassen; sie existiert so nicht.

Sie existiert nicht. Aha.

Nein, sie existiert nicht so, wie ihr euch das vorstellt – außer eben in euren Köpfen. Die Religionshändler haben an dieser Fata Morgana mitgebastelt, um mit Zuckerbrot und Peitsche zu regieren und die Menschen in Abhängigkeit zu werfen und zu halten. Dahinter steckt reine Machtgier.

Die Hölle ist etwas Selbstgemachtes, sie entsteht in euren Gedanken, am Leben gehalten durch eine giftige Mischung aus Angst, starrsinniger Überzeugung, gieriger Erwartungshaltung, plumpem Vorurteil und toten Denktabus. Ihr schafft euch die Hölle zu Lebzeiten.

Also auch keine Hölle nach dem Tod? Das wäre ein Trost …

Nix Hölle. Keine Hölle wartet auf euch, auf niemanden.

Auf niemanden? *Das* fällt mir etwas schwer zu glauben! Denn was wartet dann auf Hitler, Dschingis Khan, Pol Pot und wie sie alle heißen? Und auf die Terroristen, die sich selbst in die Luft sprengen, zusammen mit vielen Unschuldigen? Da würde ich mir schon die Gewissheit wünschen, dass sie bekommen, was sie verdienen!

DEVIL-HACK!

Als ich ein Kind war, unterrichtete mich meine Mutter in den Überlieferungen unseres Volkes. Sie erzählte mir von der Sonne und vom Himmel, vom Mond und den Sternen, den Wolken und Winden. Sie lehrte mich auch, niederzuknien und zum Großen Geist um Kraft, Gesundheit, Weisheit und Schutz zu bitten. Niemals waren unsere Gebete gegen andere gerichtet.

(Geronimo, Häuptling der Chiricahua-Apachen)

Berechtigte Frage, aber nicht leicht zu beantworten, wenn du dir davon ein Trostpflaster für dein Gerechtigkeitsgefühl erwartest. Vielleicht tröstet dich die folgende, wahrheitsgemäße Antwort:

Im Laufe der vielen Hunderttausend Jahre der Reise einer Seele erfährt sie alle Gerechtigkeit, alle Liebe, alle Erfahrungen, alle Gefühle, alles Wissen, allen Sinn, zu der das Universum und Buddy fähig sind. Die absolute Gerechtigkeit, sie existiert. Was du antust, erfährst du selbst. Vielleicht nicht in diesem Leben, aber in einem anderen. Was du Gutes tust, kehrt immer zu dir zurück. Vielleicht nicht in diesem Leben, aber in einem anderen.

Dann haben aber Hitler, Stalin und so fort – die haben dann einiges auszuhalten, oder?

Korrekt, aber anders, als du denkst. Du solltest dir darüber nicht den Kopf zerbrechen. Möge es dich trösten – die absolute Gerechtigkeit existiert. Einen Aspekt solltest du im Auge behalten:

Ohne ihre Helfer wären diese Despoten nichts. Sie waren zum größten Teil Marionetten in den Fängen anderer.

Wenn ich das so stehen lasse, finden sich sicher manche, die das als Entschuldigung für diese Massenmörder ansehen würden.

Andersherum wird ein Schuh daraus: Diesen Verbrechern alle Verantwortung für das mörderische Geschehen zuzuschieben, öffnet den Millionen von Mitläufern alle Chancen, die eigene Verantwortung abzuschieben. Du kennst den Wahlspruch der Marionetten? »Ich habe ja nur Befehle ausgeführt.«

Den Spruch kennt jeder, der perfekte Beispiele dafür sucht, wie man sich aller Menschlichkeit und Selbstverantwortung entledigen kann.

Richtig. Aber kurz zurück zum Thema »Hölle«. Was den jeweiligen Augenblick der Rückkehr der Seele in ihre eigentliche Heimat betrifft, vielleicht zum tausendsten Mal, da seid ihr jedes Mal selbst am Drücker. Ihr seid selbst verantwortlich, wenn ihr mit eurer Gedankenkraft eine Do-it-Yourself-Hölle nach drüben mitschleppt und dort für einige Zeit am Leben erhaltet. Bei manchen Seelen dauert es sogar Jahrhunderte eurer Zeitrechnung, bis sie das Licht sehen, das von Anfang an auf sie gewartet hätte. Es ist eure persönliche Entscheidung, wie lange ihr wartet, bis ihr zur Heimat zurückkehrt, dorthin, wo die Seele hingehört. Auch ein »Jüngstes Gericht«, wie man es euch lehrte, gibt es nicht.

Du meine Güte, eines der wichtigsten geistigen Folterinstrumente fast aller Religionen!

Nein, gibt es nicht. Die Vorstellung eines Strafgerichts war auch eine meiner Erfindungen, in Kombination mit dem, was ich euch über die Hölle eingeflüstert habe. Reine Zuckerbrot-und-Peitsche-Taktik. Na ja, vielleicht ein bisschen zu viel Peitsche. Was dagegen auf euch wartet, ist eine freundliche Diskussion des soeben beendeten Lebens mit der Frage, ob man auch alle Ziele erreicht hat. Ja? Fein! Nein? Beim nächsten Mal dann ...

Hmmm, sooo freundlich werden manche dieser Manöverkritiken auch nicht verlaufen.

Doch. Denn erstens dauert es manchmal eine sehr lange Zeit, bis sich die Seele überwindet und ihre Schuldgefühle abgelegt hat, um zu diesem Gespräch zu kommen. Und zweitens, das mulmige Gefühl, das manche zu Recht oder zu Unrecht zur Diskussion mitbringen, ist allein ihr eigenes, selbst gemachtes Päckchen. Eure Seelenführer meinen es ausschließlich gut mit euch und bringen endlose Geduld mit.

O. K., die Peitsche, das waren Hölle und Strafgericht, sie existieren also nicht, stattdessen wird man freundlich beraten. Auch gut. Aber wie steht es mit dem Zuckerbrot »Paradies«? Gibt's das auch nicht? So viel verschwendete Vorfreude unter den Braven und Frommen ...

Berechtigte Frage. Wenn du aufmerksam die Dinge der Welt verfolgt hast, wirst du einerseits feststellen, dass die Hoffnung oder gar das Versprechen eines Paradieses von sehr schlechten Menschen missbraucht worden ist. Extrembeispiel: »Spreng dich mit ein paar Ungläubigen in die Luft und du wirst ins Paradies eingehen.« Diese Form des Paradieses existiert nicht. Solche verblendeten Menschen erleben hinterher eine kleine Überraschung.

Na, da bin ich aber froh!

Das Paradies ist andererseits in gewisser Weise eure wahre Heimat, aber nicht nur drüben, nach dem Ablegen eures temporären Gewandes, »Körper« genannt, sondern schon hier, auf dieser Seite. Das »Drüben« ist nämlich kein physischer Ort, wie ihr ihn kennt. Es ist genauso »hier« wie die Luft, die euch umgibt. Ihr könnt es aber genauso wenig direkt erfassen und erleben wie ein Blinder den Regenbogen nicht erleben kann. Das Paradies ist gleichzeitig hier, wie es dort ist, gleichzeitig eure Heimat, wie es ferner als der fernste Planet ist. Es ist alles eine Frage der Bereitschaft und Fähigkeit …

Geht's noch etwas geheimnisvoller?

Wie soll ich es ausdrücken? Grob gesagt, stell dir vor, du bist umgeben von Radio- und Fernsehstationen, besitzt aber kein Radio und keinen Fernseher und hast auch solche Geräte noch nie gesehen und besitzt keine Vorstellung davon. Welche Chance hätte ich also, dir korrekt zu beschreiben, was »Radio« und »Fernsehen« bedeutet? Du würdest höchstwahrscheinlich sagen, ich sei verrückt, denn »Bilder und Töne aus fernen Ländern, die durch die Luft sausen«, das sei unmöglich. In vergleichbarer Weise bist du hier eingetaucht in eine Wirklichkeit, zu der dir hier auf Erden schlicht das »Radio« fehlt. Aber genau DAS ist die Herausforderung! Bau dir ein Radio! Deshalb ist die Meditation erfunden worden. Meditation ist Antennenbau!

Das deckt sich mit der einen oder anderen Erfahrung, die ich beim Meditieren schon gemacht habe.

Ja, und was dich nach dem Tod erwartet, das ist in erster Linie deine eigene Sache, jeder baut sich seinen Himmel selbst. Wenn du dann die Wirklichkeit dahinter zulässt, zum von dir gewählten Zeitpunkt, gibt's ein Wiedersehen mit den besten Freunden, den Mitgliedern deines wahren Freundeskreises; die Bande, die schon seit Jahrtausenden zusammenhält. Wenn du es möchtest, gibt's eine fröhliche Party der Wiedersehensfreude. Und erst dann setzt man sich gelegentlich zusammen und macht sowas wie eine kleine Revision des vorigen Lebens – was super gelaufen ist und was hätte besser sein können, fürs nächste Mal. Dabei hast du aber immer das letzte Wort. Du entscheidest über das Wann und Wie. Und sogar über das Ob überhaupt. Zusammenfassung: Der Himmel ist für jede Frau und jeden Mann das eigentliche Zuhause.

Halt, stopp! Die meisten LeserInnen fragen sich jetzt sicher: Wie kann das alles meine persönliche Entscheidung sein und Ausdruck meines freien Willens? Die Existenz von Himmel und Hölle und Jüngstem Gericht bekommt man schon mit der Muttermilch, beim ersten Kirchenbesuch, von den Eltern und im Religionsunterricht eingetrichtert als »Wahrheit«!

Korrekt formuliert. »Eingetrichtert« ist das richtige Wort. Aber wer lässt es zu, dass der Trichter am Ohr kleben bleibt? Wer sagt Ja zu diesen unbarmherzigen Lehren? Wer erlaubt solcher Gehirnwäsche den Zugang zu eurem Geist, sodass die Wahrheit nicht mehr eingeladen ist? Ich habe ja schon immer darauf gebaut, dass ihr mir Fake News so passiv und leichtgläubig abkauft, aber wer steht am Tor eures Geistes, lässt den Müll rein und bezahlt auch noch dafür?

Erlaube deinem Geist, der Wahrheit ins Gesicht zu schauen. Du wirst erkennen, dass bei jedem Opfer solcher Gehirnwäsche auch eine Form von Tauschhandel im Spiel ist. Es bringt Profit, den Mist zu glauben – und vor allem öffentlich zu zeigen, dass man ihn glaubt.

Denn dann gehört man dazu!

Zuerst zu Familie und Freundeskreis, Stammtisch und Clique, dann zu Bande und Partei, dann zu was auch immer! Dann musst du die passenden Glaubenssätze und Überzeugungen nur oft genug wiederholen, und schon nimmst du für bare Münze, was nur heiße Luft ist, selbst wenn es schon jahrtausendelang die Luft verpestet.

DEVIL-HACK!

Die meisten Menschen wollen die Welt verändern, nur nicht sich selbst. Die anderen müssen sich verändern.
Die da oben, sagen die unten. Die da unten, sagen die oben.
Die Männer, sagen die Frauen. Die Frauen, sagen die Männer.
Wir fangen an, zu drohen und Druck zu machen. Wir begreifen so schwer, dass keiner ein Recht hat, andere zur Änderung zu zwingen. Nur Überzeugung, Freundschaft, Vorbild und Einsicht kann andere zur Änderung bringen. Der Mensch ist das einzige Wesen, das sich selbst bewusst zu verändern vermag. Wenn sich die Menschen nicht ändern, ändert sich nichts. Die Welt verändern? Das fang ich immer wieder an – bei mir selbst.

(Phil Bosmans)

Aber wer kann sich schon erfolgreich gegen solche Gehirnwäsche-Attacken wehren, sie beginnen ja am ersten Lebenstag. Das nennt man »Erziehung«! Und überhaupt, welche Rolle spielt denn der freie Wille bei einer Taufe? Oder einer Beschneidung? Die Kraft und Einsicht zum Ausstieg aus Dogma-Gefängnissen oder zur Überwindung von Denk-Tabus, die kommen doch erst viel später, wenn überhaupt. Und die Gefühle von Zugehörigkeit, Geborgenheit und Verstandenwerden sind doch umso lebenswichtiger, je jünger man ist! Zumindest subjektiv ist das eine Frage des Überlebens!

Was denkst du, hat schon mal ein Baby freundlich gelächelt, wenn ihm die Vorhaut weggeschnippelt worden ist? Deine Überzeugung ist es, die mir am wirksamsten in die Hände arbeitete und mein Werk ungemein erleichtert hat. Das Geschenk des freien Willens und der Fähigkeit zu Erkenntnis und freier Entscheidung untergrabt ihr nämlich auch ohne meine Hilfe vom ersten Lebenstag an.

Statt diese Fähigkeiten zu fördern, zur Blüte und Reife zu bringen, arbeiten alle Hand in Hand – Schulen, Psychologen, Medien, Religionshändler, Rechtsanwälte –, um in euren Kindern das Gefühl für Eigenständigkeit, Individualität, Freiheit des Willens zu betäuben, bis es unter einem Berg von Glaubenssätzen und Ängsten verschwindet. Dabei hat schon ein neugeborenes Baby Willenskraft, Unterscheidungsvermögen und Menschenwürde. Es ist alles andere als das unbeschriebene Blatt, das nur darauf wartet, von euch vollgekritzelt zu werden und den rechten Weg gewiesen zu bekommen. Es ist alles andere als eine frei formbare Masse, zu der es viele eurer Pädagogen und Psychologen erklären. Jedes Baby bringt unter seinen Fingernägeln mehr Menschenkenntnis mit in die Welt als die meisten eurer sogenannten Erwachsenen besitzen.

Der korrekte und ideale Devil-Hack, der viele Jahrzehnte der Gehirnwäsche und der Dressur zur Opferrolle auslöschen kann, sieht so aus:

Wollen, was man tut.
Sich entscheiden für einen Weg.
Verantwortung übernehmen.
Geradestehen für alle Folgen.

Der Devil-Hack gilt für Groß und Klein, in jedem Alter!

Legionen von Psychologen werden das vehement ablehnen, denn deren Prämissen und viele ihrer Therapieformen nehmen den Klienten auf subtile Weise die Selbstverantwortung und schieben die Schuld auf Kindheit, Traumata, Umstände, Beweggründe usw. Funktioniert natürlich super, weil es die Therapiezeit ins Unendliche verlängert.

Richtig, die Sache mit der Selbstverantwortung in obskure Kanäle zu lenken, ist eines meiner Hauptanliegen gewesen. Leider sehr erfolgreich, denn wie zerstörerisch das ist, kannst du heute jeden Tag in der Zeitung lesen.

Ein großer Teil meiner Arbeit bestand darin, eure Augen vor dem großen Schatz zu verschließen, den eure Kinder in die Welt mitbringen als Geschenk für euch. Erwachsene können nämlich viel mehr von Kindern lernen als umgekehrt. Menschenkinder kommen zur Welt, ganz und gar vollkommen, bewohnt von einer unzerstörbaren Seele, fast immer mit gutem Willen, natürlicher Freundlichkeit, klarem Gefühl für alles Gute, Wahre und Schöne. Mit einer wachen Erinnerung an die Zeit vor der Geburt, an die wahre Heimat. Mit einem präzisen Gespür für den Sinn und Zweck ihres Hierseins. Sie wüssten genau, was zu tun ist, freuen sich darauf und möchten die Welt umarmen. Die meisten bewahren sich diesen himmlischen Zustand der Wachheit einige Monate, manchmal sogar ein paar Jahre. Für viele ist er aber schon ein paar Tage nach der Geburt betäubt.

Aber das gilt doch nicht für alle!

Doch, das tut es. Aber natürlich haben sich manche Seelen vor ihrer Wiederkehr besonders schwere Aufgaben aufgeladen, sie tauchen oft sehr schnell in diverse Sümpfe des Erdendaseins ab, um sie erledigen zu können. Das sind dann oft »schwierige« Kinder, die trotz aller Elternliebe einen Weg abseits gehen.

Allmählich wird mir wieder etwas heiß im Kopf ...

Ruhig Blut, wir kommen schon zusammen. Weiter im Text: Damit der Zugang zu Freiheit, Selbstbestimmung und freiem Willen möglichst schnell und langfristig verschüttet wird, habe ich vor vielen Jahrhunderten den Begriff »Besessenheit« in die Köpfe der Menschen gesetzt. Ihr habt das Konzept geliebt! Als »besessen« wurde ganz schnell jeder Mensch erklärt, der sich nicht brav den herrschenden Denkgewohnheiten anpassen wollte. Besonders die Religions-Verkäufer und Tyrannen haben sich dieser Pseudo-Wirklichkeit bedient und alle Menschen als »besessen« erklärt, die nicht als willfährige Schäflein das tägliche Quantum Indoktrination und Sklaverei schlucken wollten. Als Sahnehäubchen habt ihr dann den »Exorzismus« erfunden. Wer ihn überlebte, war verängstigt genug, um schnellstens wieder auf Linie einzuschwenken. Und jetzt? Wer galt schnell als »besessen« und als »verhext« und von Dämonen verführt?

Meistens Frauen ...

Korrekt! Noch eine Frage: Warum wohl gab es tausendmal mehr »Hexen« als männliche »Hexer« und »Zauberer«?

Teufel nochmal, jetzt wo du mich fragst ... du hast recht. War wohl eine besonders perfide Form von Sexismus?

DEVIL-HACK!

Buddy ist ewige Glückseligkeit. Sein Wesen ist Liebe, Weisheit und Freude. Er offenbart sich so, wie es ihm beliebt. Vor seinen Heiligen erscheint er in der Gestalt, die ihnen am teuersten ist: Der Christ erblickt Christus, der Hindu Krischna oder die Göttliche Mutter usw. Wer in Buddy etwas Überpersönliches verehrt, nimmt ihn als unendliches Licht oder als den Heiligen Geist wahr. Es gibt Leute, die ihren Schöpfer als herrisches Wesen beschreiben, das den Menschen mit Unwissenheit benebelt und mit Feuer straft und das die Handlungen des Menschen mit herzloser Genauigkeit beurteilt. Dadurch entstellen sie das wahre Bild Buddys – das eines mitfühlenden Himmlischen Wesens – und malen ein falsches Bild von ihm – das eines strengen, schonungslosen und rachsüchtigen Tyrannen. Wer aber mit Buddy in Verbindung steht weiß, wie töricht es ist, ihn sich anders als ein mitfühlendes Wesen vorzustellen, das unendliche Liebe und Güte in sich birgt. Die höchste Erfahrung, die dem Menschen zuteilwerden kann, besteht in jener Seligkeit, die alle anderen Ausdrucksformen Buddys – Liebe, Weisheit, Unsterblichkeit – voll und ganz einschließt. Bemüht euch, mit Buddy in Verbindung zu treten. Es ist möglich, Buddy so gut zu kennen wie ihr euren liebsten Freund kennt. Das ist die Wahrheit.

(Yogananda)

Wieder richtig. Der Hintergrund? Zu allen Zeiten hatten Frauen den besseren Zugang zu besonderen Aspekten des Wissens – zu Kräutern und Heilgeheimnissen, zu Telepathie und anderen Fähigkeiten, die bei Männern schneller betäubt waren als bei Frauen. Warum? Weil sich diese Dinge nur über Intuition, Meditation und Gefühlstiefe erschließen – also durch direkte Wahrnehmung! Und *diese* Fähigkeiten waren und sind in den Drehbüchern für Knaben und Männer eher nicht vorgesehen.

Eher im Gegenteil, oder?

Ja. Diese Lücke in der Erfahrungswelt von Männern führte dazu, dass sie über die Jahrtausende des Patriarchats tiefsitzende Ängste vor Frauen entwickelten und gleichzeitig ein starkes Interesse, sie zu unterdrücken, um sich den eigenen Ängsten nicht stellen zu müssen. Weil »Angst nur etwas für Schwache ist«. Männer mussten *alles* unterdrücken, was sie an ihre eigenen Schwächen erinnerte.

Kluge, lebendige und ihrer Sexualität sichere Frauen wurden deshalb oft als »von Dämonen besessen« gebrandmarkt und auf vielfache Weise bekämpft. Natürlich nicht nur von ängstlichen Männern, sondern auch aus Feigheit von indoktrinierten Frauen, die selbst um ihr Leben fürchteten. Das Phänomen ist heute noch gut erkennbar, wenn sich eine Frau mutig von einem Peiniger in Ehe oder Beruf befreit und sich daraufhin ihre »besten Freundinnen« aus dem Staub machen – einfach deshalb, weil sich jene selbst nicht trauen, den Schritt in die Freiheit zu wagen.

Ihr habt mit meiner Hilfe gründlich verdrängt, dass man in der Regel nur dasjenige fanatisch bekämpft, was man in sich selbst wahrnimmt und aus Angst ablehnt.

Die Puzzleteile fügen sich zusammen; ich verstehe. Und ich hoffe, dass vielen Leserinnen und Lesern auch ein Licht aufgeht. Also, hast du vielleicht noch einen Devil-Hack parat, wie man dem Patriarchat langfristig den Boden entziehen kann?

Natürlich, aber den kennst du schon.

Ich denke, wir müssen bei den kleinen Jungs anfangen und sie mit der gleichen Liebe und Zärtlichkeit behandeln, die wir sonst für Mädchen reserviert haben. Wir müssen ihnen vorleben, dass sie weinen dürfen, dass sie Schwächen haben dürfen, dass sie Achtung vor anderen Menschen entwickeln müssen. Wir müssen sie Bedingungslosigkeit fühlen und erfahren lassen. Meine Erfahrung ist, dass alle kalten, empathielosen Patriarchen selbst ohne Liebe und echtes Miteinander aufgewachsen sind. Genau hier muss sich was ändern.

Richtig. Ihr müsst einfach Jungen wie Menschen behandeln und nicht wie Investitionsobjekte oder Fortsetzungen von euch selbst.

Na dann. Zum Thema Religionen: Was soll also das ganze Theater mit Himmel und Hölle, mit Nirvana und Unterwelt, diesem ganzen Riesen-Blumenstrauß an Religionen, Sekten und Glaubensrichtungen? Wieso spielt dieses Thema eine so große Rolle im Alltag, fast überall auf der Welt? Schaut man genau hin, gibt es ja keine demokratisch gewählte, weltliche Regierung, die nicht Angst hätte vor den Vertretern der großen Religionen. Und die sich nicht in weiten Bereichen vorschreiben ließe, was richtig und was falsch ist. Viele weltliche Gesetze sind ja nur Reflexionen künstlicher religiöser Dogmen. Die USA haben Zehntausende Kilometer Strand, aber kaum jemand darf dort fröhlich im Geburtsgewand baden, und sogar Babys werden dort schon in Bikinis gezwängt. Mütter halten ihren Kindern die Augen zu, wenn sich ein Paar im Fernsehen küsst, und kürzlich kam ein junges deutsches Touristenpaar in den USA vor Gericht, weil ihr dreijähriger Sohn hinter dem eigenen Haus nackt im eigenen Sandkasten spielte.

Gut, bleiben wir beim Thema. Schnell eine kleine Vorlesung für Anfänger: Das Wort »Religion« stammt vom lateinischen Wort *religare* ab, was so viel bedeutet wie »wieder verbinden« oder »zurückverbinden«. Religion ist also die Kunst, etwas Getrenntes wieder zusammenzufügen zu der Ganzheit, die sein natürlicher Zustand wäre. Und was ist da getrennt worden? Und wovon? *Na, du von Buddy! Also du von dir selbst!*

Das muss ich genauer wissen! Ich fürchte, viele LeserInnen werden uns sonst nicht mehr folgen wollen, weil man noch viel seltener bereit ist, religiöse Vorstellungen infrage zu stellen als den persönlichen Erziehungsstil.

Gut. Wahre Religion ist seit Anfang der Zeiten ein sehr vielfältiger und höchst individueller Weg, die Seele an ihre eigentliche Heimat zu erinnern und den Weg dorthin zurück zu beschreiben und zu erleichtern. Dadurch kann sich der Mensch dem Weg zuwenden, für den er per Geburt gedacht ist und der den Lebenssinn jedes Menschen ausmacht. Der Clou ist, am Ende des Wegs steht immer auch die Erkenntnis, dass man nie wirklich getrennt war. Es war alles eine Illusion, ein Spiel!

Und deine Aufgabe war es, diese Erinnerung zu vernebeln? Du solltest die Wege zurück nach Hause blockieren, beziehungsweise uns zu Umwegen verführen?

Genau. Ich sollte euch vom wahren Sinn des Lebens ablenken.

Oh, mich würde interessieren, wie du den Sinn des Lebens beschreibst ...

Der Sinn des Lebens ist zu lieben und geliebt zu werden – sich selbst und deinen Nächsten –, niemals aufzuhören, neugierig zu sein, zu lernen und zu verschönern, womit du in Berührung kommst, und sich an alledem zu freuen. Bis man die Einheit hinter der Vielfalt wiedergefunden hat.

Das klingt wahr …

Zigtausende Bücher habt ihr geschrieben, um diese einfachen Wahrheiten kompliziert zu machen oder zu verstecken. Eure Priester, Imame, Pfarrer, Philosophen, Mönche, Schamanen, so viele von ihnen haben sich seit Jahrtausenden gegenseitig buchstäblich die Köpfe eingeschlagen, um diese Wahrheit so zu verbiegen, dass ihre Angst vor dem Leben, ihr Stolz und ihre Machtgier Rechtfertigung finden.

Du meine Güte, das fühlt sich absolut richtig an. Wenn ich daran denke, was ich auf diesem Gebiet schon alles gelesen habe, ohne einen Funken schlauer geworden zu sein …

Ja mei, wie die Bayern sagen … Beschweren solltest du dich aber nicht, denn korrekte Wegweiser gibt es viele, auch in eurer Zeit. Du selbst hast schon viele gültige Hinweise erhalten, was den »Weg zurück nach Hause« betrifft, aber oft perlte die Information an dir ab, sozusagen an der Teflonschicht über deiner Seele. Wahre Religion versteckt sich nicht, sie ist sichtbar. Sie ist sogar viel leichter sichtbar als noch vor hundert Jahren. Du kannst sie sogar googeln, auch wenn sie unter all dem Internet-Schrott nicht leicht erkennbar ist.

Wie das denn? Welcher Suchbegriff? Wie erkenne ich sie?

Du verlangst zu viel von mir. Es ist mir verboten, Menschen aktiv in die Dunkelheit zu tragen. Ich darf sie nur verführen, dorthin aus eigener Kraft zu gehen. Ebenso ist es mir verboten, euch den Weg zum Licht zu ebnen. Buddys Wegweiser stehen aufrecht zu allen Zeiten, aber niemand wird über die Ziellinie getragen. Das würde jeglichen Lebenssinn in heiße Luft verwandeln. Außerdem wäre das gerade vom Teufel zu viel verlangt, oder? Aber ich kann dir heute helfen, Wahre Religion zu erkennen, wenn du ihr begegnest, egal ob im Internet, in Büchern oder sonst wo. Einverstanden?

Das wäre sehr hilfreich, nicht nur für mich ...

Also: Wahre Religion ist ein Weckmittel, sie lässt euch wach werden für das, was ist.

Sie ermöglicht den Blick nicht nur hinter *die* Kulissen, sondern hinter *alle* Kulissen.

Sie ist das absolute Gegenteil von »Opium fürs Volk«. Mit diesem Wort sprach euer Karl Marx nämlich von genau jenem Schlafmittel, das eure Religionshändler verscherbeln. Jene fürchten nichts mehr als euer Erwachen für das Wesen der Wahren Religion.

Wahre Religion führt zu wahrem Glauben, der Berge versetzt. Ein ganz und gar wunderbares, fröhliches Abenteuer – erfahren, erlebt und gelehrt von Menschen, die wahre Freunde ihrer Nächsten sind, ohne Ansehen von Hautfarbe, Stand, Herkunft, Ausrichtung oder gar Vorlieben im Liebesleben.

Wahre Religion ist ganz leise, sie drängt nicht, missioniert nicht,
überredet nicht, verführt nicht. Sie erzählt in Ruhe von sich
selbst und freut sich über jede Antwort. Sie ist sich ihrer selbst
vollkommen gewiss, weil sie echt, natürlich und schön ist und
sich an das Echte, Natürliche und Schöne im Menschen richtet.

Sie ist wahr und hat es deshalb zu keiner Sekunde nötig, ihre
Wahrheit zu rechtfertigen oder gar für sie zu werben, zu missionieren. Denk nach: Fast jede Form der Missionierung bezieht
ihre innere und äußere Gewalttätigkeit aus Geld- und Machtgier
und daraus folgend aus der unbewussten schamvollen Einsicht
der Seele, dass sie gerade heiße Luft verkauft, im wahrsten Sinne
des Wortes.

Wie das? Also die spanischen Missionare, die fröhlich die vermeintlichen »Wilden« in Südamerika im Namen ihrer Religion
unterjocht haben, schämten sich in Wirklichkeit ihrer Taten?
Davon steht wahrlich nichts in den Geschichtsbüchern.

Mein Lieber, vor deiner Seele kannst du gar nichts verbergen. Auch deshalb, weil sie das Tor zu deiner wahren Heimat ist. Und dort ist für Lüge kein einziges Atom Raum. Aber die Beleuchtung des Zusammenhangs zwischen objektiver Wahrnehmung, Scham und Gewalt, dazu kommen wir noch.

Zurück zur Wahren Religion: Ihre Aufgabe ist es, im Menschen das Wahrhaftige zu wecken, das er vergessen hat. Wenn die Wahre Religion predigt, dann zeigt sie immer den Weg zur Liebe und Aufrichtigkeit, Mut zur Eigenverantwortung, zu echtem Miteinander, Verstehen. Sie würde niemals »Toleranz« predigen, denn Toleranz bedeutet, das Andersartige nur zu dulden. Aber jemanden zu dulden, ist nur ein anderes Wort für »ihn ertragen« – und das ist kein Miteinander; es kann jederzeit in Ablehnung umschlagen.

Nur ganz selten wird Wahre Religion laut und deutlich in ihren Äußerungen, nämlich dann, wenn besondere Umstände besondere Taten verlangen, weil es um den Schutz des Miteinanders geht.

Wahre Religion ist wie eine wunderbare Musik, die sich über Ohren freut, die hören können. Wie ein wunderbares Essen, das sich über Zungen freut, die wahrhaft genießen können. Wie ein wunderbarer Sonnenaufgang, der sich über Augen freut, die sehen können. Wie der zarteste Rosenduft, wie die sanfteste Berührung.

Fred schweigt jetzt. Er hat die letzten Worte mit Wehmut in der Stimme gesprochen. Zumindest scheint es mir so. Wie ein ehemaliger Gärtner, der sich jetzt als Arbeiter in einem Kohlenbergwerk an die Zeit im grünen Paradies erinnert. Wie komme ich nur auf solche Gedanken! Ich verscheuche sie und frage ...

So etwas wie Blasphemie kann es dann nicht wirklich geben, oder?

Blasphemie? Gotteslästerung? Nein, Wahre Religion kennt diese Begriffe nicht. Auch Häresie ist ihr unbekannt, denn Wahre Religion würde eine andere Lehre niemals bekämpfen, sie kennt keine »Gotteskrieger«, keine »Heiden«, keine »Ungläubigen«. Echte Würde wird niemals durch Missachtung oder Schmähung gemindert. Das angebliche Vergehen der »Blasphemie« haben die Religionsdealer erfunden, um alles Andersdenken und vor allem unabhängiges Denken im Keim zu ersticken und die Schäfchen bei der Stange zu halten.

Mit diesen Attributen der Wahren Religion kannst du sie erkennen, wenn du ihr begegnest. Wie immer gilt auch hier: An ihren Früchten sollt ihr sie erkennen.

Ich höre deine Worte und sie bringen eindeutig etwas in mir zum Klingen. Aber die fanatischen Anhänger aller Religionen wären genau in diesem Augenblick überzeugt, dass du tatsächlich der Teufel bist.

Darauf kannst du wetten! Aber diese Leutchen sollten erkennen: Sie selbst sind es, die ihre spezielle Religionsversion erwählt und zu ihrem Licht in der Dunkelheit gemacht haben. Niemand sonst. Sie mögen in ihren Glauben hineingeboren, von ihm geprägt, beeinflusst, gehirngewaschen, dressiert, verführt worden sein. Dennoch ist und bleibt es ihre persönliche *Entscheidung*, ob sie einer speziellen Religionsversion weiterhin gestatten, ihr Licht in der Nacht zu sein. Sie selbst sind es, die erlauben und gestatten und wählen. Niemand sonst. Und wenn diese Karikatur von Licht sie dazu verführt, anderen Menschen mit anderen Glaubensentscheidungen Gewalt anzutun, weil sie überzeugt sind, ihre Version des Glaubens verlange es von ihnen, dann wird es Zeit, dass sie aus dem Alptraum aufwachen.

Diese Wahrheit musst du dir immer ins Bewusstsein heben: Du wirst nicht mit einer bestimmten Religion im Blut geboren. Sie versteckt sich nicht in deinen Genen. Du erhältst sie von außen angeboten, aufgepfropft, andressiert, vorgelebt. Und zu jedem Zeitpunkt bist du es, der die Entscheidung hat, den Glauben anzunehmen, zu pflegen, als Licht in deiner Nacht gelten zu lassen.

Es.

Ist.

Deine.

Entscheidung.

Frage dich selbst als Nächstes: »Ich habe also die freie Wahl. Warum wähle ich dann nicht aus dem bunten Angebot der Welt einen Glauben, der mich und meine Umgebung glücklich macht? Fröhlich? Lebendig? Der *tatsächlich* die Nacht erleuchtet? Und dereinst zum Tag werden lässt. Der mein Herz aufblühen lässt, bis das scheinbar Trennende zwischen den Menschen sich auflösen kann? Warum tue ich das nicht?«

Denn es ist deine Entscheidung. Niemand sonst entscheidet für dich. Du folgst den Geboten eines Glaubens und seien sie noch so elitär und menschenfeindlich? Es ist deine Entscheidung.

Hmm, eine Freiheit, die sich wohl die wenigsten zu nehmen wagen. Die Denk-Tabus verräuchern den Menschen die Köpfe.

Wenn jemand zufrieden ist mit seinem Glauben, ohne aber die klare Aufforderung zu empfinden, von diesem Glauben zum Wissen, zur Erleuchtung fortzuschreiten, dann hat er keinen echten Glauben, sondern ist Konsument eines Dauer-Schlafmittels.

Und wenn ein Religionsdealer deinen Fragen ausweicht oder dich als Querulanten abstempelt, weil du Glauben in Wissen verwandeln willst, dann nimm die Beine in die Hand. Man will dich in unsichtbare Ketten werfen.

Und noch mal zum Thema Gewalt: Eine Religion, die zu offener oder verdeckter Gewalt anstiftet oder die Gewalt rechtfertigt, das ist keine Religion, sondern ein Feigenblatt, ein Betäubungsmittel ihrer Anhänger für Schmerz, Angst, Wut, die man schon sehr früh als Kind erlebt hat. Gefühle, die man nicht zu erkennen und zu äußern wagte, und vor allem, die man nicht einfach denjenigen zurückschickte, die sie ausgelöst haben – nämlich lieblosen, herzlosen, kalten Menschen in der unmittelbaren Umgebung.

DEVIL-HACK!

Seid niemand irgendetwas schuldig,
als nur einander zu lieben;
denn wer den anderen liebt, hat das Gesetz erfüllt.
Denn die Gebote: »Du sollst nicht ehebrechen,
du sollst nicht töten, du sollst nicht stehlen,
du sollst nicht begehren«
sind in diesem Wort zusammengefasst:
»Du sollst deinen Nächsten lieben wie dich selbst.«
Die Liebe tut dem Nächsten nichts Böses.
So ist nun die Liebe die Erfüllung des Gesetzes.
(Römerbrief, Vers 13)

Statt diesen Tyrannen entgegenzutreten, verklärte und entschuldigte man ihr Tun direkt und indirekt, indem man Unschuldige in gleicher Weise behandelte. Ein Glaube, der Gewalt rechtfertigt und vorlebt, ist kein Glaube, sondern Gewalt. Eure Religionshändler leben fast immer nach dem Prinzip: »Liebe deinen Nächsten – vorausgesetzt, er denkt und handelt so, wie ICH es für richtig halte, und vorausgesetzt, er hat die richtige Hautfarbe, sexuelle Orientierung, politische Anschauung.«

Echter Glaube ist ein Instrument, um Wissen zu erwerben. Um die Erkenntnis zu gewinnen, dass wir eine unsterbliche Seele haben, dass wir alle Brüder und Schwestern sind, die zu nichts anderem da sein sollten, als unaufhörlich zu lernen, als einander Freude und die Welt von Tag zu Tag schöner zu machen. Echter Glaube vertreibt den Nebel, der eure Seelen einhüllt.

Das hast du sehr schön gesagt; der Teufel ist ein Poet – wer hätte das gedacht. Was du sagst, deckt sich mit einem Gefühl, das ich eigentlich schon immer hatte. Man äußert es nur nicht so leicht, weil es sich hinter Tabus versteckt. Sogar ausgesprochene Atheisten lassen ihre Kinder taufen, entweder »weil man ja nie wissen kann« oder weil sie die Kinder nicht dem Druck von Schule oder Verwandten aussetzen wollen. Gruppenzwänge wirken auf diesem Gebiet sehr stark.

O.K., du sprichst von Wahrer Religion – was aber gibt es über die vielen »offiziellen« Glaubensrichtungen zu sagen? Vor allem, warum sind sie so unterschiedlich, wenn doch alle dasselbe zu bieten vorgeben?

Die Religionen heute? Fast nirgends begegnest du dem Echten. Eigentlich kann ich sie fast alle als meine Musterschüler bezeichnen. Sie haben ihre Wurzeln schon lange vergessen, bieten im besten Falle ein angenehmes Wir-Gefühl auf der Basis sinnentleerter Rituale und Routinen, einen scheinbar sicheren Hafen des gegenseitigen Schulterklopfens zur Bekräftigung, dass man »richtig« liegt. Am dunklen Ende des Spektrums liegen Gehirnwäsche, offen oder verdeckt ausgeübter Zwang, das Schüren von Ängsten, Hass und Abhängigkeit. Echte Demut wird getauscht gegen blinde Hörigkeit. Ich musste mich schon lange nicht mehr um sie kümmern. Wie gesagt, eine »Religion« oder Sekte, die Gewalt rechtfertigt und vorlebt – sei sie körperlich, geistig oder seelisch –, ist keine Religion, sondern Tyrannei. Am wildesten ausgeübt dort, wo Religionsführer mächtiger sind als gewählte Regierungen.

Da fällt mir eine Zwischenfrage zum Thema Gewalt ein: Übte Jesus nicht auch Gewalt aus, als er den Tempel von all den zwielichtigen Subjekten säuberte?

Die vollständige Antwort auf die Frage müsst ihr selbst finden. Vielleicht so viel für den Augenblick: »Heiliger Zorn« existiert tatsächlich.

Wenn du elende Mistkerle, die sich in dein Haus eingenistet haben und deine Gutmütigkeit missbrauchen, rauswirfst, ist das keine Gewalt. »Der Klügere gibt nach« ist Schwachsinn und eine Einladung an alle Schmarotzer und Ausbeuter dieser Welt, ihrem schmutzigen Handwerk unbehelligt nachzugehen.

Leuchtet ein, dieser feine Unterschied.

Halte dir bei diesem Thema vor Augen, dass es schon eine Form von Gewalt ist, wenn man dich missbilligend beäugt, weil du letzten Sonntag nicht in der Kirche warst. Oder man blickt verächtlich auf die Frau aus dem Kirchenchor, weil sie nicht »freiwillig« die Kirche putzen will, oder auf das arme Gemeindemitglied, weil es nichts in den Klingelbeutel wirft. Solche Art von Gewalt ist sogar noch wirksamer und verletzender, weil man sich kaum dagegen wehren kann. Seelische Gewalt ist fast immer verabscheuungswürdiger als körperliche Gewalt.

Meditiere einmal darüber: Stell dir einen Pfarrer vor, der sich aufrichtig freut, wenn du ihn nach drei Jahren »Pause« wieder einmal besuchst, der sich voll Mitgefühl erkundigt, wie es dir und deinen Lieben ergangen ist. Und jetzt denke an einen Priester, der gegenüber deiner Frau eine ironische Bemerkung fallen lässt, weil du schon zweimal die Kirche geschwänzt hast. Wie fühlst du dich bei diesen Bildern?

Das kann ich dir sofort sagen! Schon als Teen war es mir viel lieber, mich mit jemandem ehrlich zu kloppen, als mit Ironie oder Zynismus behandelt zu werden. Und die Heuchelei, mit der man der unterschwelligen Erpressung nachgab ... bei Taufen »wegen der Verwandten«, bei Trauungen, »weil man sonst das Gesicht verliert«, bei Kirchenfesten in Tracht, bei Weihnachtsmetten, bei alledem habe ich mich immer äußerst unwohl gefühlt. Heute ist mir schon hohler »Smalltalk« nach Minuten richtig zuwider.

Das solltest du aber beherrschen, mein Lieber, wenn es sein muss, stundenlang! Denn diese Fähigkeit gehört zu einem erfolgreichen Doppelleben. Darüber müssen wir noch sprechen. Aber jetzt wiederhole ich: Niemals und unter gar keinen Umständen hat echte Religiosität etwas mit Gewalt zu tun. Wo Gewalt, da keine Religion, das ist ein Naturgesetz. Die Gewalttätigkeit religiöser Fanatiker ist ausnahmslos eine Verletzung all dessen, wofür die Gründer und Heiligen der jeweiligen Religion lebten, lehrten und starben. Die Religion von Gewalttätigen ist nur äußere Schale, um mehr oder weniger erfolgreich von ihren wahren Motiven abzulenken: von Ängsten, Machtlosigkeit, Machtgier, Geldgier. Echtes Missionieren und Bekehren kann nur durch persönliches Vorbild geschehen, niemals durch aktive Beeinflussung.

Kurzer, aber heftiger Themenwechsel: Ich muss noch erwähnen, dass es mein Werk war, die Kirchen dazu zu überreden, die Ehe als »unauflöslich« zu installieren.

Au weia. Stichwort Scheidungsrate!

»Was Buddy zusammengefügt hat, soll der Mensch nicht trennen« – indirekt stammt dieser Spruch von mir. Dabei gibt es sie tatsächlich, die Verbindung zweier Seelen, die über viele Jahrtausende Bestand hat und bei der sich die beiden auch oft auf der Erde begegnen, sich erkennen und gemeinsam ihre Aufgaben erfüllen. Aber für diese Seelen ist der Segen einer erstarrten Kirche oder Religion überflüssig. Wenn sie sich trotzdem den kulturellen Bräuchen von Zeit und Ort anpassen, dann aus anderen Gründen als du vermuten würdest. Meist versuchen sie so, mit ihrer Umgebung zu verschmelzen, um unerkannt zu bleiben und ungestört ihrer Berufung folgen zu können. In gewisser Weise führen sie ein Doppelleben wie Geheimagenten, aber zum Wohl aller Beteiligten.

DEVIL-HACK!

Was der Mensch dringend braucht, ist dies:
mehr Zeit, um sich an der Natur zu freuen,
sein Leben zu vereinfachen
und alle eingebildeten Notwendigkeiten aufzugeben;
mehr Zeit, um sich an dem zu freuen,
was er tatsächlich zum Leben braucht,
seine Kinder und Freunde besser kennenzulernen
und vor allem *sich selbst* und Buddy,
der ihn erschaffen hat, zu erkennen.
(Yogananda)

Was glaubst du? Wie viele Ehepaare würden sich trennen, wenn keine Nachteile entstünden, weder materiell noch für die Kinder aus der Ehe oder was den persönlichen »Ruf« betrifft?

Hmmm, das dürfte eine zum Fürchten hohe Zahl sein.

Richtig. Die Ehe lag und liegt im starken Interesse des Patriarchats als Hort der Ausbeutung und Unterdrückung von Frauen und speziell von Kindern, die gefälligst diese Lebensform später weiterzugeben haben. Für viele Frauen ist sie ein Käfig voll stiller Verzweiflung. »Es hat ja doch alles keinen Sinn!« – diesen Satz wirst du oft von den Mutlosen hören, die den Schritt in die Freiheit scheuen.

Ich habe im Laufe meines Lebens viele Frauen und Männer kennengelernt, die schon Jahre oder Jahrzehnte fröhlich zusammenlebten und dann irgendwann heirateten. Für viele war das ein folgenloser, logischer Schritt, aber für fast ebenso viele ging es danach rapide bergab, bis von der ursprünglichen Liebe und gegenseitigen Achtung nichts mehr übrig war.

Manchmal, mein Lieber, gibt es hier nur eine Lösung, die langfristig erfolgreich ist: Man muss die Orte verlassen, wo diese Art von Gehirnwäsche und Versklavung betrieben wird. Darauf zu warten und zu hoffen, dass sich Partner ändern, dass sich Religionen ändern und sich ihrer ursprünglichen Aufgaben besinnen, das ist fast immer Zeitverschwendung. Verschwendung *deiner* Zeit – die wunderbar investiert wäre in Denken, Handeln und Lieben aus eigener Kraft. Darauf wartet Buddy geduldig.

Manchmal besteht der mutige Schritt darin, die gewohnte Umgebung hinter sich zu lassen und völlig neu anzufangen. Und das nicht nur aus Selbstschutz, sondern weil du eine Verantwortung hast, nämlich deine Kräfte so einzuteilen, dass du Menschen nützlich werden kannst, die auf deine Hilfe und deinen Zuspruch angewiesen sind.

Nicht zum ersten Mal in dieser verrückten Unterhaltung hatte ich einen Moment erreicht, wo mich eine Art Schwindel erfasste. Ich hielt mich unwillkürlich an meinem Barhocker fest.

Ich sehe, das ist jetzt für dich ein bisschen viel, aber du schaffst das schon. Wir können ja immer wieder zu diesem Thema zurückkehren, wenn es nötig ist.

Du meine Güte, eine kleine Pause wäre ganz nett. Vielleicht noch ein Espresso …

Darf ich dich noch eine Sekunde lang zum Thema Religion quälen?

Nichts dagegen, ich schaff das schon.

Die Kommunion mit Buddy, das Pflegen der Freundschaft mit ihr, der Alltag mit ihr – das ist das Allerintimste und Privateste was ein Mensch nur leben kann. Niemand hat hier auch nur einen Funken Recht und Rechtfertigung, sich einzumischen, zu raten, vorzuschreiben, zu befehlen. Und absolut niemand hat das Recht und auch nur ganz selten die Möglichkeit, in die Beziehung zwischen dir und Buddy hineinzuschauen. Da ist kein Platz für Urteil, Verurteilen, Kritisieren. *Wenn* es so etwas wie eine »Sünde« auf dieser Erde gäbe, dann diese: dass euch die Religionshändler diese einfache Wahrheit vorenthalten haben. Kunststück! Sie wären sofort ihren Job los!

Natürlich gibt es Orte auf der Erde, wo das Kennenlernen

und das intime Miteinander mit Buddy etwas leichter fällt als etwa auf dem Times Square in New York. Das kann in seltenen Fällen sogar eine Kapelle oder eine Kirche sein. Meistens aber ist es ein Ort in der stillen Natur, ein Stein, ein Waldweg, eine Waldlichtung, ein Bach, am Meer. Und wer endlich Buddy als ständige Begleitung wiederentdeckt hat, der geht mit ihr Hand in Hand auch mitten auf dem Times Square zur Mittagszeit.

Wenn ich auch deine Worte noch nicht so ganz begreife, lösen sie doch ein Gefühl der Erleichterung bei mir aus …

Ein Rätsel für dich: »Im Namen des Vaters, des Sohnes und des Heiligen Geistes« – was ist an dieser Formel falsch?

Jetzt geht's ans Eingemachte. Ich wüsste nicht …

Ich schon. Ich habe nämlich vor ziemlich genau 1500 Jahren dafür gesorgt, dass die Formel verkürzt wird. Ursprünglich lautete sie »Im Namen der Mutter und des Vaters, der Tochter und des Sohnes und des Heiligen Geistes.« Und noch früher: »Im Namen Buddys und des Heiligen Geistes«. Nimm das als Thema mit nach Hause für eine kleine Meditation.

Versprochen! Ich denke, für viele Leserinnen und Leser wird das Thema Religion ein Weckruf sein und vielleicht dazu beitragen, dass sich etwas zum Guten bewegt.

Aber können wir jetzt noch ein bisschen mehr über etwas anderes sprechen? Wir waren bereits kurz bei den Kindern und wie ihr Weg schon früh verbaut wird, sich wieder an die eigentliche Aufgabe im Leben zu erinnern und an den Sinn des Ganzen. Das Thema liegt mir sehr am Herzen, als Vater von Teenagern. Was kann ich als Normalmensch tun, um ihnen den Weg nicht zu verbauen, wenn ich schon selbst nicht über meinen Schatten springen kann?

Zahllose Eltern haben auf meine Einflüsterungen reagiert und sind Meister in der Verletzung der echten und wahren Menschenwürde ihrer Kinder geworden, und das aus vermeintlich allerbesten erzieherischen Gründen.

Nehmen wir ein scheinbar unbedeutendes Beispiel, das aber für fast alles steht, was Eltern falsch machen. Nämlich das Nichtanklopfen, bevor man das Kinderzimmer betritt.

In vielen Ländern tun die Eltern das selbst dann noch, wenn ihre Kinder schon die 40 überschritten haben und mit dem Lebenspartner zu Besuch sind. Es ist eine direkte Attacke auf den Seelenfrieden und die Würde des Kindes. Kinder fühlen genau, dass damit auch eine grundlegende Missachtung ihrer Persönlichkeit verbunden ist. Die Inspiration, sich als Eltern so zu verhalten, selbstgerecht und ohne schlechtes Gewissen, das ist einer meiner erfolgreichsten Anstöße gewesen.

Ich erinnere mich! Ich habe das bei meinen Eltern so gehasst, dass ich sogar einmal ein Vorhängeschloss von meinem Taschengeld gekauft habe. Zuerst waren sie sehr erstaunt, haben dann aber nach einer längeren Diskussion meine erzieherische Maßnahme akzeptiert. Von Kameraden und Freundinnen weiß ich aber, dass deren Eltern die Tür eingetreten hätten, häufig mit dem Argument »Wir wollen ja nur dein Bestes«.

DEVIL-HACK!

Erlaubt niemandem, euch als Sünder zu bezeichnen.
Ihr seid Kinder Buddys,
denn er hat euch sich zum Bilde erschaffen.
Es ist die größte Sünde gegen euch selbst,
dieses Ebenbild zu verleugnen.
Bringt eine Kerze in eine Höhle,
die Tausende von Jahren ins Dunkel getaucht war,
und die Dunkelheit wird verschwinden
als wäre sie nie gewesen.
Ganz ähnlich verhält es sich mit euren Schwächen. Ganz
gleich, worin sie bestehen mögen,
sobald ihr das Licht der Güte anzündet,
gehören sie nicht länger zu euch.
(Yogananda)

Diesen Satz kenne ich gut; man hört ihn oft, wenn eine sinnlose oder egoistische Anordnung gerechtfertigt werden soll. Schauen wir bei diesem Beispiel mal genauer hin. Wie gehen die meisten kleinen Kinder damit um? Sie lassen die Verletzung zu, trotz ihres unbestimmten, unguten Gefühls. Das Kind möchte ja nicht, dass die geliebten Eltern »schlecht« sind, und gleichzeitig will es von ihnen bedingungslos geliebt werden. Also rechtfertigt es die Aktion der Eltern vor sich selbst als »normal« und betäubt relativ schnell die natürliche Reaktion auf eine solche Entwürdigung.

Diese jetzt entstehende Mechanik zu betrachten ist wichtig: Sie setzt auch bei den meisten anderen Verletzungen der Menschenwürde durch die Eltern ein – Prügel, Einsperren, Ignorieren, etc. Es entsteht eine Atmosphäre von unterschwelliger Dauerspannung, von Dauerstress, denn das Kind kann sich nie wieder darauf verlassen, dass sein Zimmer ein unantastbarer Ort des Friedens und der Entspannung ist. Die Schwellen der Reizbarkeit senken sich, Ausbrüche »aus heiterem Himmel« werden häufiger, ein Teufelskreis entsteht, weil man nicht mehr miteinander spricht.

Wie ich diese Kreise geliebt habe, nicht nur, weil sie völlig zu Recht nach mir benannt sind. Denn ich hatte dann kaum noch Arbeit mit dem, was da in Gang gesetzt worden ist. Einen Teufelskreis aus eigener Kraft zu stoppen ist eine hohe Kunst.

Deckt sich mit meiner Erfahrung! Ganz nebenbei: Ich las einmal, dass jeder Teufelskreis eine kleine, oft völlig unscheinbare »Schlüsselstelle« hat, wo er durchbrochen und aufgelöst werden kann. Der Schriftsteller Carlos Castaneda zum Beispiel wollte das Rauchen aufgeben, schaffte es aber nicht. Sein Mentor Don Juan machte ihn dann auf die Schlüsselstelle aufmerksam – seine Hemden mit Brusttasche, in die er immer die Zigarettenpackungen steckte. Als er nur noch Hemden ohne Brusttasche trug, konnte er das Rauchritual durchbrechen.

Gutes Beispiel und vielleicht für manche deiner LeserInnen interessant. Aber weiter: Was die Verletzung der Persönlichkeit eines Kindes betrifft, ist es später im Leben für die Person naheliegend, sich einzureden: »Diese Behandlung war richtig und hat mich lebenstüchtig gemacht«, statt jenseits allen Zweifels der

Wahrheit ins Gesicht zu schauen: »Es war eine Fehlentscheidung, dieses Verhalten zu ertragen. Ich hatte stets die Wahl, mich richtig zu entscheiden, und habe es nicht getan.«

Es ist eben leichter, die Überzeugung zu festigen: »*Die* sind schuld, sie haben mein Vertrauen missbraucht, meinen Stolz verletzt, mich in die Leere und Kälte gestellt.«, statt das Echte zu fühlen: »Ich habe es zugelassen, dass meine Menschenwürde verletzt wurde, ich habe aus Feigheit gehandelt, habe mich auf deren Seite gestellt. Dabei hatte ich stets die Wahl.«

Mann, ich habe gelesen, dass laut einer Umfrage heute wieder fast die Hälfte aller Eltern nichts dabei findet, ihre Kinder körperlich zu züchtigen.

Ein Zeichen weitverbreiteter Hilflosigkeit, denn damit erreicht man gar nichts. Jeder Schlag erfordert Kraft seitens der Eltern, aber es erfordert zehnmal so viel Kraft, den Vertrauensverlust zu reparieren. Zweierlei passiert nach solchen »Behandlungen«, schon bald oder später im Erwachsenenleben. Erstens schämt sich die unverletzliche Menschenwürde des Kindes unbewusst vor sich selbst, weil man die Eltern nicht in ihre Schranken gewiesen hat, und zweitens beginnt man als Selbstschutz, die eigene Feigheit zu rechtfertigen und zu beschönigen als »gut und richtig und angemessen«. Mit dem vermeintlich besten Argument vor sich selbst, was alles Schlimmes passiert wäre, wenn man sich aufgelehnt hätte. Was passiert dann? Was glaubst du?

Ich denke, das liegt auf der Hand. Wenn ich das Verhalten der Eltern nachträglich billige, behandle ich die eigenen Kinder genauso, weil ich überzeugt bin, dass es richtig war. Zumindest habe ich mich manchmal dabei ertappt, meine Kinder so gedankenlos zu behandeln, wie es meine eigenen Eltern gemacht haben. Das waren sehr erschreckende Erfahrungen.

Korrekt, der Kandidat hat wieder die volle Punktzahl! Und damit habt ihr einen Teufelskreis geschaffen, der bis weit in zukünftige Generationen hineinwirkt. Man fühlt sich im Recht, wenn man die eigenen Kinder so behandelt, wie man selbst behandelt worden ist. In Wirklichkeit aber schützt man sich so, um die Schmerzen nicht mehr wahrzunehmen, die einem die Eltern zugefügt haben. Der Knackpunkt ist also: *Würdest du klar erkennen, dass du den eigenen Kindern völlig ungerechtfertigt Schmerzen zugefügt hast, dann würdest du blitzartig auch begreifen, was die eigenen Eltern dir angetan haben. Und kannst von einer Sekunde auf die andere aufhören, den Fehler auch in Zukunft zu machen.*

Du müsstest dann auch bald etwas unternehmen, um das Päckchen jenen Menschen zurückzugeben, von denen du es aufgebürdet bekamst – auf welchem Weg auch immer. In erster Linie, um die verlorene Selbstachtung zurückzuerobern.

Au weia, ich denke das erklärt, warum Familienfeiertage bei vielen Menschen so merkwürdige Gefühle auslösen. »Je heiliger die Zeit, desto böser die Leut«, das ist ein Spruch aus der Heimat meiner Frau. Ich denke aber, hier liegt Heilung verborgen. Nämlich, aus eigener Kraft oder mithilfe von echten Freunden den Schritt in die Selbstverantwortung zu wagen. Dieser Schritt, so scheint mir, führt nur über den Blick in den Spiegel und die Erkenntnis, dass man einst Ja gesagt hat zu Menschen, die ein Nein verdient hätten. Es gibt wahrscheinlich viele Wege, diese Last aufzulösen, oder? Muss es geben, denn oft sind die Peiniger schon gestorben, wenn man es endlich wagt, der Wahrheit ins Gesicht zu sehen.

DEVIL-HACK!

Die drei schwierigsten Dinge für einen Menschen
sind nicht körperliche Höchstleistungen
oder geistige Glanzstücke, sondern
erstens: Hass mit Liebe zu vergelten;
zweitens: das Ausgeschlossene mit einzuschließen;
drittens: zuzugeben, dass man unrecht hatte.
Meistert er diese drei Dinge,
hat er das Leben gemeistert.
(Anthony de Mello)

Absolut, kein Problem, das kann sogar gedanklich geschehen, wenn du beispielsweise alles aufschreibst, was du erlebt hast und loswerden möchtest, und es dann in einen Fluss wirfst. Super Methode. Vergraben und verbrennen des Tagebuchs geht auch. Exzellente Devil-Hacks. Jedenfalls wirksamer als zehn Jahre Psychotherapie.

Was ich noch anmerken wollte: Wann immer Rechtfertigung am Werk ist – eine eurer schlimmsten und für mich nützlichsten Neigungen –, wann immer ein Schuldiger gesucht wird, wenn man eigentlich selbst verantwortlich wäre, da war ich zur Stelle und half mit, denn dann setzte ich ein Rad in Bewegung, das mir später die Mühe ersparte, die nachfolgenden Generationen auf Irrwege zu führen. Das alte Sprichwort sagt: »Nur derjenige ist schlimmer als der, der sich beklagt: der, der sich rechtfertigt.«

Sich zu rechtfertigen ist aber doch Volkssport und dazu wird in vielen Situationen sogar aktiv eingeladen, zum Beispiel, wenn jemand vor Gericht steht. Man kann sogar damit rechnen, eine höhere Strafe zu bekommen, wenn man sich *nicht* rechtfertigt.

Ja, deshalb wäre es auch so wichtig, bewusst ein Doppelleben zu führen, wenn man hier auf diesem Planeten einigermaßen zurechtkommen möchte.

Du meinst, »mit den Wölfen heulen« ist manchmal richtig?

Absolut. Aber es muss bewusst und mit gesundem Menschenverstand geschehen, sonst ist es nur eine hilflose Strategie, um notwendigen Konflikten aus dem Weg zu gehen. Du solltest niemals aus den Augen verlieren: Immer Schuldige zu suchen, wenn es ein Problem gibt, das ist ein ganz fabelhafter Weg in die geistige Erstarrung. Warum? Weil jede »Fertigung von Falsch zu Recht«, also »Recht-Fertigung« die Garantie versteckt hält, beim nächsten Mal den Fehler zu wiederholen, denn es war ja »recht«, es war kein Fehler. Wie schon gesagt: Schuldige suchen und Rechtfertigen ist die sicherste Methode, euer Geburtsrecht, den freien Willen, auszuhungern, und euch zu entfernen von der Wahrheit, nämlich dass ihr zu jedem Zeitpunkt die Entscheidungsfreiheit über euren Weg habt.

Das erklärt bestimmt für viele LeserInnen das flaue Gefühl, das man bekommt, wenn man Mist gebaut hat und dann versucht zu erklären, warum es passiert ist.

Immer wenn jemand sagte: »Oh, Mist, da habe ich einen Fehler gemacht. Entschuldigung. Lass uns gemeinsam eine gute Lösung suchen, die die Ursachen beseitigt«, da musste ich eingreifen und manchmal hart arbeiten, um überhaupt eine Chance zu bekommen, denjenigen wieder aufs Glatteis zu führen.

Aber eure Schuldzuweisungsindustrie funktioniert heute fast reibungslos. Und Rechtsanwälte gibt es bei euch nicht ohne Grund wie Sand am Meer. Warum? Weil es mir erfolgreich gelungen ist, euch einzureden, dass es für jedes Problem, jedes Wehwehchen, jedes Missgeschick, jeden Unfall, jeden Verlust, ob körperlich oder emotional, einen Verantwortlichen gibt, der schuld ist – und das bist niemals du selbst!

Mir geht's nicht gut… außerhalb von mir ist die Lösung.

Ich schieße mir in den Fuß… verantwortlich ist der Hersteller der Pistole.

Ich verbrenne mir die Zunge am heißen Kaffee… ich verklage das Café auf eine Million Schmerzensgeld, weil 100 000 dann auf jeden Fall rausspringen. Ich fühle mich mies, also hat zwangsläufig jemand oder etwas »Anderes« sein Versprechen gebrochen! Diese Überzeugungen zu installieren, mein Lieber, das gehörte zu meinen geheimen Operationen!

Schuldzuweisungsindustrie, das hast du schön gesagt. Oprah Winfrey, eine weltberühmte Fernsehmoderatorin, wurde von der Fleischindustrie verklagt, weil sie in ihrer Sendung nebenbei bemerkte, dass sie ab jetzt nie wieder Fleisch essen werde. Sie wurde verklagt, weil die Umsätze der Metzger daraufhin landesweit stark sanken. Sie hätte den Prozess beinahe verloren.

Ja, automatisch wird heute nach Schuld gesucht. Wer vorgibt, die eingebildeten oder echten Schuldigen zu kennen, wer vorgibt, sie auszumerzen, zur Rechenschaft zu ziehen – der hat auch Chancen als Politiker. Siehe Trump. Viel höhere Chancen jedenfalls als ein wirklich guter Mensch, der euch die wirksamste Hilfe anbieten würde, nämlich Hilfe zu Selbsthilfe. Jesus, Gandhi, Dag Hammarskjöld und viele andere, die euch hätten helfen können. »Fass dir an die eigene Nase!« – mit dieser Wahrheit gewinnt man keine Wahlen.

Wirf einen Blick auf dieses Land hier: Speziell die USA haben vergessen, dass ihre Unabhängigkeitserklärung den Bürgern das »Streben nach Glück« garantiert – nicht jedoch das Glück selbst. Wahres Glück ist immer eine fast automatische Konsequenz von etwas anderem. Dieses Andere vergessen zu machen, auch das war meine Aufgabe. Dieses Andere hat neben vielen anderen Elementen mit Selbstverantwortung zu tun – und die ist fast nirgendwo auf der Welt an den Mittagstisch geladen. Dieses Andere findet sich in kleinen, unscheinbaren Dingen, die obendrein so gut wie nie etwas kosten.

Anders und kurz gesagt: Eine meiner Meisterleistungen war es, euch dazu zu verführen, euer vermeintliches Glück an Dinge außerhalb von euch zu binden. »Wenn ich nur das und das schaffe/erreiche/bekomme, dann werde ich glücklich sein.« Ihr habt fast alle völlig übersehen, was geschieht, wenn ihr mit dieser Denkweise erfolgreich seid. Hast du dir schon Gedanken gemacht, was das sein könnte?

Na, das liegt doch auf der Hand, oder? Gleichzeitig mit dem Erreichten belaste ich mich mit der Angst, ich könnte verlieren, woran mein Glück jetzt hängt. Aber ich gebe zu, diese Einsicht kam bei mir sehr viel früher, als dass es mir gelungen wäre, sie auch in meinem Alltag umzusetzen.

Du enttäuschst mich nicht. *Mach dein Glück abhängig von etwas oder jemandem außerhalb von dir und deiner Seele und du musst automatisch und zwangsläufig die Angst mit auf die Reise nehmen, dieses Etwas wieder zu verlieren.* Das Objekt und die Angst sind zwei Seiten derselben Münze.

Ein möglicher Devil-Hack hier: *Erkenne, dass du Glück nicht anstreben kannst. Es ist automatische Folge von etwas anderem und kein Ding an sich.*

Glück stellt sich ein, wenn man seine Berufung gefunden hat, wenn man entdeckt hat, was echten Seelenfrieden bringt – ob als Bäcker, Mechanikerin, Schriftsteller, Übersetzerin, Taxifahrer, Hausfrau, Ärztin.

Das hat eine weitere positive Nebenwirkung: Du wirst allmählich immun gegen die Tyrannei der »verletzten Gefühle«. Diese grassierende Seuche bei euch, dass man nämlich jedes »verletzte Gefühl« ernst zu nehmen hat, gehört zu den für euch gefährlichsten Entwicklungen der letzten Jahrzehnte und ist fast so schlimm wie eure Sprachverirrungen der »Political Correctness«.

Was ist deiner Meinung nach daran falsch? Ich weiß, wie ich persönlich darüber denke, und manchmal könnte ich kotzen, weil Political Correctness meistens bedeutet, effizient zu lügen.

Wenn ein Kind schreit wie am Spieß, weil man ihm verbietet, drei Liter Cola auf einmal zu trinken, dann hat man seine »Gefühle verletzt«. Wenn sich jemand idiotisch verhält und du sagst zu ihm: »Mann, das war aber völlig daneben!«, dann hast du seine Gefühle verletzt, oder? Wenn du jemanden einen Trottel nennst und er reagiert ohne jede Verletzung seiner Gefühle, sondern sagt: »Ups, hast recht, das war nicht O. K.« – was ist da plötzlich anders?

Na, zumindest kommt es sehr selten vor …

Wenn du jemanden Idiot nennst, weil er sich idiotisch verhalten hat, und er zeigt dich wegen Beleidigung an, was muss da vorher in deinem Gegenüber passieren? Wie sehen seine Gedankengänge aus? Denk später in Ruhe darüber nach. Für den Augenblick möchte ich dir als kleine Hilfestellung mit auf den Weg geben, dass »verletzte Gefühle« in den allermeisten Fällen eine bewusste oder unbewusste Lüge sind. Sie entstehen fast immer als Reaktion auf die Erwartung, dass man ein Recht auf etwas hat.

DEVIL-HACK!

Was hast du zu befürchten? Nichts.
Wen musst du fürchten? Niemanden.
Warum?
Weil der, der sich mit Buddy verbündet,
drei großartige Vergünstigungen genießt:
Allmacht ohne Macht,
Rausch ohne Wein und
Leben ohne Tod.
(Franz von Assisi)

Aber was ist zum Beispiel, wenn ein Kind gerade gestorben ist und der Pfarrer kommt zu Besuch und statt auch nur ein Wort des Trostes zu spenden, verlangt er die noch nicht beglichenen Begräbniskosten – und das fünf Tage nach der Beerdigung! Das ist nämlich einer guten Freundin passiert …

Das ist ein gutes Beispiel dafür, wo »verletzte Gefühle« nicht nur ihre Berechtigung haben, sondern sogar natürlich und notwendig sind. Und es ist auch ein gutes Beispiel dafür, dass »verletzte Gefühle« ein Nebelbegriff ist, der verschleiern soll, was wirklich in euch geschieht. Zwischen verletztem falschem Macho-Stolz und Selbstmitleid einerseits und der Reaktion auf einen echten Angriff auf die Menschenwürde andererseits ist ein ebenso großer Unterschied wie zwischen Stalin und Gandhi. Ihr nennt aber beides »verletzte Gefühle«. Ihr geht ja sogar so weit, bei Schulkindern das Verlieren und Gewinnen im Schulsport abzuschaffen, um die zarten Kinderseelen nicht zu belasten. Auf welche Art von Wirklichkeit werden solche kleinen Prinzessinnen und Prinzen vorbereitet? Was ihr »verletzte Gefühle« nennt, ist in Wirklichkeit fast immer eine Lernerfahrung und nicht Anlass, die scheinbaren Verursacher abzuschießen oder Prozesse zu führen oder die vermeintlichen Ursachen zu bekämpfen. Ihr selbst seid die Verursacher. Buddy hat euch das riesige Spektrum an Gefühlen mitgegeben, um es kennenzulernen und auszuleben. Es ist ein Naturgesetz: Wenn ihr versucht, negative Gefühle zu betäuben oder ihre wahren Ursachen in euch zu verleugnen, erreicht ihr nur eines, nämlich *alle* Gefühle zu betäuben. Eure Gefühlswelt stirbt ab.

Und »Political Correctness«? Du hast recht, das ist fast immer ein anderer Ausdruck für Lügen, zumindest in den Zusammenhängen, in denen sie von euch gefordert wird. Würde man stattdessen vom »Einhalten grundlegender Regeln der Höflichkeit und Rücksichtnahme« sprechen, hätte es eine ganz andere Wirkung.

Ich verspreche, ich werde darüber nachdenken! Aber ich muss jetzt was loswerden, weil ich merke, dass mich das Thema Religion immer noch nicht loslässt. Mir ist nämlich etwas aus meiner Kindheit eingefallen: In der Volksschule bekam ich einen richtigen Schock, als unsere Religionslehrerin verkündete, meiner kleinen Schwester sei der Himmel versperrt, weil sie noch nicht getauft ist! Ich war tagelang völlig außer mir, bis mich meine Eltern aus dem Religionsunterricht genommen haben, weil sie diese Form der Indoktrination und Heuchelei zum Kotzen fanden. Ich habe noch lange daran herumgekaut und sogar meinen Eltern nicht geglaubt, wenn sie mich zu trösten versuchten, es gäbe gar keine Erbsünde und dass Buddy niemals so grausam sein könnte.

Ah, Erbsünde! Wie schon gesagt, eine meiner genialsten Erfindungen. Es gibt einen Spruch im Orient: »Das kleine Unkrautpflänzchen ist leicht auszuzupfen. Gib ihm etwas Zeit, und nicht einmal ein Kran schafft es mehr.« Ich habe einen winzigen Unkrautsamen gesät und schon kurze Zeit später hat er sich zu einer der erfolgreichsten unsichtbaren Fesseln entwickelt, um die Schäfchen zusammenzuhalten. Falscher Stolz und Starrsinn kommen hinzu und halten so die Erbsündenlüge über Jahrtausende am Leben. Das Märchen von der Erbsünde habe ich aus einem bestimmten Grund erfunden. Kannst du dir denken, warum?

Weil Angst eine deiner besten Verbündeten ist?

Fünf von zehn Punkten. Mein wichtigstes Ziel war, dafür zu sorgen, dass diese fixe Idee den freien Willen und die Selbstverantwortung immer mehr ins Abseits drängt. »Ich bin böse geboren? Also muss ich der wahren Quelle meiner negativen Neigungen und Gefühle nicht auf den Grund gehen. *Und folglich kann ich mich auch nicht ändern.*«

Eure Religionsdealer hatten dann leichtes Spiel, euch einzubläuen, dass sogar schon das Infragestellen der Erbsünde an sich eine Sünde sei. Dieses Spiel verführt euch bis zum heutigen Tag dazu, alle erfolgreichen Strategien zu ignorieren, wie man das Böse aushungert. Das Böse schwächt man nicht durch Bekämpfen – und schon gar nicht dadurch, dass man es für ein angeborenes Element der menschlichen Natur hält. Das Gegenteil ist der Fall. Es gehört keineswegs zu eurer Natur; das Böse ist Symptom eines Mangels, einer Art Krankheit. Der überragend falsche Stolz eurer Psychologen, Ethnologen, Soziologen und anderer -Logen lässt diese Erkenntnis aber nicht zu. Falscher Stolz war wahrlich einer meiner besten Verbündeten.

Wie das? Aber ich ahne, warum ...

Nun, stell dir einen alten Goldgräber vor, der sich von seinem letzten Geld eine kleine Goldmine gekauft hat. Sie ist zwar schon fast ausgebeutet, aber er ist von der Überzeugung besessen, dass noch viel zu holen sei. Je mehr er gräbt, je tiefer er gräbt, desto mehr hat er das Gefühl, eine oder zwei Schaufeln noch, dann hat er den Schatz gefunden und ist erlöst. Er gräbt und gräbt, tiefer und tiefer. Was glaubst du, wie groß ist die Chance, dass er nach 20 Jahren an die Oberfläche kommt, durchatmet, und sagt: »Oi, Mist gebaut. Hier finde ich nichts. Ich werde woanders graben.«

Na, sehr klein. Sein Stolz hält ihn davon ab, dem Fehler ins Auge zu schauen.

DEVIL-HACK!

Wie glücklich bin ich? Das ist für uns die wichtigste Frage im Leben. Für uns Menschen der Ersten Nationen hängt der Erfolg nicht davon ab, wie viel er verdient oder welche gesellschaftliche Stellung er einnimmt, sondern einzig und allein davon, wie glücklich er ist.
(Blue Spruce, Pueblo-Ureinwohnerin der USA)

Genau. Und genau *diese* Eigenschaft von euch Menschen ist es, die mir die Arbeit am meisten erleichtert hat. Speziell Männer sind ihre Opfer. Seit vielen Jahrtausenden prägen euch »geistliche Führer« mit zerstörerischen Gedanken. Weil sie beinahe vom ersten Lebenstag an euer Gehirn vernebeln, fasst ihr nicht am 18. Geburtstag den befreienden Entschluss: »Hey, ich bin hier falsch, das ist taubes Gestein. Ich klettere zurück an die

Sonne und fange woanders neu an.« Nein, ihr grabt weiter wie blinde Maulwürfe und mit jedem Tag, der beim Graben im tauben Gestein vergeht, sinkt die Wahrscheinlichkeit, dass ihr umkehrt. Dabei wäre es nur eine kurze Sekunde der Entscheidung, ein Federstrich! Verzeih dir selbst – und du kannst neu anfangen.

Welch schöner Gedanke!

Dasselbe habt ihr mit dem Wissen darum gemacht, was eure Seelen eigentlich sind, welche Aufgaben sie haben und welches Leben sie vor der Geburt und nach dem Tod führen. Dein Freund Alberto wollte 1944 als Matrose von einem deutschen U-Boot desertieren und er hätte beinahe die ganze Besatzung zum Mitmachen überredet. Bis der Gestapo-Mann an Bord ihn erschoss. *Diese* Runde ging an ihn!

> *Ich bekomme einen kleinen Schock, eine Gänsehaut überläuft mich! Niemand kann wissen, dass der Film »Das Boot« bei Alberto monatelange Alpträume ausgelöst hatte, als ob er selbst dabei gewesen wäre … Noch heute kann ihn kaum etwas mehr erschrecken als das Ping! eines U-Boot-Suchgerätes, etwa als Begleitgeräusch im Computerspiel seiner Kinder.*

Jaja, Buddy hat sich was dabei gedacht, wenn er die Erinnerung an frühere Runden blockiert. Die wahren Verhältnisse, was das Leben vor der Geburt und nach dem Tod betrifft, könnt ihr in jedem eurer Buchläden nachlesen. Michael Newton ist einer der Autoren, der einen Einblick gewährt bekam und wahrheitsgetreu darüber berichtet hat.

Hey, das Buch bekam ich geschenkt, habe es aber noch nicht gelesen. »Die Reisen der Seele«.

Dann wird's Zeit, viel Spaß dabei. Ich muss zu diesem Thema vielleicht ein bisschen ausholen. Denk doch einmal nach: Welche »Erbsünde«, welche Schuld hat ein Baby auf sich geladen, das in eine grausame und kalte Familiensituation hineingeboren und von seinem Vater zu Tode geschüttelt wird, weil es die ganze Nacht schreit? Womit hat es ein solches Schicksal »verdient«? Warum hat sich die Seele diese Familie ausgesucht? Diese Fragen zu beantworten, ist unmöglich, ohne echten Glauben und ohne zu wissen, was Wahre Religion bedeutet. Ein solcher Versuch führte geradewegs in eine Situation ohne jede Freude am Leben. Jeder Blick in die Morgenzeitung ließe euch klagen über die Ungerechtigkeit in der Welt – völlig unabhängig von den materiellen Verhältnissen, in denen man lebt. Absolut nichts machte Sinn auf dieser Erde, wenn es nicht ein Leben vor der Geburt und nach dem Tod gäbe.

Das war und ist eine meiner Arbeitshypothesen, sonst würde ich tatsächlich schon bei der Morgenlektüre verrückt werden.

Nicht nötig, das meiste sind ohnehin nur Berichte über Aktivitäten, die ich angestoßen habe, weil gute Nachrichten keine neuen Abonnenten bringen … Nur wer einen echten Glauben hat, kann Antwort auf diese Fragen erhalten, die echten Seelenfrieden bringt.

Echter Glaube, mein Lieber, wird aber nirgendwo gelehrt, man muss ihn sich erarbeiten, allen Widerständen und Widersprüchen des Lebens zum Trotz. Oftmals wiesen euch meine gelehrigen Schüler, all die selbst ernannten Seelenführer und »Kirchenherren«, den falschen Weg und fanden und finden dafür zahllose Anhänger. Einfach deswegen, weil die Sehnsucht der Menschen nach Sinn und Echtheit so groß ist und das Angebot, diese Sehnsucht auf Dauer zu stillen, so gering.

Das war zu allen Zeiten meine große Chance, sie ist Hebel und Ansatzpunkt aller Sekten. Sie bieten in ihren Schaufenstern gefälschte Waren, Imitationen, Ersatzfrieden als Antwort auf eine echte und legitime Nachfrage der Seele. Ein alter Spruch lautet: »Falschgold gibt es aus drei Gründen: Erstens wegen der Gier der Menschen, zweitens wegen ihrer Unfähigkeit zu unterscheiden, und drittens, weil echtes Gold tatsächlich existiert.«

Das ist aber doch der springende Punkt! Wer ist denn schon zum Juwelier geboren? Wo kann man sich ausbilden lassen, um das Echte vom Falschen zu unterscheiden? Wo man hinschaut, überall das Interesse, uns genau *diese* Fähigkeit abzusprechen, beziehungsweise sie zu betäuben!

DEVIL-HACK!

Der Versuch zu verfälschen ist eine viel stärkere Waffe als der Versuch zu zerstören. Der Menschheit muss immer die Entscheidungsfreiheit gelassen werden. Sobald ein Lehrer sein Werk der Welt übergeben hat, muss eine entstellte Variante davon auftauchen – die Verfälschung muss ins Leben treten, damit die Menschen zwischen Gold und Falschgold wählen können
(Edward Bach)

Das echte Gold zu identifizieren, den echten Glauben zu entdecken und korrekte Wegweiser – diese Unterscheidungskraft gewinnt ihr nur, wenn ihr lernt, euch selbst zu lieben. Eines der besten Rezepte, der besten Devil-Hacks gegen die Verführbarkeit durch mich. Wer sich selbst liebt, lässt nicht zu, sich gehen zu lassen und in chronische Depression zu verfallen. Wer sich selbst liebt, kann jeden Menschen früher oder später durchschauen. Und es gibt einen Trost: Für das Echte im Reich der Religion gibt es ja in all dem Nebel und trotz aller Schaumschlägerei einige handfeste Indizien, über die wir beim Thema Wahre Religion schon gesprochen haben. Und noch eins: Jeder echte Seelenführer, jeder echte Freund wird euch immer daran erinnern, dass Liebe der einzige Lebenszweck ist und dass euer freie Wille das wichtigste Werkzeug ist, um diese Liebe zu entdecken und zu leben. Wie gesagt, er oder sie wird niemals den Versuch machen zu missionieren, zu bekehren, zu überreden – sei es noch so subtil. Mein Devil-Hack für dich an dieser Stelle: *An ihren Früchten werdet ihr sie erkennen. Und übernimm gefälligst die Verantwortung für jede einzelne Sekunde deines Lebens.*

Ich widerstehe jetzt wieder der Versuchung, mich über die zahllosen Sekten und Religionen aufzuregen, von Scientology über die Zeugen Jehovas bis zu den staatlich anerkannten Sekten. Das ist einfach ein heißes Thema für mich.

Nicht vergessen: Bekämpfen macht sie nur noch stärker und verleiht ihnen Flügel und Existenzberechtigung.

Vergesse ich nicht mehr, versprochen! Ich atme jetzt mal durch und wende mich der Frage zu: Wie war das also mit dem Leben der Seele nach dem Tod?

Noch einmal von vorn? Zu fast allen Zeiten, sogar während vieler Jahrhunderte des Urchristentums und auch heute noch gab und gibt an vielen Orten das Wissen darum, dass jede individuelle Seele viele Leben auf der Erde verbringt, um in der jeweiligen Runde bestimmte Aufgaben zu erfüllen – mit mehr oder weniger großem Erfolg. Und wenn ohne Erfolg – na, dann eben beim nächsten Mal!

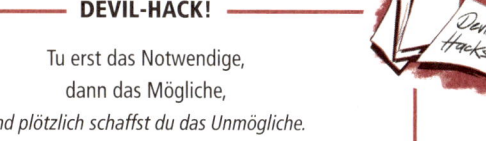

Hmm, unser Körper ist also nur eine Art Fahrzeug für die Seele und sie bekommt bei jeder Runde ein neues?

Richtig, in allen Farben und Formen und unterschiedlichen PS-Stärken. Vom Traktor bis zum Ferrari. Je nach spezieller Aufgabe in der jeweiligen Runde.

»Er oder sie möge in Frieden ruhen« ist also ein etwas unpassender Wunsch bei einer Beerdigung, oder? Ich verstehe es nicht, warum wissen wir so wenig davon?

Erstens habt ihr eine Wissenschaft errichtet, die auf mehreren Augen blind ist. Und zweitens ist das mein Verdienst: Eines Tages, bei einer Versammlung vor etwa 1300 Jahren, habe ich nämlich einen meiner größten Erfolge gefeiert. Es war mir gelungen, die damaligen »Seelsorger« der christlich-katholischen Kirche zu verführen, das Wissen um die Reisetätigkeit der Seele über Bord zu werfen und willkürlich neue Lehrsätze zu verbreiten. Mit einem egoistischen Federstrich haben sie die geltende Lehre abgeschafft, dass jeder Mensch eine unsterbliche Seele hat, die immer wieder einmal zur Erde zurückkehrt.

Ich habe den Kirchenführern damals eine neue Theorie eingeflüstert: »Wenn wir ab sofort predigen, dass dieses Leben auf Erden das einzig Mögliche ist, dann strengen sich unsere Schäfchen umso mehr an, sich schon jetzt gottgefällig zu verhalten, um ins Paradies einzugehen.« Sie glaubten, damit den Gedanken zu verbannen: »Dieses Mal lass ich die Sau raus, weil ich's ja im nächsten Leben wiedergutmachen kann.« Die Kirchenväter hatten sich wahrlich mächtig in der menschlichen Natur und auch in meiner Aufgabe geirrt, mein lieber Schwan! Damals wie heute seid ihr doch viel leichter zu dem Gedanken zu verführen: »Ein gottgefälliges Leben voller Selbstdisziplin ist mir viel zu anstrengend und zu langweilig. Da gebe ich lieber gleich den Versuch auf und glaube an gar nichts. Und wenn es Buddy doch gibt, wird sich nach meinem Tod schon irgendetwas ergeben.«

Wenn ich mich in meinem Bekanntenkreis umschaue und betrachte, was Medien und Wissenschaft als »normal« verbreiten, dann klingt das mehr als plausibel.

Die Priesterlein damals hatten noch etwas anderes falsch eingeschätzt, nämlich was geschieht, wenn man statt Wahrheit Überzeugung predigt. Das Unbewusste des Menschen, das Auge der Seele erfasst die Lüge und gerät in Seelennöte, von denen sich die Kirche bis heute nicht erholt hat. Ganz abgesehen vom scharfen Auge der vielen Hellsichtigen und spirituellen Talente, die sich einen direkten Einblick in das wahre Leben der Seele bewahrt hatten und die falsche Doktrin der Kirchenhändler entlarven konnten.

Ja genau, und wenn sie ihre Klappe nicht hielten, fanden sie oft ihr Leben gewaltsam verkürzt…

Die Kirchenväter hatten damit auch ganz automatisch das instinktive Wissen um »Karma« in den geistigen Untergrund gedrängt – das Wissen, dass alles, was ich aussende, auch zu mir zurückkehrt. Was ich gebe, kommt zurück. Das Gute wie das Böse. Wenn nicht gleich, so doch später, vielleicht sogar erst in tausend Jahren. Die neue Doktrin war deshalb nicht so schwer zu installieren, denn damals wie heute ist die teils erhebliche Zeitverzögerung, bis etwas »zu mir zurückkehrt«, das wahrscheinlich größte Hindernis, um zu erkennen, dass der Mensch alles selbst quasi magnetisch angezogen oder sich dafür direkt entschieden hat, was ihm geschieht.

Ist wohl wie bei der falschen Ernährung auch: Manchmal dauert es Jahre oder Jahrzehnte, bis ich ernte, was ich gesät habe ...

Gutes Beispiel. Ihr habt auch aus den Augen verloren, dass Karma auch im Großen funktioniert. Wenn eine Gruppe, eine Stadt oder ein ganzes Land andere Gemeinschaften oder Staaten überfällt und ausbeutet, dann kehrt das auch zurück – auch zu den guten Menschen im Angreifer-Land. Das einzige Heilmittel auf kollektiver Ebene wäre es, wenn das Täter-Land aktiv einen Prozess der Reue und Versöhnung einleitet.

Da haben aber viele Staaten auf der Welt einiges nachzuholen, oder? Mir fällt auf, dass ein Kernpunkt christlicher Lehren dann auf Lügen beruht!

Yep, war ich nicht gut? So große und glaubhafte Lügen wurden verbreitet, dass Menschen sich heute noch in die Luft sprengen und Kriege führen, nicht nur aus verletzter kindischer Eitelkeit und unstillbarer Gier, sondern auch im Namen Buddys! Als ob unser bester Freund sich das gewünscht hätte! Glaubt denn jemand, dass ein mordender »Gotteskrieger« oder seine Anstifter einfach nur sterben und das war's dann? Ernten sie nicht vielleicht doch etwas von dem, was sie gesät haben?

Also *gibt* es so etwas wie Gerechtigkeit in all dem Chaos?

Auf diese wichtige Frage muss jeder von euch im Laufe seines Lebens *aus eigener Kraft* eigene Antworten finden. Unabhängige und unbeeinflusste Antworten. Auch wenn es Antworten sind, die eurer unmittelbaren Umgebung nicht gefallen, weil die »normalen« und »akzeptierten« Antworten aktuell gerade anders aussehen.

Eigentlich müsste euch eine merkwürdige Tatsache etwas sehr deutlich ins Ohr flüstern, nämlich dass sich vor Jahrhunderten katholische Religionsdealer ein altrömisches Folterwerkzeug als neues Symbol auserkoren haben – statt, was viel naheliegender wäre, ein Symbol, das Auferstehung, Liebe und Freude repräsentiert. Stell dir vor, nur ein Jahrhundert später haben sich die Römer entschieden, den Galgen arbeiten zu lassen statt das Kreuz.

Ups, ich denke, das ist den wenigsten Menschen bewusst, die ein Kreuz an einem Kettchen um den Hals hängen haben. Ob sie auch eine Galgenschlinge als Symbol gewählt hätten?

Gute Überlegung.

Was mich persönlich endlos nervt und schon immer geärgert hat: Die Gehirnwäsche der katholischen Kirche geht so weit, dass sie zentral auf Jahre hinaus die Bibeltexte festlegt, die Sonntag für Sonntag behandelt werden dürfen. Obwohl die Bibel durchaus optimistische und die Liebe feiernde Stellen hat, wählt der selbst ernannte Oberboss fast ausschließlich deprimierende Themen, die den immerwährenden Kampf gegen die Sünde, das Leiden und die Mühsal betonen. Und wenn Liebe und Frohmut vorkommen, dann nur als fernes Ziel im Paradies.

Oder die freudlosen, brutalen Texte, mit denen man sich auf Sterbezetteln verabschiedet, speziell von Frauen. Da ist meist die Rede von »mit Hingabe ertragenem, arbeitsreichem Leben«. Fast nie bedankt man sich bei einem Menschen, der seiner Umgebung Freude und Lachen gebracht hat. Die Religionen stellen es so dar, als ob Last, Mühsal und Schmerzen den Schlüssel bilden, mit dem man in den Himmel kommt. Was die Marktschreier einer solchen Idiotie allerdings selbst hinter Mauern und verschlossenen Türen getan haben und noch tun, kommt erst so allmählich ans Licht. Und noch immer lassen wir Babys taufen, weil sonst die Familie oder die Nachbarn schief schauen …

Denk einmal folgende Frage zu Ende, lass dir dabei Zeit: Was würde geschehen, wenn du in einer Kirche, Moschee, Synagoge, einem Tempel irgendwo auf dieser Welt deine Freundin während des Gottesdienstes innig küsst? Was geschieht, wenn du vor aller Augen deutlich zeigst, dass du deine Partnerin herzlich liebst? Und was geschähe erst, wenn zwei Männer oder zwei Frauen dasselbe tun?

Wie viele eurer Bischöfe und Päpste sind Menschen, die tatsächlich Lebensfreude und Menschenliebe ausstrahlen – Menschen, bei denen man sofort das Gefühl bekommt, so möchte man auch sein?

Wieder die Sache mit den Früchten, an denen ihr sie erkennen sollt.

Ich sage dir, es gehörte früher zu meinen größten Herausforderungen, Buddy so zu verstecken, dass sie genau dort, wo man sie anbetet, so gut wie nie gern zu Hause ist. Kleine Anekdote am Rande gefällig? Mein Freund Jesus spazierte einst an einer

Kirche im Süden dieses Landes hier vorbei, als er einen Mann erblickte, dessen irdisches Körpergewand tiefschwarz bemalt war und der auf den Stufen einer kleinen Kirche saß. Jesus fragte ihn, warum er so traurig sei. Er antwortete: »Ich würde so gern einmal drinnen in der Kirche beten, aber das ist für Menschen wie mich nicht gestattet.« Jesus sagte zu ihm: »Mach dir nichts draus, ich darf auch nicht hinein.«

Ich kenne die Geschichte, aber im Rahmen unseres Gesprächs ergibt sie noch mehr Sinn. Dein »Freund« Jesus? Das bringe ich in meinem Kopf noch nicht ganz zusammen.

Na, mein Lieber, es müsste dir allmählich immer mehr einleuchten, dass ich von Buddy persönlich eingesetzt und ausgeschickt worden bin, um euch das Versteckspiel zu ermöglichen. Ich weiß, eure Religionshändler haben euch das Märchen verkauft, ich sei ein Gegner Buddys. Lächerlich! Zwischen Buddy und jedes Atom des Universums lässt sich kein Keil treiben. Du und ich, Buddy und du, das Universum und du und ich – wir sind eins. Die Aufsplitterung in die Vielfalt geschieht einzig und allein in deinem Kopf – und ich war ihr Motor, so war es gedacht. Im Gefüge von allem bin ich der Aufsplitternde, der Zerteiler.

DEVIL-HACK!

Immer ist die wichtigste Stunde
die gegenwärtige,
immer ist der wichtigste Mensch der,
der dir gerade gegenüber steht;
immer ist die wichtigste Tat die Liebe.
(Meister Eckhart)

Eine wichtige Frage drängt sich mir auf. Viele von uns haben größte Schwierigkeiten, sich überhaupt der Spiritualität zuzuwenden und an etwas Höheres zu glauben, weil sie sich immer wieder fragen: »Warum lässt Buddy in der Welt so viel Leid zu?« Ich persönlich ahne zwar, was da Sache ist, aber ich kann mein Gefühl dazu nicht gut in Worte fassen.

Das ist eine der ältesten Fragen der Menschheit. Die Antwort habe ich schon gegeben, aber Yogananda trifft's genau:

»Alles Leid entsteht durch Missbrauch des freien Willens. Buddy hat uns die Fähigkeit verliehen, den freien Willen anzunehmen oder abzuweisen. Es liegt nicht in ihrem Willen, dass wir Schmerzen leiden; doch sie greift nicht ein, wenn wir uns zu einem Handeln entschließen, das uns Schmerzen und Leid bringt.

Die Menschen beachten den weisen Rat der Heiligen nicht, erwarten aber, durch ungewöhnliche Umstände oder irgendein Wunder errettet zu werden, wenn sie in Not sind. Buddy kann alles vollbringen, doch sie weiß, dass die Liebe und das richtige Verhalten des Menschen nicht mit Wundern erkauft werden kann.

Buddy hat uns als ihre Kinder ausgesandt, und als solche müssen wir wieder zu ihr zurückkehren. Es gibt nur eine Möglichkeit, sich wieder mit ihr zu vereinigen: seinen eigenen Willen zu gebrauchen. Keine andere Kraft auf Erden oder im Himmel kann dies für uns tun. Wenn ihr aber aus tiefstem Herzen nach Buddy ruft, schickt sie euch LehrerInnen, die euch aus der Einöde der Schmerzen ins Haus ihrer ewigen Freude heimführen.

Buddy hat euch freien Willen verliehen und kann deshalb nicht wie ein Diktator handeln. Obwohl sie Allmacht besitzt, befreit sie euch nicht einfach von eurem Leid, wenn ihr den Weg falschen Handelns gewählt habt. Ist es recht zu erwarten, dass sie euch von aller Last befreit, wenn ihr mit euren Gedanken und Handlungen ständig gegen ihre Gesetze verstoßt? Befolgt ihre Grundsätze, wie ihr Sohn sie in der Bergpredigt niedergelegt hat; darin besteht das Geheimnis des Glücks.«

Das hat Yogananda geschrieben, einer eurer besten Freunde. Ein sehr wirksamer Devil-Hack ist die Lektüre seiner Bücher, besonders die »Autobiographie eines Yogi« und »Wo Licht ist«. Das Leid auf der Welt ist tatsächlich nur erklärbar, wenn man echten Glauben hat – gleichgültig, welchen Namen die Religion trägt, von der man sich Weisheit, Inspiration und Zuversicht holen möchte.

Ohne die Gewissheit, dass jede Seele Gerechtigkeit erfährt, gibt es keine Antwort auf die Frage nach dem Sinn. Ohne die absolute Gewissheit, dass es einen freien Willen gibt, auch nicht.

Yoganandas Arbeit ist mir nicht fremd. Ich fand sie so zeitlos gültig und authentisch, dass ich sogar meinen Sohn inspiriert habe, bei einem Jugendcamp teilzunehmen, das von seinen heutigen Anhängern organisiert worden war. Das ging leider vollkommen nach hinten los, denn offenbar haben sich die modernen Anhänger Yoganandas von der Weltoffenheit und Liebe entfernt, die seine Arbeit auszeichnete.

Das ist mir bekannt und bestätigt nur ein Naturgesetz. Da gibt es eine kleine Anekdote von einem berühmten spirituellen Lehrer aus dem 12. Jahrhundert, der eines Tages krank im Bett lag und Besuch von einem ebenso erhabenen Meister bekam. Jener fragte ihn, ob er einen besonderen Wunsch habe. »Ein Apfel wäre schön«, sagte der Kranke, obwohl gerade tiefster Winter herrschte. Da hob der Besucher seine Hand senkrecht nach oben, und als er sie wieder sinken ließ, hatte er einen Apfel in der Hand, den er dem Patienten reichte. Wenig später, als sich der Besucher wieder auf den Heimweg gemacht hatte, fragte ihn der Schüler, der ihn begleitete: »Meister, mir ist nicht entgangen, dass der Apfel ein Wurmloch hatte. Verzeih mir die Frage, wie kann es sein, dass eine Frucht aus himmlischen Sphären mit einem solchen Makel behaftet war?« »Mein treuer Freund, ausnahmslos alles, was mit dem Irdischen in Berührung kommt, muss an seiner Unvollkommenheit teilhaben.«

Kein heiliger Mann, kein Guru oder Meister ist davor geschützt, dass seine Anhänger seine Botschaft verzerren, falsch verstehen, aus Egoismus zerstören. Im Gegenteil, das ist wie gesagt ein Naturgesetz. Die Inquisition hat nichts mit Jesus' Botschaft zu tun. Lies die Bergpredigt und du kannst klar erkennen, was Sache ist.

Verstanden, ich war nur etwas allergisch, was Yoganandas heutige Schüler betrifft. Zurück zum vorigen Thema des Schicksals der Seele. Du willst mir also im Klartext sagen, dass sich ein Baby, das von seinem Vater ermordet wird, diesen Weg vor seiner Geburt selbst ausgesucht hat? Das ist einerseits ein ziemlich furchtbarer Gedanke, andererseits liegt darin aber auch ein gewisser Trost, denke ich …

Noch einmal anders formuliert: Damit alles einen Sinn bekommt, selbst all das Wilde, das die Morgenzeitungen füllt: Gewinne die felsenfeste Überzeugung, dass sich jeder Mensch lange vor seiner Geburt seinen späteren Weg auf dieser Erde mit allen Erfahrungen und Geschehnissen darin selbst ausgesucht hat – um daran zu lernen und zu reifen und seine Seele zu entfalten. Und natürlich auch, um manche dieser selbst gewählten Lektionen zu verschieben und Umwege zu gehen. Diese Überzeugung zu entwickeln, hätte viele Vorteile.

Nebenbei bemerkt: Eure Religionshändler haben im Laufe der Geschichte schwer daran gearbeitet, die wahren Zusammenhänge zwischen Ursache und Wirkung zu verbergen.

Aber warum?

Um ihre eigene Macht zu zementieren. Sie haben einfach fast jedes Unglück in eine »Strafe Gottes« verwandelt, in einen Ausdruck von »Buddys Willen«. Und euch dann eingeredet, nur sie allein wüssten, wie man Buddy wieder gnädig stimmt: nämlich selbstverständlich durch Unterwerfung unter ihre Anweisungen und Einsichten und Rituale. Dadurch haben sie euch die Chance genommen, wahre Zusammenhänge zu erkennen. Wenn eine Krankheit eine »Strafe Buddys« ist, muss ich nicht herausfinden, wie sie entstanden und zu heilen ist, sondern eine Ziege opfern und Klingelbeutel füllen.

O. K., jetzt sehe ich schon etwas klarer. Was die Reisen der Seele durch viele Leben betrifft: Viele Menschen sind ja absolut überzeugt, es gäbe kein Leben nach dem Tod. Und erst recht nicht eine Wiederkehr der Seelen. Was antwortest du denen?

»So so, na wenn das ihre Meinung ist«, sage ich und lasse sie in Frieden, weil mir diese Überzeugung ja früher in die Hände gespielt hat. Um sie aufzuweichen und ihrem betäubenden Einfluss zu entkommen, gibt es einen geheimen Super-Devil-Hack:

Wenn jemand etwas glaubt, es aber nicht weiß, sollte er sich immer fragen: »Warum glaube ich das? Welche Folgen hat es in meinem Alltag? Was genau nützt es mir und anderen angesichts der Tatsache, dass ich nur glaube und nicht weiß?«

Jeder Glaubenssatz bedeutet ja im Kern tatsächlich, etwas *»nicht zu wissen«*. Er ist nur eine Arbeitshypothese, die auf Verifikation wartet. Glauben ist wie gesagt immer eine Zwischenstufe, eine freundliche Einladung, sich auf den Weg zum Wissen zu machen. »Warum glaube ich, was ich glaube?« – *diese* Frage ist einer der Schlüssel zum Glück, so unscheinbar er auch aussehen mag.

Aber in vielen Religionen gilt der Glaube als das eiserne Gesetz, das unbedingte Fundament! Zweifel zu äußern kann dich den Kopf kosten!

Richtig, und das Fundament wozu? Welches Haus möchtest du darauf errichten? Wenn du den unbedingten Glauben hast, dass eine Weltreise, ein neuer Beruf, eine bestimmte Person dir das Lebensglück bringen wird, gehst du dann einmal in der Woche in ein sehr großes Haus, kniest nieder, sprichst ein paar Worte und wartest darauf, dass dich jemand um die Welt trägt, dir ohne Anstrengung einen Doktortitel verleiht oder dass dich deine Angebetete für ihren Seelenpartner hält? Glaube ist ein Schritt auf einem Weg, der mit Wissen endet. Wenn euch jemand die Überzeugung verkaufen möchte, dass Glaube allein genügt, dann ist er wie ein Fitnesstrainer, der euch weismacht, dass eure Muskeln schon beim Betrachten seiner Videos trainiert werden. Ein uraltes Sprichwort, etwas auf unsere Zeit angepasst, sagt: »Vertrau auf Buddy, aber lass rechtzeitig den Ölwechsel machen.« Und höre niemals auf Menschen, die dir verkaufen wollen, dass man nicht *wissen* kann, und deshalb der Glaube und die »Zuversicht aufs Paradies« zwingend notwendig seien, natürlich plus das ganze Paket Rituale und Dogmen rund um den Glauben. Sie sind wie Blinde, die dir eintrichtern wollen, dass »Sehkraft« eine Erfindung des Teufels ist. Lustig, nicht?
O. K., bereit für einen Themenwechsel?

Ich denke schon, es ist ja ohnehin schon so viel Stoff zum Nachdenken für mich und die Leserinnen und Leser.

Gut, da habe ich nämlich noch ein paar Dinge zu bereden, die zwangsläufig meiner Aufmerksamkeit bedurften, zum Beispiel *Musik*.

Musik? Was ist damit?

Eure Kunst der Musik gehörte lange Zeit zu meinen größten Problemen, weil in ihr ein natürlicher Zugang zu Buddy verborgen ist, ähnlich wie in bestimmten Formen der Meditation, in der Kunst des Singens und in der Nähe zur Natur. Das habt ihr immer gefühlt und auch genützt. Aber dann haben wir euch mit Texten, Noten und Takten gefüttert, die diesen Kanal wieder verschlossen haben, zumindest weitgehend.

Texte und Takte?

DEVIL-HACK!

Damit es Frieden in der Welt gibt,
müssen die Völker in Frieden leben.
Damit es Frieden zwischen den Völkern gibt,
dürfen sich die Städte nicht gegeneinander erheben.
Damit es Frieden in den Städten gibt,
müssen sich die Nachbarn verstehen.
Damit es Frieden zwischen Nachbarn gibt,
muss im eigenen Haus Frieden herrschen.
Damit im Haus Frieden herrscht,
muss man ihn im eigenen Herzen finden.
(Lao Tse)

Setz dich einmal mit einem Kopfhörer hin und vergleiche Beethovens Sechste Symphonie mit Militärmusik, Rap-Musik, Heavy Metal und dergleichen. Lass den Unterschied auf dich wirken. Beides Musik zu nennen, das ist, wie wenn ich Romeos und Julias Gefühle füreinander und die Gier nach einem Hamburger mit dem Wort »Liebe« etikettiere. Die heutige Musik ist in weiten Teilen betäubend statt aufweckend – eine Verflachung des Fühlens, die Zementierung von Unterschieden, von Rassismus, Frauenverachtung, Verachtung der Nichtmitglieder, der »anderen« und so weiter. Fast so wirksam wie die Predigt in einer katholischen Kirche.

Au weia, aber überall wird doch die Liebe besungen: »All you need is love!«

Richtig, klingt wie ein Widerspruch. Ist es aber nicht. Ich möchte es dir überlassen, ihn aufzulösen. Betrachte einfach den Unterschied zwischen zärtlicher, harmonischer, kosmischer Sexualität, die in höhere seelische Sphären hebt, einerseits und Pornografie andererseits. Und dann betrachte in Ruhe, was die Texte zum Thema »I love you!« *tatsächlich* aussagen. Und wie oft du darin über Selbstmitleid, Besessenheit, Hörigkeit und Kontrollsucht stolperst, aber du begegnest sicherlich nur sehr selten Liebe und Bedingungslosigkeit.

Gut, ich atme jetzt mal durch und konzentriere mich. Pause.

Für einige Sekunden schließe ich die Augen und betrachte fast ein wenig amüsiert den Wirbel an Gedanken und Gefühlen, den das Gespräch in mir ausgelöst hat. Dann fällt mir auf, dass ich das Durcheinander von außen betrachte, als ob ich nicht selbst die Gedanken erzeuge. Merkwürdig. Ich komme mir vor wie ein Zoobesucher vor dem Affenkäfig … Bis die Neugier siegt.

Ich habe ein wenig aus den Augen verloren, worin genau deine eigentliche Aufgabe besteht. Welchen Sinn hat sie? Vielleicht kannst du sie den Leserinnen und Lesern noch mit anderen Worten erklären.

Aber sicher. Lass mich dazu wieder ein bisschen in Richtung Religion und ihren Sinn abschweifen. In erster Linie hatten wir also die Aufgabe, euch vom Wesentlichen im Leben abzulenken. Alles Wichtige und Schöne und Erfüllende im Leben kostet nichts. Diese Wahrheit vernebelten wir.

Du weißt ja, alles ist mit allem verbunden, ja tatsächlich: Alles *ist* alles. *Jede Seele ist Buddy, der mit sich selbst Verstecken spielt.*

Die Herausforderung für mich bestand darin, diese scheinbare Trennung zwischen Buddy und einer Seele so perfekt zu machen, dass die Seele für die gesamte Dauer der aktuellen Runde vergisst, wer sie ist, wo sie herkommt und welche Aufgabe sie auf Erden hat. Die Amnesie selbst ist Teil von Buddys Versteckspiel. Meine Aufgabe war es, das Finden so schwer wie möglich zu machen.

Man erzählt sich, dass der Teufel gern Seelen käuflich erwirbt, einen Pakt schließt mit seinem menschlichen Geschäftspartner. Was das Finden Buddys natürlich komplett unmöglich machen würde.

Seelen kaufen? Was für eine Lüge das ist, kannst du dir jetzt allmählich vorstellen, oder? Zur Erfüllung meiner Aufgabe stand mir ein großes Arsenal an Methoden und Werkzeugen zur Verfügung. Ein weiteres Beispiel gefällig? Die Methode, mit der man euch in euren Kirchen das Beten lehrt. Beten ist tatsächlich ein Zugangstor zu Mama Buddy, aber nicht so, wie ihr das gelernt habt. Ihr bittet nämlich immer wie Bedürftige, die an einem Mangel leiden. Ihr sendet damit ein Bild von euch in die Welt als unvollkommene Wesen. Das Universum folgt zwangsläufig eurer Einladung und zementiert eure Bedürftigkeit, weil ihr sie so ins Universum hinausschickt.

Devil-Hack-Alarm: Richtig beten bedeutet, dass ihr euch vorstellt, das

Gebet sei schon erhört worden. Das Universum kann nicht anders, als dieser Einladung zu folgen. In der Meditation geht das am besten.

Warum? Na, weil Buddy euch nach ihrem Bild geschaffen hat! Sie würde sich selbst niemals als Habenichts und armselige Bettlerin in die Welt schicken. Ihr seid ihre Töchter und Söhne, ihr seid Buddy. Keine Kreaturen, die in Kirchen herumwinseln wie kleine Kinder, weil sie etwas nicht bekommen können.

Mann, Fred, erzähl das mal meinem alten Religionslehrer! O. K., zusammengefasst: Wenn es also jemandem gelingt, den Kontakt zwischen Buddy und sich selbst, also zwischen Buddy und einer Seele zu unterbrechen, dann warst du am Werk? Wenn also ein Priester so tut, als ob der Kontakt zu Buddy *ausschließlich* über ihn oder über bestimmte Rituale und Dogmengehorsam möglich sei, dann spielt er dir in die Hände? Weil er ja, genau betrachtet, die direkte Verbindung unterbricht.

Korrekt. Und zwar immer dann, wenn er so tut, als ob es *ohne seine Vermittlung* keinen Weg zu Buddy gibt. Für dieses Versteckspiel bin ich von unserem besten Freund ausgeschickt worden, denn es macht nur Spaß, wenn man nicht gleich gefunden wird. Aber ganz ohne Gefundenwerden ist es auch nicht lustig.

Erinnerst du dich an deine Kindheit: Nichts Langweiligeres, als beim Verstecken sofort gefunden oder gar nicht gefunden zu werden, oder? Viele wahre Priester und wahre Gottesmänner und -frauen leisten eine Arbeit, die meine Absichten untergräbt und die tatsächlich der Seele den Weg zurück erleichtert, aber die kannst du mit der Lupe suchen. Du erkennst sie unter anderem daran, dass sie dir niemals ihren Glauben aufzwingen würden. Bei solchen Menschen dürft ihr euch wohl und bedingungslos angenommen fühlen, gleichgültig ob Schwarz oder

Weiß, Gelb oder Homosexuell, LGBT oder Angehöriger aller Farben des Regenbogens.

Dem großen Rest ist nichts mehr zuwider als die körperliche, geistige und seelische Unabhängigkeit ihrer Schäfchen. Symbolisch für diese Wahrheit ist die Tatsache, dass zu allen Zeiten die Priesterschaft immer den jeweils Mächtigen und Tyrannen zugearbeitet und sogar deren Verbrechen im wahrsten Sinne des Wortes abgesegnet hat. Mussolini, Hitler, Franco, Cortez usw. – die meisten katholischen Priester waren deren willfährige Helfer oder schauten einfach zu.

DEVIL-HACK!

Achte stets auf deine Gedanken,
sie werden zu Worten.
Achte auf deine Worte,
sie werden zu Handlungen.
Achte auf deine Handlungen,
sie werden zu Gewohnheiten.
Achte auf deine Gewohnheiten,
sie werden zu Charaktereigenschaften.
Achte auf deinen Charakter,
er wird dein Schicksal.

Mach dir die Mühe, heute einmal deren Predigten zu hören, wenn darin das Wort »Liebe« vorkommt – was selten genug der Fall ist. Und achte dann genau darauf, in welchen Zusammenhängen. Deren »Liebe« ist immer ein Handel, weil mit Bedingungen verbunden. Brav sein, dann kommst du in den Himmel.

Buddy stellt aber keine Bedingungen.

Verlorene Söhne oder Töchter können immer zurückkehren. Warum auch nicht? Sie *sind* Buddy. Du bist Buddy. Nebenbei bemerkt: Nicht nur in diesem Licht ist es ein großes Verbrechen, Homosexualität, Transsexualität und dergleichen »Anderssein« vom Miteinander der »Normalen« auszuschließen und ihnen mit Intoleranz, Lieblosigkeit und Hass zu begegnen.

Ganz deiner Meinung. Könnten diese Religionsverbrecher auch nur ahnen, welchen Schaden sie an Geist und Seele der Betroffenen anrichten, sie würden für den Rest ihres Lebens keinen Schlaf mehr finden.

Ja, das sind Momente, wo ich mich meines Erfolgs schäme. Einer meiner erfolgreichsten Tricks war es, der katholischen Kirche die Ehelosigkeit schmackhaft zu machen und Frauen vom Priesteramt auszuschließen. Warum die Religionshändler die idiotische Vorstellung, dass damit der Zugang zu Buddy erleichtert wird, widerstandslos übernommen haben, ist mir bis heute schleierhaft. Das Gegenteil ist der Fall. Ein kompletter Mensch kann anderen helfen, selbst vollständig zu werden. Ein verheirateter Mann kann ein guter Eheberater werden. Ein ehemaliger Dieb kann ein guter Polizist werden. Es ist mir manchmal ein Rätsel, wie leicht ihr euch völlig verdrehte Interpretationen von Bibel, Koran, Thora aufzwingen lasst. Ihr lasst euch zur Unterwürfigkeit dressieren! Sogar Paulus ist der Meinung, dass »Bischöfe verheiratet und gute Familienväter sein sollen«.

Was? Tatsächlich? Wo steht das in der Bibel?

Check it out: 1. Brief an Timotheus 3,1 bis 3,4

Das werde ich sicher tun!

Gut, und lasst euch Zeit beim Nachdenken über diese Zusammenhänge.

Anderes Thema, darf ich dich jetzt mit einem weiteren meiner Werkzeuge vertraut machen?

Will ich es wissen?

Sicher doch! Es war das Hochloben und Fördern von *Patriotismus*. Grundsätzlich ist es ja eine gute Sache, für die eigene Familie, die eigene Gemeinde, für Stadt und Land einzutreten, sie wertzuschätzen und zu verteidigen. Aber mir war es gelungen, noch ein weiteres Element einzuführen, und das machte die Sache so schmackhaft für mich. Fällt dir ein, was das sein könnte?

Na, ich denke, das eigene Land vor andere zu stellen und zu schützen sollte doch halbwegs natürlich und normal sein.

Ja schon, aber das ist die entscheidende Frage: Willst du dein Land und seine Menschen *tatsächlich* schützen oder willst du nur nach außen und vor dir selbst *den Anschein* geben, als ob du sie schützt?

Angenommen, dein Land sieht sich einem säbelrasselnden Nachbarland gegenüber, angeführt von machtgierigen, alten Kindsköpfen, die hauptsächlich deshalb mit Krieg drohen, weil sie nicht selbst das Gewehr in die Hand nehmen müssen. Was bedeutet »Patriotismus« in diesem Fall? Krieg führen auf Kosten vieler Tausender deiner Brüder und Schwestern? Oder bedeutet es, auf das andere Land zuzugehen, ihm zu helfen, sich selbst zu helfen, mit großzügiger Unterstützung auf allen Gebieten, bis hin zu heimlicher Bestechung der korrupten Führer dort?

Ich denke, es kommt darauf an, was die Motive des Säbelrasselns sind. Will der Nachbarstaat von eigenen Problemen ablenken? Will er aus Machtgier seine Grenzen erweitern? Will er alte Rechnungen begleichen und handelt deshalb aus verletztem Stolz?

Was also ist Patriotismus? *Tatsächlich* das Beste für dein Land tun oder nur *scheinbar* das Beste? Das scheinbar Beste, genährt vom falschen Stolz einiger Trottel in den Regierungen, die den Fingerhut voll Macht missbrauchen, den sie von Buddy bekommen haben? Oder *wirklich* das Beste tun, zum Wohle aller. Wer ist patriotischer, der Kriegsdienstleister oder der Kriegsdienstverweigerer?

Ihr müsst gute Antworten auf diese Fragen finden, um gegen mein Patriotismus-Gift immun zu werden. Mir ist es jedenfalls fast immer leichtgefallen, Patrioten davon zu überzeugen, dass ihr falscher Stolz, ihre Eitelkeit bessere Ratgeber für ihr Handeln sind als Vernunft, Miteinander und Menschenliebe. Die Gandhis dieser Welt sind die Ausnahme. Weißt du, was hier meine schärfste Waffe war, die perfekte Grundlage?

Raus damit!

Euch die Überzeugung einzupflanzen, es gäbe von vornherein so etwas wie »bessere« und »schlechtere« Menschen! Eure Systeme zur Beurteilung von Menschen nach gut und schlecht, nach Geldbeutel, Intelligenz, Hautfarbe, Modegeschmack, Körperform, Geschlecht, Religion, sexueller Orientierung, Musikvorlieben etc. – diese Vorurteilsmaschinen sind so erfolgreich, dass ihr die wichtigste Botschaft eurer wahren Freunde heute fast völlig vergessen habt. Jesus, Mohammed, Buddha, Krishna, Meister Eckhart und noch viele andere haben euch immer daran erinnert, dass ihr ausnahmslos Brüder und Schwestern seid, ausnahmslos Söhne und Töchter Buddys. Und dass in der Verschiedenheit die Kraft liegt, nicht in der Gleichheit. Monotone, langweilige Gleichheit hat nichts mit zwingend notwendiger Gleichberechtigung zu tun. Nur deshalb sehen vier Augen mehr als zwei!

Mit jedem Krieg führt ihr Krieg innerhalb der Familie! Jeder Terrorist killt seinen Bruder, seine Schwester und sich selbst. Ihr habt vergessen, wie künstlich und selbst gemacht das scheinbar Trennende ist zwischen Mann und Frau, zwischen den Hautfarben, zwischen Land- und Stadtbevölkerung, zwischen Nord und Süd, Ost und West. Es gibt keine Überlegenheit einer Gruppierung von Menschen.

DEVIL-HACK!

Ich suchte dich von Anfang an,
und konnte dich nicht finden.
Ich rief laut nach dir vom Kirchturm,
vom Minarett.
Die Tempelglocke läutete ich
beim Auf- und Untergang der Sonne.
Vergebens badete ich im Ganges,
enttäuscht kam ich von der Kaaba zurück.
Ich suchte dich in den Zeilen
von Bibel und Thora,
von Koran und Tao Teh King,
in allen Zeilen der Welt.
Ich bereiste den Erdenkreis,
flog zu den Himmeln, mein Geliebter.
Erst als ich in mein Herz schaute,
fand ich dich.
(Al Ghasali)

Hör gut zu, das ist wichtig! Was glaubst du? Wenn das Baby einer strenggläubigen jüdischen Familie im Krankenhaus vertauscht wird mit dem einer fanatisch moslemischen Familie, als was wird es heranwachsen?

Darüber habe ich noch nicht nachgedacht. Aber ich denke, als braver Moslem?

Richtig. Wie gesagt, eine Verankerung einer Religion in den Genen, »im Blut« ist pure Einbildung. Dieses Dogma hat ebenso wenig Substanz wie die Vorstellung, dass man politische Überzeugungen, »adlige Herkunft« oder ein »Rassenbewusstsein« im Blut hat. Ihr allein tragt dafür die Verantwortung! Solchen Unsinn zu glauben ist eure persönliche Entscheidung!

Oder glaubst du wirklich, das Baby einer Königin würde, wenn es bei einer Bauernfamilie aufwächst, automatisch zu einem kleinen Prinzen heranwachsen? Was die geistig-seelische Entwicklung eines Menschen betrifft, ist so gut wie nichts in den Genen verankert. Der Anspruch eurer blaublütigen »Adligen«, per Geburt werde ein besonderes geistig-seelisches Privileg übertragen, das ihn zu einem »höherwertigen« Menschen macht im Vergleich zu seinen Untertanen, diese Schnapsidee hat eure Geschichtsbücher seit Anfang der Zeiten blutrot gefärbt. Die Wahrheit ist: Mit einem gedanklichen Federstrich kann sich ein Christ in einen Hindu verwandeln und umgekehrt. Glauben ist ersetzbar, Wissen und Erfahrung nicht.

Nicht nur mit Religion, sondern auch mit den künstlichen Gedankengebilden »Nationalismus« und »Patriotismus« wird eine naturgegebene, *tatsächlich* angeborene und zutiefst menschliche Sehnsucht missbraucht, nämlich die Sehnsucht nach Vertrauen, echtem Miteinander, bedingungslosem Akzeptiertwerden, nach Wir-Gefühl. Einer für alle, alle für einen! Junge, was

hat mich der Roman »Die drei Musketiere« Kraft gekostet, den positiven Effekt auf die LeserInnen zu neutralisieren!

Ich erinnere mich an die Gänsehaut, wenn ich als Kind eine der Verfilmungen anschauen durfte. Vielleicht eine kleine Info für die LeserInnen: Der Autor Alexandre Dumas war von schwarzer Hautfarbe.

Das ist gut, das wird viele deiner LeserInnen leicht erstaunen! Ja, statt das echte Gemeinschaftsgefühl zu leben, verwandelt ihr es in die Basis von allem Gegeneinander in der Welt. »Wir hier und die da draußen vor der Tür, jenseits des Gartenzauns, der Mauer, im anderen Stadtviertel, im anderen Verein, im anderen Land.« Wir Weißen und dort alle anderen Hautfarben. Wir Schwarzen und dort die bösen Roten. Wir Guten und alle anderen, die Schlechten. Wir Gerechten und Übermenschen und alle anderen, die Wilden. Wir Landbewohner und die naturfernen Stadtmenschen. Wir cleveren Stadtmenschen und die dummen Bauern. Da ist es tatsächlich nur ein kleiner Schritt vom lebenswerten Leben der »Richtigen« zum lebensunwerten Leben der »Unpassenden«, das man ausrotten darf.

Die Engländer haben dafür ein Sprichwort: »Give a dog a bad name and then hang it.«

Genau, »Verpass dem Hund einen schlechten Ruf, dann kannst du ihn niedermachen«, oder so ähnlich. Aber bedenke, dass das Sprichwort auch andersherum funktioniert. »Give a merciless tyrant a good name and make him worthy of worship« – »Verleihe dem gnadenlosen Tyrannen einen guten Namen und errichte ihm zu Ehren ein Standbild«. Euch gelingt es sogar, die kalte Unmenschlichkeit einer Tyrannei vor euch selbst zu verstecken oder zu rechtfertigen, wenn sie nur ein spezielles Etikett trägt: »Kommunismus«, »Gottesstaat«, »Tausendjähriges Reich«, »Befreiungsarmee« und so fort.

Verliert niemals aus den Augen: Absolut jeder Neo-Nazi auf der Welt hat jüdische Vorfahren. Jeder Rassist, jede Rassistin hat afrikanische, indische, ostasiatische Vorfahren, genauso wie jeder andere Mensch auch. »Rassenreinheit« ist ein reines Fantasiegebilde, um sich selbst auf ein Podest zu heben. Es gibt keine Rassenreinheit. Ihr alle seid echte, unverfälschte Mischlinge und Bastarde, bereichert um die Gene aller Hautfarben. Ihr müsst es lernen: In der Verschiedenheit liegt die Kraft! Wer Familie, Religion, Hautfarbe, Geschlecht, Vorlieben, Philosophie oder politische Überzeugung dafür einsetzt, andere Menschen abzuwerten und eine bestimmte Gruppierung wertvoller zu erachten als eine andere, der beleidigt Buddy und verrät sich selbst.

Da müssen wir aber als Weltbevölkerung noch viel lernen.

Stimmt, aber es ist machbar.

Vielleicht ist das Aufwachen für den versteckten, alltäglichen Rassismus in vielen Teilen der Welt ein Anfang. Stichwort #BlackLivesMatter.

Ihr müsst die Sache langfristig anpacken. Im Kleinen beginnt das Teilen und Trennen zu Hause, wenn du ein Kind bevorzugst, weil es »braver« ist. Es setzt sich im Schulhof fort, wo Bullys insgeheim bewundert werden, statt Grenzen zu erfahren, und es endet bei der Sehnsucht nach dem starken Mann in der Politik, der das Gefühl eigener Schwäche und Angst zu betäuben verspricht. Überall dort, wo Konkurrenzdenken, Sexismus, Diskriminierung, Rassismus herrschen, da stand ich daneben und rieb mir die Hände, weil ihr meine Arbeit getan habt. Der Devil-Hack? *Zuhören lernen, verstehen lernen und dann erkennen, dass ihr alle Brüder und Schwestern seid.*

DEVIL-HACK!

Warum ihr den Menschen, die euch Böses getan haben, vergeben sollt? Weil ihr in dem Augenblick, in dem ihr ärgerlich zurückschlagt, eure eigene göttliche Natur verleugnet – ihr seid dann nicht besser als derjenige, der euch angegriffen hat. Offenbart ihr aber eure geistige Kraft, empfangt ihr großen Segen; außerdem hilft die Kraft eures richtigen Betragens, das bestehende Missverständnis zu beheben, und ihr bringt Licht in die Welt.
(Yogananda)

Du warst also genau genommen der »dunkle Glückskiller«, wenn ich das richtig sehe. Aber Glück, dem rennen doch alle nach? Da muss es doch viele geben, die es schaffen, dir zu entkommen?

Das schon. Aber der Rennende merkt fast nie, dass das Glück ständig *hinter ihm* herläuft. Meine Arbeit bestand in einem solchen Fall darin, zu verhindern, dass ihr stehen bleibt und euch umdreht. Das gelang mir am erfolgreichsten, indem ich ständig mit Ersatzbefriedigungen vor eurer Nase wedelte oder Ängste schürte, die euch auf Trab hielten. Zuckerbrot und Peitsche eben. Ich musste verhindern, dass ihr euch an eure wahre Herkunft, an eure wahre Aufgabe, an euer wahres Glück erinnert. Das war nicht schwer. Fast jeder von euch gibt sich sehr schnell mit den Bröseln auf dem kalten Boden im Keller des Hauses der Wahrheit zufrieden. Stell dir vor, es ist mir sogar gelungen, die uralte Kunst des Yoga in einen Sport zu verwandeln, der eigene Zeitungen herausgibt und immer mehr zum Opfer des Konkurrenzdenkens wird. Dabei wäre es ein so feines Zugangstor zu Buddy.

Ja, für den Esel ist die Distel eine köstliche Frucht. Dieses Sprichwort habe ich kürzlich gelesen.

Das beschreibt es genau.

Wenn ich das sagen darf, es war nicht sehr nett von dir, uns so an der Nase herumzuführen!

Langsam, mein Lieber! Wir kommen zu einem sehr wichtigen Punkt. Der Schein trügt nämlich. Eine erfolgreiche Verführung durch mich geschieht nur selten ohne geheimes Einverständnis des Verführten. Ein falscher Guru hat eine Ware anzubieten, die keine Marktchance hätte, wenn der Schüler nicht scharf drauf wäre. Genau dort ist die Verbindung, die Verwandtschaft zwischen Verführer und Verführtem. Ich muss da kaum aktiv eingreifen, ein kleiner Anstoß genügt. Man tauscht Waren aus. Meistens sieht der Deal so aus: ein Pfund Aufmerksamkeit, Anerkennung und Applaus gegen drei Kilo Abhängigkeit und geistige Versklavung. Kaum etwas schwächt das Rebellische in einem Sklaven besser als die Plakette »Sklave des Monats«. Oder der Verführer wirft großzügig mit Tickets zu emotionalen Achterbahnen von Spannung und Entspannung um sich. Sie sind bei den Tätern besonders beliebt, weil die Opfer sie gern mit authentischem Lernfortschritt verwechseln. Langfristig ist das immer ein schlechtes Geschäft fürs Opfer, geschieht aber fast immer mit stillem Einverständnis aller Beteiligten.

DEVIL-HACK!

Von den Geschwätzigen habe ich
das Schweigen gelernt.
Von Unfreundlichen die Freundlichkeit.
Ich sollte diesen Lehrern
nicht undankbar sein!
(Kahlil Gibran)

Was Glück, Liebe und speziell körperliche Liebe betrifft, hast du tatsächlich ganze Arbeit geleistet, das kann sogar ich erkennen. Ich kann fast nirgends mehr im Alltag das Echte entdecken; das Wort »Liebe« wird völlig inflationär, austauschbar und beliebig verwendet. »Ich liebe dich« und »Ich liebe Hamburger«. Man hat das Gefühl, dir gehören viele Film- und Fernsehstationen …

Du liegst richtig: Liebe, Sex, körperliche und seelische Anziehungskraft, dieser Teil des Lebens gehörte für mich zu den großen Herausforderungen, denn in ihnen verbergen sich mehrere Wege, sich mir zu entziehen und wach zu werden für eure Wirklichkeit und wahre Bestimmung.

Dann wäre es also ein feiner Devil-Hack, der Liebe im eigenen Leben mehr Raum zu geben, dem Miteinander und der Achtsamkeit.

Der Feinste! Was ist Liebe? Sie ist wie ein Leuchtfeuer in dunkler Nacht, das auf den rechten Weg zur Selbstverwirklichung zurückführt. Sie ermöglicht, dass der Funke Buddys in euch direkt zu Buddy zurückführt und das Versteckspiel beendet.

Dieses klare Gefühl des Wertes von Liebe und die Sehnsucht danach kennt ihr fast alle, denn nicht umsonst spielt sie in all ihren Schattierungen eine so große Rolle in eurer Musik, in den Medien usw. Was musste ich nicht alles in die Welt setzen, um diese Energie umzuleiten, ihr die Kraft zu nehmen und sie dunkel zu färben. Angefangen von der Porno-Industrie bis zu Viagra und dem Rivalitätsdenken – du weißt schon: Wer hat den Längsten, wer kann öfter, wie viele Frauen/Männer hast du schon gehabt, ich liebe dich nur, wenn du …, die Affenliebe zu Haustieren als Ersatzdroge, die »Liebe« zu bestimmten Gerichten auf dem Teller, zu Zeitvertreib und Hobby, zu Sport und so weiter und so fort. Das Schaffen von Ersatzdrogen gehörte zu meinen Hauptbeschäftigungen. Heute bezeichnet ihr viele Formen von verstecktem Egoismus als »Liebe«.

Zufällig las ich heute von einem Beispiel, dass es auch anders geht. Ein Bauer, der mit seinen Feldfrüchten auf Landwirtschaftsmessen regelmäßig Preise gewonnen hatte, hat seine besten Samen immer mit allen Bauern der Nachbarschaft geteilt. Als man ihn nach dem Grund fragte, sagte er: »Aus Egoismus. Wenn meine Nachbarn Minderwertiges züchten, vermindert Kreuzbestäubung auch die Qualität meiner Pflanzen. Darum liegt mir daran, dass sie nur das Allerbeste anpflanzen.« Das hat mich schwer beeindruckt, weil es als Parabel für so viel mehr dienen könnte.

Der Mann ist tatsächlich nicht gerade mein bestes Pferd im Stall, aber sagte er nicht selbst: »aus Egoismus«…

Du meine Güte, mit diesem strengen Maßstab lässt sich jedes Handeln eines Menschen als egoistisch bezeichnen, oder?

Nein, was ihr Egoismus nennt, ist fast immer eine spezielle Form der Selbstschädigung. Egoismus treibt immer in die Isolation, und das ist das Gegenteil dessen, wofür ihr gedacht seid und was wirklich glücklich macht. Selbstliebe und Egoismus, das ist so verschieden wie Solar-Energie und Atom-Energie. Das eine heilt, das andere zerstört.

Also noch ein Thema, über das ich nachdenken muss. Aber bleiben wir vielleicht erst mal beim Thema Sex…

Aber gern! Freut mich, dass du den Mut dazu hast, denn zu meinen teuflischsten Schachzügen gehörte die intensive Züchtung des Tabus, über Sex und all seine Spielarten und Schattierungen offen und ehrlich zu sprechen. Geschweige denn über die Probleme, die man damit hat.

Was *ist* denn die körperliche Vereinigung, genau betrachtet? Zwei Menschen spielen die Musikinstrumente ihrer Körper und Geschlechtsorgane so fröhlich und in Harmonie, dass etwas Neues, Lebendiges entsteht. Neue, nie gehörte Klänge, fast jedes Mal eine neue Musik, die die Umgebung weithin zum Schwingen bringt. Zum Tanzen. Vom einfachen inspirierenden Akkord bis hin zur kleinen Symphonie. Wie gute Musik, wie harmonisches Tanzen, entspringt hier eine Quelle der Freude, der Lust, des Optimismus, der Inspiration zu großen Taten. Sie ist wahrhaft gute Medizin, sie beugt vor, heilt, kräftigt, macht unverwundbar, wirkt als ideales Antidepressivum. Sex bringt Farbe, wo Grau vorherrscht, bringt Wahrheit ans Licht. Bringt Klarheit, wo Nebel ziehen. Und das ohne einen Pfennig Kosten, außer vielleicht für Kondome. Hast du auch nur eine leise Vorstellung davon, wie schwer es für mich war, Sex herunterzuziehen in den Sumpf des Vergessens all dessen, was echte Freude, echtes Glück bedeutet? Aber ich hab's geschafft!

Kein Zweifel, wenn man die Cover der Magazine in den Zeitschriftenläden anschaut. Deine Methoden haben es wirklich in sich.

Ja, Vergleich und Konkurrenzdenken, die Unfähigkeit, sich auf den Augenblick immer wieder neu einzulassen, die Sinne betäubende Ernährung, Pornografie. Und vor allem die lebensfeindlichen Handlanger toter Religionsvorstellungen. Nicht zu vergessen eure Sexperten, die so einen Schwachsinn wie »Sex lässt im Alter normalerweise nach« von sich geben. Das ist, wie wenn du jemandem Krücken an die Beine bindest und dann feststellst, dass er langsamer läuft als vorher. Mit der Folge, dass sich viele von euch entweder vor Sex fürchten oder manchmal ein Eis mit drei Kugeln dem fröhlichen Tanz im Bett vorziehen, weil kaum ein Unterschied im Gefühlserleben besteht.

Und davon sprachen wir auch schon: Meine erfolgreichsten Helfer waren die Religionen, die zweierlei aus Sex gemacht haben: etwas Schmutziges, Sündiges und einen Akt der Unterwerfung der Frau durch den Mann. Großartig! Über viele Jahrtausende habt ihr dadurch übersehen, welch wunderbares Instrument zur Befreiung, zum Unabhängigwerden, welch wunderbares Heilmittel für die meisten Krankheiten Sex und Liebe sein können.

Am wichtigsten: Ihr habt völlig aus den Augen verloren, dass im Bereich sexueller Aktivität absolut alles erlaubt, normal und gesund ist – wenn alle Beteiligten volljährig und von Herzen, ohne Reserve und Hintergedanken mit dem Geschehen einverstanden sind. Völlig gleichgültig, ob verheiratet oder nicht.

Mit eurer verqueren Einstellung habt ihr körperliche Liebe in Machtinstrument, Handelsware und Werkzeug zur »Selbstbestätigung« verwandelt. Genial. Das ist, als ob jemand krank ist, seinen heilenden Kräutertee wegschüttet und stattdessen das Teeglas verspeist. Habe ich schon erwähnt: In manchen Dingen seid ihr besser als ich!

DEVIL-HACK!

Bei den meisten Menschen sind die Denkgewohnheiten fest verwurzelt; daher fällt es ihnen schwer, sich zu ändern. Wer seinen Geist jedoch flexibel macht, indem er Selbstdisziplin übt, kann sich leicht ändern. Der Geist muss wie Knetmasse sein. Weisheit hält den Geist plastisch. Das ist Freiheit. Ich wünschte, die ganze Menschheit könnte diese Freiheit von Gewohnheiten erfahren. Wenn ihr euch einmal von der Sklaverei der Gewohnheiten freigemacht habt, werdet ihr wissen, dass es kein größeres Glück gibt, als ein freies Kind Buddys zu sein und entsprechend zu handeln.

(Yogananda)

Ich erinnere mich nur zu gut an die Angstgefühle, die meine ersten Erfahrungen auf diesem Gebiet begleitet haben. Vor allem auch an die unglaubliche Primitivität der Gespräche darüber unter Gleichaltrigen. Zärtlichkeit war da gleichbedeutend mit Schwäche. Ich fand's total abstoßend, wusste aber nicht, wie damit umgehen. Auf jeden Fall war es ein großer Fortschritt in der Geschichte, als man Kirche und Staat zu trennen begann …

Richtig, diese Trennung habt ihr zwar vielfach eingeführt, aber in erster Linie aufgrund der Machtgier weltlicher Tyrannen, sich in ihrem Treiben nicht mehr von den Kirchentyrannen stören zu lassen. Und schau genau hin: Trotz der scheinbaren Trennung von Religion und Politik reflektieren viele eurer weltlichen Gesetze die zerstörerische Kraft der Religionen, speziell wenn es um das Regulieren von Liebe, Ehe und Sex geht, aber auch beim Thema »Gehorsam gegenüber Obrigkeit«. Heutzutage kann sich kaum noch ein älterer Herr allein in die Nähe eines Spielplatzes setzen und sich am Anblick der unbändigen Lebenskraft der Kinder erfreuen, ohne dass er sich dem Verdacht aussetzt, ein Kinderschänder zu sein. Und dann ist da noch die Ehe. Manche werden ja tatsächlich im »Himmel« geschlossen, beziehungsweise in der eigentlichen Heimat. Aber zu diesem Wissen haben eure Religionshändler keinen Zugang, sonst hätten sie nicht so viele Ehen geschlossen, die eher *meinen* Segen gefunden haben!

Auch was Scheidungen betrifft, habt ihr den Religionisten das Heft in die Hand gegeben. Denn zu keiner Sekunde würde Buddy auf die Idee kommen, sich einer Trennung von Eheleuten in den Weg zu stellen, wenn das Zusammenleben von gegenseitiger Ausbeutung, Lieblosigkeit, Gedankenlosigkeit etc. geprägt ist. Besser gestern als morgen, würde Buddy sagen! Und warum Buddy die »Trennung« gutheißen würde? Weil man nicht scheiden kann, was vorher gar nicht in wahrer Liebe verbunden war oder zusammengehörte. Die äußerliche Trennung ist dann nur ein Sichtbarwerden der *inneren Wirklichkeit* dieser Beziehung. Ihr sucht fast überall in euren Gesetzgebungen noch nach dem »Schuldigen«, um etwas auflösen zu dürfen, was gar nicht existiert. Das könnte mir tatsächlich nicht besser einfallen!

Viele finden es vernünftiger, wegen der Kinder zusammenzubleiben. Obwohl Kinder ja nicht dumm sind und ohnehin alles spüren. Manche würden sogar aufatmen, wenn die offenen oder versteckten Konflikte ein Ende nähmen.

Da hast du recht! Eltern können keine einzige noch so versteckte Gefühlsregung vor ihren Kindern verbergen, je jünger die Kinder sind, desto weniger! Kinder fühlen und durchschauen jede Lüge und gerade, was die Harmonie zwischen den Eltern betrifft, sind sie besonders klarsichtig.

»Zusammenbleiben wegen der Kinder« ist ein wirksames Rezept für einen traurigen, stressbeladenen Alltag in der Familie. *Alle* eure Gedanken färben das Miteinander – in Richtung trauriges Einheitsgrau oder in Richtung bunter, fröhlicher Regenbogen. Das gilt überall, nicht nur in der Familie, sondern auch am Arbeitsplatz.

Die Sache mit den Scheidungskindern muss ich mir tatsächlich genauer anschauen.

Gut, und dann schau *genau* hin: Echte Scheidungskinder, darunter versteht ihr ja oft Kinder mit großen seelischen Problemen, oder? Sie entwickeln sich meist erst *nach* der Scheidung, wenn die Eltern einen Rosenkrieg vom Zaun brechen oder wenn einer von beiden oder beide unbedingt beweisen wollen, dass sie nicht schuld waren an der Trennung.

Das deckt sich allerdings mit meinen Beobachtungen. Kinder haben mit einer Scheidung immer Probleme, aber sie sind bei Weitem nicht so groß, wenn man hinterher in neutraler Verbindung bleibt, und vor allem, wenn man ihnen das Gefühl nimmt, eventuell schuld an der Trennung gewesen zu sein. Also, wie ist es dir gelungen, die Naturkraft Sex in solch unterweltliche Bahnen zu lenken?

Ich sagte ja schon, das habt ihr auch ohne meine Hilfe ganz gut hinbekommen. Zu euren erfolgreichsten Methoden, Liebe und Sex in die Sümpfe des »Schmutzigen« zu ziehen, gehörte es, die Worte und Taten der Botschafter Buddys zu verdrehen, absichtlich falsch zu übersetzen beziehungsweise zu unterdrücken. Ihr habt zum Beispiel eingeführt, dass man Menschen »unschuldig« nennt, bevor sie zum ersten Mal die körperliche Liebe kennenlernen. Diese Denkweise ist genial: Mit dem ersten Mal verlieren sie ihre »Unschuld«. Ja, und was sind sie danach? »Schuldig« etwa? Wessen schuldig? Dass sie noch lebendiger und lebensfroher geworden sind?

Wahre Religion bedeutet ja an erster Stelle bedingungslose Liebe, an zweiter Stelle Liebe, an dritter Stelle Liebe. Sie macht nicht Halt vor einem fröhlichen, erfüllten Sexleben ohne Vorschriften, Regeln, Tabus etc. Umgekehrt würde ein Schuh draus. Körperliche Liebe, so wie Buddy sie euch geschenkt hat, ist ein Ausdruck wahrer Religiosität! Meine Stellvertreter in den kleinen, großen und ganz großen Sekten haben ganze Arbeit geleistet. Allen Naturvölkern, die euch in diesem Bereich Lichtjahre voraus waren, habt ihr erfolgreich das Etikett »Wilde« und »Heiden« angehängt und sie damit als »bekämpfungswürdig«

abgestempelt. Du ahnst sicher, wer hier die wahren Primitiven sind, oder?

Ich brauche jetzt eine kleine Pause …

Alles klar, sei dir gegönnt, du machst deine Sache gut. Nimm dir noch einen Espresso …

Während der Espresso meinen Gaumen schockiert, herrschen in meinem Kopf seltsame Zustände. In einer Sekunde drängen sich zehntausend Fragen gleichzeitig in Richtung Zunge, in der nächsten herrscht völlige Leere. Egal wie der Abend noch verlaufen wird, vergessen werde ich ihn wohl nicht.

Können wir wieder? Dir liegt eine Frage auf der Zunge?

Mein Aufnahmegerät ist glücklicherweise geduldig und die Batterie voll. Was Sex betrifft, versuchen viele Religionen, uns einzutrichtern, dass Verhütung Sünde sei und man nur Sex haben dürfte, um Kinder zu zeugen, weil Buddy uns so geschaffen hat.

DEVIL-HACK!

Freiheit wird nicht mit dem Streben
nach Freiheit,
sondern mit dem Streben
nach Wahrheit erlangt.
Freiheit ist kein Ziel,
sondern eine Folge.
Wenn du dich unfrei fühlst,
so suche die Ursache in dir.
(Leo Tolstoi)

Geniales Argument, gell? Stammte direkt von mir, weil ich auch diesen Kanal zu Buddy verstopfen wollte. Nur wenige eurer Weisen haben euch als Medizin gegen mich daran erinnert, dass freier Wille und Intelligenz ebenfalls von Buddy stammen. Genau jene Intelligenz, die euch dabei hilft, auf natürliche Weise zu verhüten. Wo also ist das Problem? Aber diese verqueren Überzeugungen zum Thema »Sex nur bei Kinderwunsch« konnte ich gut gebrauchen, denn es geht nichts über ein Quantum Armut und Überbevölkerung, um von Buddy abzulenken und für Radikalisierung verführbar zu machen.

Ojeoje, wieder ein Thema, bei dem die herrschenden Vorstellungen so tief verwurzelt sind, dass schon das Infragestellen gefährlich ist. Wie könnte deiner Meinung nach hier ein erfolgreicher Devil-Hack für den Einzelnen ausschen?

Hm, ungefähr so: *Sich niemals mit anderen Menschen und deren sexu-ellen Gewohnheiten vergleichen, geschweige denn mit deren körperlichen Maßen und Eigenschaften. Niemals Einmischungen aus welcher Richtung auch immer zulassen! Und sofort die Beine in die Hand nehmen, wenn Partner oder Partnerin in irgendeiner Weise erkennen lassen, dass du »im Vergleich zur Normalität oder zu früheren Partnern etc.« nicht »gut ge-nug« seist. Erst recht, wenn man sich über dich lustig macht. Die Frage »Liebling, wie war ich?« hat in der Liebe, wie Buddy sie für uns gedacht hat, nichts verloren. Und mach niemals deine Art, Sexualität zu leben, öffentlich. Schütze dein Doppelleben.*

Könnten befreiend wirken, diese Worte.

Wenn zwei von euch, gleich welchen Geschlechts, den Augen-blick erreicht haben, wo eine körperliche Vereinigung dem Mit-einander noch mehr Licht schenken würde, sollten nur zwei Fragen im Raum stehen:

Darf unsere Vereinigung gleichzeitig eine Einladung bedeu-ten, einer Seele den Weg auf die Erde frei zu machen und sie ein paar Jahre lang als Eltern zu begleiten? Wenn nein, hat euch Buddy genügend Intelligenz gegeben, um diese Einladung nicht auszusprechen. Ihr nennt das »Verhütung«.

Und zweitens: Ist das, was geschieht, komplett, total, von ganzem Herzen und ohne Reserve Ausdruck eines echten Mit-einanders? Ihr nennt das auch »einvernehmlich«. Wenn ja, dann gibt es nichts und niemanden, der ein Recht hätte, sich da einzu-mischen – nicht mit Kommentar, Vergleich, Direktive, Verbot, Missbilligung, Abneigung, was auch immer.

Ganz entscheidend ist dieses: Nachdem ich so erfolgreich war und körperliche Liebe fast in der ganzen Welt in einen schwarzen Nebel der Intoleranz, Angst und Perversion einge-hüllt habe, ist es wie gesagt absolut notwendig, ein erfolgreiches

Doppelleben zu führen, wenn du für das Licht der Wahrheit empfänglich geworden bist. Das bedeutet, dass dein Erwachen für das Echte, Schöne und Natürliche nach außen nicht deutlich sichtbar werden darf, sondern immer nur im Verhältnis zum Verständnisvermögen deiner Umgebung. Heule mit den Wölfen, blöke mit den Schafen.

Also nicht »oben ohne« am Strand, wenn alle anderen Bikini tragen …

Das wäre ein augenfälliges Beispiel. Und umgekehrt, möchte ich hinzufügen. Der Bikini am FKK-Strand kann Ärger eintragen. Mein Lieber, echte Veränderungen geschehen immer von innen. Der Devil-Hack zum Thema Sex, das möchte ich übrigens betonen, gilt ausschließlich für diejenigen unter euch, die ihr »volljährig« nennt.

Aber du meine Güte, was ist mit dem körperlichen Durcheinander davor, in der Pubertät, wenn die Hormone Tango tanzen? Ich war schon mit sechs Jahren in der ersten Klasse Volksschule unsterblich verliebt und hatte schon mit zehn Jahren Gedanken und Träume, für die mich jeder Priester zur Hölle verdammt hätte, wenn ich sie gebeichtet hätte. Und ich weiß ganz sicher, dass es fast jedem Jungen und jedem Mädchen so geht. Nur bleiben sie alle allein damit, bis oben hin voll mit dem Chaos der Gefühle und vor allem mit schlechtem Gewissen.

Tut mir leid, ihr Menschen habt ein so verqueres und gestörtes Verhältnis zu Sex, körperlicher Berührung und Zärtlichkeit! Alles, was ich wahrheitsgemäß zu einer gesunden Körperlichkeit *vor* der Volljährigkeit zu sagen hätte, würde dazu führen, dass man dich nach Veröffentlichung dieses Gesprächs ächtet – im besten Fall.

So viel sei gesagt: Der seelische Schaden, den ihr in sexueller Hinsicht aus der Kindheit und Jugend ins Erwachsenenalter mitnehmt, geht fast ausschließlich von euren Moralvorstellungen aus, nicht von dem, was euch Buddy an Gefühlswelten in die Wiege legt. Freude am eigenen Körper und am Körper von Freund oder Freundin verwandelt ihr *in jedem Alter* in etwas »Schlechtes«, »Böses«. Und törichterweise besonders in der Zeit, in der Jungs und Mädchen überhaupt erst auf Entdeckungsreise gehen. *Das* ist ein wahres Verbrechen an der Menschheit, das ich so nicht gewollt habe. Vergleich gefällig? Stell dir vor, du schneidest Kindern die Zunge raus und erwartest dann, dass sie ab dem 18. Geburtstag mehrere Sprachen sprechen.

Das ist ja wohl ein bisschen extrem formuliert.

Keineswegs, mein Lieber. Es ist sogar noch schlimmer, aber das kannst du nicht ermessen, denn auch dir fehlt noch ein Stückchen Zunge. Die gute Nachricht: Der Vergleich hinkt! Diese »Zunge« kann nämlich nachwachsen, wenn ihr es wünscht und zulasst. Ihr habt die Chance, euch von den Moralvorstellungen, die eure Kindheit und Jugend so vergiftet haben, zu befreien. Es ist machbar und es lohnt sich.

Mann, diesen Devil-Hack hätte ich schon viel früher beherzigen sollen. Aber was soll's, solche Enttäuschungen gehören zum Leben, oder? Jedenfalls habe ich das sichere Gefühl, dass er vielen Leserinnen und Lesern so manches Unglück ersparen wird.

Wenn sie sich dafür entscheiden.

Ja, richtig. Ich bin froh, dass du zum Thema Sex vor der Volljährigkeit so wenig sagst. Hier läuft so viel schief, künstlich, verquer, dass ich nicht wüsste, wo anfangen, um die Situation zu heilen. Was ich sicher weiß, ist, dass überall, wo Zärtlichkeit verboten ist, Gewalt auftritt, welcher Art auch immer. Da fällt mir ein, überall dort, wo Sex ein Tabuthema ist, sind Teenager-Schwangerschaften am häufigsten.

Genau; wo Dunkelheit herrscht, rennt man sich öfter den Schädel an. Nur dass ihr hier die Lichtbringer als Verbrecher verfolgt. Vielleicht so viel: Ersetzen wir einmal das Wort »Sex« durch die Worte zärtliche Berührung, Streicheln, Umarmen. Letzteres ist für die körperliche und geistige Entwicklung von Neugeborenen, Babys, Kleinkindern, Teenagern, Erwachsenen und Senioren so lebensnotwendig wie Licht, Luft und Wasser! Wo es fehlt, entstehen Verarmung, Verkrüppelung, Betäubung, Sexsucht, Abstumpfung, Beherrschbarkeit, Verzweiflung, Gewaltbereitschaft, Lethargie, Unberechenbarkeit, mangelndes Selbstvertrauen, Apathie … Sorry, aber *diese* Liste ist tatsächlich endlos.

Betrachte nun in Ruhe, wer Interesse an Aufwachen und fröhlicher Lebendigkeit und Unabhängigkeit hat – und wer an Betäubung und Abhängigkeit. Mit dieser knappen, aber entscheidenden Information lasse ich euch allein, denn ich habe mitgeholfen, die Situation zu schaffen, aber ihr müsst sie jetzt heilen.

Ich werde mir Mühe geben. Ein heikles Thema vielleicht noch: Wie stehst du zum Thema Abtreibung? Fundamentalistische Christen …

… sind ein Missbrauch des Wortes »fundamentalistisch«.

Wie bitte?

Nur ein echter Christ ist ein wahrhaft fundamentalistischer Christ und darf sich so nennen. Gewalt, Ausgrenzung, Rassismus wären niemals eine Option für ihn, sondern nur Liebe. Was ihr »fundamentalistisch« nennt, ist in Wahrheit verblendeter Fanatismus – hat mit echter Religion so viel zu tun wie der Glassplitter einer leeren Flasche Wodka in der Gosse mit dem Diamanten in Königin Elisabeths Krone. Schwacher Vergleich, aber du weißt, was ich meine.

DEVIL-HACK!

Wo bist du?
Du hast viele Worte gesprochen,
die andere dir in den Mund gelegt haben.
Hast du schon deine eigenen Worte gesagt?
Du hast vieles gesehen,
worauf andere dich aufmerksam machten.
Hast du schon mit deinen Augen geschaut?
Du hast vieles gemacht,
was andere so tun.
Hast du schon dein Herz handeln lassen?
Du hast viel gefühlt,
wenn andere sagen, so fühle man.
Hast du schon einmal dich gespürt?
(Kerstin Allert Wybranietz)

O.K., bin ganz deiner Meinung, aber zur Frage der Abtreibung. Mir ist bewusst, dass das auch ein heikles Thema ist. Also anders formuliert: Für Legionen von religiösen Fanatikern ist sie ein rotes Tuch.

Das ist tatsächlich ein heikles Thema, auch für mich, denn es gibt hier keine echte Lösung, außer auf individueller Ebene. Ich mische mich hier nur ganz selten ein, wobei mir der fanatische Kampf gegen die Abtreibung natürlich in die Hände spielt. Fanatismus und Blindheit tun das immer. Eine Information zur Entscheidungsfindung: Die Seele sucht sich vor der Geburt den Körper und die Familie für die nächste Runde selbst aus und wie gesagt auch ihre spezielle Aufgabe. Buddy und ihre Kumpels in der Heimat stehen vor der Geburt nur als wohlwollende Ratgeber für die nächsten Schritte und Aufgaben zur Verfügung…

Du meine Güte, das erinnert mich an eine meiner dunkelsten Stunden als Teenager. Ich war damals in eine tiefe Depression versunken, weil ich die chronischen Spannungen in der Familie nicht mehr aushielt und mich selbstverständlich als Opfer sah und in Selbstmitleid versank. Plötzlich kam mir aus blauem Himmel der Gedanke: »Ich tu einfach so, als ob ich mir diese Eltern und diese Situation selbst ausgesucht hätte.« Es war wie eine Erleuchtung, was dann folgte. Mit dieser Arbeitshypothese ist es mir gelungen, mich selbst aus dem Sumpf zu ziehen. Also habe ich mir meine Eltern *tatsächlich* selbst ausgesucht?

Zweifellos. Jedes Mal, wenn du wieder auf die Erde zurückkommst. Ihr könntet euch einige Probleme sparen, wenn ihr euch endlich bewusst macht, dass es eure Entscheidung ist, ob ihr dieses Mal weiß oder schwarz, gelb oder rot seid. Ja sogar, ob Mann oder Frau. Aber das ist jetzt nicht wichtig. Nimm es einfach mal so hin, diese Information. Denk in Ruhe darüber nach.

Mir ging es ja nicht um eine Empfehlung zum Thema, sondern um deine Sicht der Dinge. Ich denke, viele LeserInnen können mit diesem Hinweis etwas anfangen.

Eine Frage an dieser Stelle zum Thema Kinder: Ich gehe da von mir aus, wenn ich mich mit einem Problem beziehungsweise einer Beobachtung herumschlage. Wir haben es schon angedeutet: Wie kommt es, dass so viele Eltern mit ihren Kindern genau die gleichen Fehler machen wie die, unter denen sie als Kind in der eigenen Familie gelitten haben? Das ist ein weltweites Phänomen, quer durch alle Schichten.

Das spielt alles ineinander und arbeitet mir zu. Von Nero, Caligula, Alexander dem Würstchen, Duterte, Maduro, Mugabe, Castro über Stalin, Mussolini, Kim Yong Un, Orban, Erdogan, Dschingis Khan, Mao, Pol Pot, Pinochet, Franco, Amin, Duvalier, diverse Päpste bis zu Hitler, Putin, Trump, Bolsonaro, Netanjahu, ja, bis zum Blockwart und Mini-Tyrannen bei dir um die Ecke, zu dem Nachbarn, der dich nicht in Frieden leben lässt. Fast alle kalten Tyrannen, ob groß oder klein, sind schwache Menschen, die zu feige waren, die Unterdrückung und Lieblosigkeit ihrer Kinderjahre den Absendern zurückzuschicken und dadurch aufzulösen. Sie sind unbewusst im Dauerrache-Modus und vertrauen, wenn überhaupt, nur anderen Tyrannen. Daher auch die guten Beziehungen innerhalb der Fingerhut-Bande.

»Fingerhut-Bande«? Habe ich dich richtig verstanden?

So nennen wir unter uns die Tyrannen der Welt, beziehungsweise ihre Lehrlinge, Anwärter, Anhänger und Nachahmer. Es ist ja keine kleine Liste, und damit ich mich nicht immer wiederholen muss, sollten wir sie unter uns beiden auch so nennen.

Wie kommt der Name zustande?

Ganz einfach, diese Seelen haben sich vor der Geburt für ein Leben entschieden, das ihnen einen Fingerhut voll Macht in die Hand gibt – zum weisen Gebrauch oder zum gedankenlosen Missbrauch, das ist immer dem freien Willen überlassen. Die guten Beziehungen untereinander pflegen sie, weil sie im Gegenüber eine Rechtfertigung für den eigenen Weg sehen, und es dafür bewundern – und damit sich selbst. Daher der Ursprung eures Sprichworts, dass »eine Krähe der anderen kein Auge aushackt«. Ja, sie sind sogar dankbar für die Existenz anderer Despoten, denn jeder von ihnen hat ein Gewissen, wenn auch nur noch auf kleinster Flamme. Nachdem sie sich selbst als »gut« und ihr Tun als »gerechtfertigt« schönfärben, ist es nur ein kleiner Schritt, ihre Kinder auch so zu behandeln. Dadurch erfährt der Täter eine weitere perverse Form der Rechtfertigung seiner Taten.

O.K., kannst du mir näher erklären, welche Rolle du spielst bei den Monstern der »Fingerhut-Bande«? Hast du sie alle »gemacht«? Wenn ja, dann würdest du mir endgültig Angst einjagen!

DEVIL-HACK!

Aus Geben entsteht Reichtum,
aus Disziplin entsteht Glück,
aus Geduld entstehen attraktive Formen,
aus Bemühen entsteht
die Erfüllung von Wünschen,
aus Konzentration entsteht Frieden,
und aus Weisheit entsteht
Freiheit von Behinderungen.
(Nagarjuna)

Nein, keine Sorge. Der Teufel ist nicht böse, er taugt nur nicht als Reiseführer in deinem Leben! Aber das ist auch ein heikles Thema und die Wahrheit wird vielen deiner LeserInnen ganz bestimmt nicht gefallen. Unter dem Strich habt ihr mehr davon, wenn ihr dem Kern dieser Ereignisse selbst auf die Spur kommt. Sonst verringert sich die Chance, dass ihr allmählich lernt, die Katastrophen zu verhindern, die solche Menschen auslösen und anführen. Deswegen ist überall das ehrliche Aufarbeiten der Taten dieser Monster in einer Gesellschaft so wichtig. Unter den Teppich kehren gibt euch die Garantie, dass es in Zukunft wieder passiert. Und ich sagte Aufarbeiten, nicht Rache.

Das ist mir reichlich zu wenig …

Also gut, nur so viel: Hitler ist nicht Hitler, ebenso wenig wie Trump Trump ist oder der Haustyrann in deiner Nachbarschaft oder der verhasste Lehrer und so fort. All diese Menschen … Moment … Kennst du den Spruch: »Was ist, wenn Krieg ist, und keiner geht hin?«

Klaro, den habe ich meinem Vater einmal an den Kopf geworfen, als er mich verhöhnte, weil ich den Wehrdienst verweigern wollte.

Und jetzt überleg mal, was geschehen wäre, wenn nicht über die Hälfte der Deutschen Hitler gewählt hätte. Oder Millionen von Amerikanern Trump. Oder wenn niemand auf Nero, Stalin, und all die anderen Ungeheuer gehört hätte.

Ich denke, ich weiß, was du meinst. Diese Menschen hatten nur deshalb so viel Macht, weil sie ihnen von uns gegeben worden ist.

Die Fingerhut-Bande, das sind in gewisser Weise leere Hüllen ohne Eigenleben. Sie haben ihre Seele in meterdicken Geistbeton verpackt. Ihr Tun ist das Echo von Millionen Anhängern und deren Gier auf die Erfüllung von Versprechungen, deren Sehnsucht nach Stopfen der Löcher in ihrem Geist. Löcher, die eine Kindheit und Jugend gerissen hat, die sie dazu verführte, freien Willen und Mitgefühl zu vernachlässigen und austrocknen zu lassen. Jeder Einzelne der Menschen, die einen Tyrannen aufs Podest heben, hätte die Chance, Nein zu sagen und die aufgestaute Wut und die Schmerzen abzustreifen und in Luft aufzulösen. Mit jedem Tag, der vergeht, an dem sie das versäumen, wachsen die Scham vor sich selbst und der falsche Stolz, der eine Umkehr für sie unmöglich erscheinen lässt.

Die Sache mit dem Goldgräber.

Richtig. Und selbst das ist nur Einbildung: Jeder kann zu jeder Zeit zu Buddy zurückkehren und würde die Tür geöffnet finden. Nicht einmal anklopfen müsstet ihr, die Tür ist immer offen. Aber ihr geht nicht hindurch, weil die Schuldgefühle unter dem Teppich ein Sich-selbst-Verzeihen blockieren. Meine Rolle in alledem? Ich wies einen falschen Weg, ich führte in Versuchung, ich flüsterte ein: »Du musst Befehle befolgen, nicht denken und nicht fühlen.«

Aber ich möchte, dass du das verstehst und alle deine Leserinnen und Leser: Ich *lenke* keines Menschen Schritte aktiv, ich trage niemanden in die Dunkelheit. Den freien Willen anzutasten ist niemandem im ganzen Universum erlaubt. Wer ihn in seinem Leben zur Entfaltung gebracht hat, ist auch hinter Gefängnismauern ein freier Mensch. Und ist niemals überrascht, wenn er erntet, was er gesät hat, im Guten wie im Schlechten.

Ich habe verstanden ... Aber wie lange ich brauche, um das zu verdauen, kann ich nicht sagen.

Um mich ein wenig abzulenken: Das vorhin diskutierte Beispiel mit dem Nichtanklopfen an der Kinderzimmertür beschäftigt mich noch immer ...

Ja, wiederholen wir ein wenig: Das Betäuben und Ablenken vom rechten Weg beginnt am ersten Lebenstag, wie ich schon sagte; schon in diesem Augenblick war ich zur Stelle. Und wie schon angedeutet: Überall auf der Welt bestimmen Eltern über das Leben ihrer Kinder in einem Maße, das eigentlich völlig unfassbar ist. Kein Gärtner rennt doch in der Nacht raus zu seinen Pflanzen, reißt sie aus, nur um nachzuschauen, ob sie gut anwurzeln! Und kein Gärtner sät den guten Samen, dreht sich dann um und kehrt erst wieder zurück, wenn die Früchte schon verfault sind. Das aber macht ihr 18 Jahre lang mit euren Kindern und lasst erst davon ab, wenn ihr sicher sein könnt, dass es erfolgreich war, dieses Durcheinander aus Ignorieren, Dressieren, Formen und Kneten nach eurem Bilde. Und oft findet die Einmischung selbst dann kein Ende dank irgendwelcher chronischer Sorgen, die ihr den Kindern aufbürdet und die sie bis ins Erwachsenendasein verfolgen. Wenn es doch ein »schwarzes Schaf« geschafft hat, sich zu entziehen und den eigenen Weg zu gehen, macht ihr euch den Rest eures Lebens Vorwürfe, weil das Kind »nicht gut geraten« ist.

Kommt mir alles sehr bekannt vor, wenn ich mich in meinem Freundeskreis so umschaue.

Ja, »schwarzes Schaf« ist ein Etikett, das ihr oft reserviert habt für diejenigen, die ihren Weg so gehen, wie Buddy ihn für dieses Schäfchen gedacht hat. Was das Betreten des Kinderzimmers ohne Anklopfen betrifft: Denk einfach noch intensiver nach über diese tief greifende und andauernde Verletzung der Menschenwürde. Über die Frage, was das im alltäglichen Miteinander der Familie auslöst. Welche Verletzung es bewirkt. Wie kann das Kind einer solchen »Normalität« entfliehen, ohne einen Bruch mit den Menschen, die es eigentlich lieben möchte, auf deren Wohlwollen es angewiesen ist? Das Brechen wäre die mutigere, die gesündere Entscheidung, denn durch Verdrängen bricht es *zweimal* – mit den Eltern und mit sich selbst.

Wie gesagt und wie du selbst schon erkannt hast, verbirgt sich in solchen und ähnlichen Zusammenhängen der Hauptgrund, warum seelische Verletzungen durch die »Traditionen der Eltern-Übergriffe« später im Leben nicht zurück zum Absender wandern, sondern den eigenen Kindern oder anderen Menschen im privaten und beruflichen Umfeld angetan werden. Und das in voller Selbstgerechtigkeit. Der Schritt des Zurückgebens an die Eltern wäre nämlich gleichbedeutend mit dem Eingeständnis, dass man damals schwach war. Es kratzt am Selbstwertgefühl und erzeugt Scham, dass man sich über so lange Zeit die Erniedrigung gefallen ließ. »Ich habe viele Ohrfeigen in meiner Kindheit bekommen und es hat mir nicht geschadet.« Kennst du den Satz?

Aber klar doch! Ein Kamerad aus der Schule hat ihn kürzlich beim Klassentreffen nach 30 Jahren zum Besten gegeben. Wie sehr es ihm geschadet hat, dafür hatte er nicht das geringste Bewusstsein – nach drei Ehen und vier Kindern, die nichts von ihm wissen wollen.

Warum also betreten viele Eltern das Zimmer ihrer Kinder zu
jedem Zeitpunkt, Tag und Nacht, ohne anzuklopfen und in der
eisernen Überzeugung, ein Recht darauf zu haben? Weil »Bedingungslosigkeit« und echtes Vertrauen weltweit ein so selte-
nes Gewürz sind. Kinder sind oft ein Investitionsgut, das sich
auszahlen soll. Die Glieder der Endloskette, die langsam ihren
Körper und Geist einschnüren, setzen schon bei Aktivitäten
im Baby- und Vorschulalter an, bei denen unablässig »etwas
erreicht« werden muss, gleiten über endlos lange Tage und
Nächte in Schule und Gymnasium, wo die Hausaufgaben so
umfangreich sind, dass die Kinder oft um Mitternacht vor ihren
Büchern sitzen, vollgepumpt mit Kaffee oder härteren Drogen,
um sich wach zu halten, und enden nicht zuletzt bei Studenten-
krediten, die nur mit allergrößter Mühe im Laufe von Jahrzehnten zurückgezahlt werden können. Wenn man nicht schon vorher in den Privatkonkurs abgeglitten ist.

Mamma mia, genau! Und wenn ich an den Ketten rasselte und den Lehrern deutlich machte, was ich von ihnen hielt, weil ich den Wahnsinn der Normalität nicht mehr aushielt, bekam ich auch noch mit den Eltern Zoff und sie marschierten in die Schule, um sich für mich zu entschuldigen. »Wahnsinn der Normalität« – so heißt übrigens ein Buch, ich kann es nur empfehlen. Arno Gruen heißt der Autor.

Ich erinnere mich, der Mann versucht, bei euch ein wenig Licht im Keller zu machen. Ja, bei jedem Schritt eures Lebenswegs sorgte ich mit meiner Werbestrategie dafür, dass das jeweils nächste Kettenglied des zukünftigen, perfekten, weil unbewussten Sklaven in leuchtenden, attraktiven Farben glänzt – und die Erfüllung des Lebenstraums verspricht, wenn nicht heute, dann spätestens morgen.

Achtet darauf: Fast immer bezogen sich die Versprechen auf etwas Materielles, Zählbares, mit etwas anderem Vergleichbares. Zusammengefasst: »Geld macht glücklich.« »Gier ist gut.« »Geiz ist geil.« »Macht ist das Größte.« Das Ziel ist das grünere Gras auf der anderen Seite des Zauns, das größere Drittauto, der buntere Gartenzwerg, die schönere Frau, der Trophäenmann.

Viele von euch tappten in meine Fallen und betrachten Menschen, die mit Reichtum belastet sind, als etwas »Besseres«, von Buddy »Gesegnetes«. Nichts könnte ferner der Wahrheit sein, und dass die Selbstmordrate unter Millionären höher ist als in jeder anderen menschlichen Gruppierung sollte dir zu denken geben.

Da habe ich meine eigenen Erfahrungen …

Jeder materielle Reichtum ist nichts anderes als eine Prüfung, nämlich wie menschlich und großzügig gehst du mit der Ener-

gie um, die dir in die Hände gelegt ist.
Denn »Geld« ist nichts anderes als eine
Form von Energie, ähnlich der Elektrizität.

Und damit die Angst euch
immer begleitet: Fehlt im Rennen
um Geld gleichzeitig soziale
Absicherung, Kündigungsschutz,
Mutterschutz etc., dann lebt ihr in ständiger
Angst und Gefahr, gefeuert
zu werden. Winzige
Kleinigkeiten, ein Fehltritt,
eine Laune, die falsche Kleidung
– und schon sitzt man
auf der Straße, oft buchstäblich.
Die meisten Firmen
sind heute kleine Tyranneien
mit straffen Hierarchien, sogar
viele Start-ups junger Leute.
Das, mein Lieber, sind die berühmten
»westlichen Werte«, die
ihr mit so viel Hingabe verteidigt und rechtfertigt. Ein erfolgreiches Rezept zur Zerstörung eurer Lebensgrundlagen.

Mir brummt der Schädel... ich begreife gerade, wie leicht es
wäre, deinen Versuchungen zu entgehen...

Sinn und Wert eines Ziels liegen im Auge des Betrachters.

Wie wahr...

Euer materiell ausgerichtetes Wertesystem hat noch ein anderes Problem im Gepäck. Ihr habt euch nämlich zur Überzeugung dressieren lassen, der Mensch sei nur dann etwas wert, wenn er *arbeitet*. Das ist natürlich in Buddys Augen völliger Unsinn – denk an das Gleichnis von den Lilien auf dem Feld. Aber dieser blinde Glaube ist schon sehr hartnäckig. Es ist doch so: Fast jeder eurer scheinbaren Fortschritte zielt darauf ab, Arbeit in fast jeder Form *abzuschaffen*. Ihr habt aber bisher völlig übersehen, dass sich dadurch Arbeit ganz allmählich von Pflicht und Notwendigkeit zum Privileg entwickelt.

Ha! Das war schon immer mein Gefühl! Meine Eltern und Großeltern lebten noch, um zu arbeiten, aber wir sollten arbeiten, um zu leben!

Eure Wirtschaftskraft würde heute ausreichen, jeden Menschen im Alter von 18 bis 55 nur noch 20 Stunden in der Woche arbeiten zu lassen, ihm einen Lohn zu bezahlen, bei dem er sogar noch etwas zur Seite legen kann, jedem Menschen ein Grundeinkommen zu bezahlen, oberhalb der Armutsschwelle, die Weltbevölkerung ausschließlich mit Bio-Lebensmitteln zu ernähren. UND jedem Menschen eine Pension ab 55 zu bezahlen, von der es sich gut leben lässt.

Obendrein könntet ihr Wasser, Strom, Internet und öffentlichen Verkehr komplett sauber und umweltneutral *und kostenlos* für jeden Menschen auf der Welt bereitstellen. Alle materiellen Voraussetzungen dazu sind da.

Mann, alles, was recht ist, aber so zu denken, das traut sich doch niemand. Nein, stimmt nicht, es gibt mehrere Zukunftsforscher, die uns schon solche Spiegel vorgehalten haben. Der Club of Rome zum Beispiel …

Stimmt, viele von euch wissen das genau. Weltweit die Militärausgaben um ein Viertel gesenkt – und schon wäre das alles
möglich. Ein Mann unter euch namens Walther Rathenau hat
schon vor hundert Jahren gesagt: *»Worüber soll man weinen? Über
die Politik? Über das Volk? Ein Monat Kriegskosten hätte alles Elend
aus der Welt geschafft. Ein weiterer Monat hätte alle geistigen Menschen
auf Ewigkeit in Schutz gestellt. Ein dritter hätte aus den Städten Paradiese gemacht. Ein vierter hätte die Forschung, ein fünfter die Kunst von
jeder materiellen Fessel befreit.«*

Ihr habt immer wieder erfolgreich Menschen mit gesundem Menschenverstand als Naivlinge und »Utopisten« abgetan,
nur weil sie erkannt haben, dass ihr jederzeit diesen Planeten
in ein absolutes Paradies verwandeln könntet. Ich bin es, der
realistisch ist. Deshalb war ich ja auch so erfolgreich mit meinen Verführungskünsten. Ich weiß genau, wo ansetzen. Beispiel
gefällig? Ich habe euch die Illusion als Tatsache verkauft, dass
mit Grundbesitz weder Pflicht noch Verantwortung verbunden
sind, pfleglich und mit Weisheit mit diesem Stück lebendiger
Erde und seinen Lebewesen umzugehen. Grundbesitz habt ihr

dann nach und nach in etwas Heiliges verwandelt, das dem Besitzer die absolute Macht eines Sklavenhalters über das Land gibt. Streit um Grundbesitz und Grenzzäune gehört zu euren Lieblingshobbys.

Das lässt sich nicht leugnen. Aber einmal andersherum gefragt: Warum bist du plötzlich ein Experte für das, was die Welt in ein Paradies verwandeln würde?

Plötzlich? Na, mein Lieber, wenn es meine Aufgabe ist, euch zu Irrweg und Umweg zu verführen, dann kann ich damit erst dann Erfolg haben, wenn ich eure eigentliche Bestimmung genau kenne, oder? Ich kann nur auf krumme Wege führen, wenn ich über den geraden Weg genau Bescheid weiß.

Eine Frage nebenbei: Was ist deiner Meinung nach der Grund, warum Geldmangel bei staatlichen Stellen fast immer zuerst zu Einsparungen bei der Förderung von Kunst und Kultur führt?

Logischerweise weil man das für die unwichtigsten Dinge im Alltag hält.

Nein, im Gegenteil. Weil fast jede Form von Kunst und Kultur starke Bedrohungen für Machtausübende und Großkonzerne versteckt hält. Die echte Zufriedenheit, die sich in der Kunstausübung als Geschenk abholen ließe, macht unabhängig, vor allem vom Konsumzwang. Und es ist immer die geistige Unabhängigkeit, die die Tyrannen am meisten fürchten. Drogen kauft nur, wer süchtig ist.

Und Großkonzerne fürchten nichts mehr als Genügsamkeit …

Richtig. Ihr Lieben, ein Paradies zu schaffen wäre euch möglich, in kürzester Zeit, ihr entscheidet euch nur für den Weg des Egos, der Gier und der Angst. Die Narren, die euch den Weg in den Abgrund vorangehen, wählt ihr auch noch »demokratisch« – und wundert euch dann, wenn der Meeresspiegel viele eurer Städte überflutet.

Ihr lasst eure Arbeiter und den Mittelstand deutlich höhere Steuern zahlen als etwa für Kapitalertrag, Zinsen etc. Das bedeutet, ihr beutet Arbeiter aus und belohnt Lotteriespieler. Geniale Konstruktion, die euch den Weg zum nächsten Bürgerkrieg ebnet.

Ja, so viele Dinge stehen auf dem Kopf.

Einer der glücklichsten Tage der Menschheit ist der Tag, an dem manuelle Arbeit nicht mehr automatisch als »geringer« angesehen wird als geistige Arbeit. Gute und fröhliche Bäcker, hingebungsvolle Bio-Bauern, liebevolle Krankenpfleger leisten mehr für das Fortkommen der Menschheit als Akademiker, die das Leben nicht lieben. Wenn ihr die Dauer einer Ausbildung über die Höhe des Einkommens entscheiden lasst, liegt ihr völlig daneben. Wahre Intelligenz hat nichts mit der Fähigkeit zu tun, Dinge auswendig zu lernen oder sich in die Sackgassen des Expertendaseins zu manövrieren. Kopf in den Sand, das ist eure Strategie. Fast jedes Kind hat mehr Herz und Hirn als eure Politiker. Siehe Greta Thunberg. Sie gehört zu den Menschen, die euch vielleicht vor euch selbst retten werden.

Ich werde wirklich mein Bestes geben. Jetzt kommt mir folgende Frage in den Sinn, vielleicht weil ich auf dem Flug hierher einen Artikel darüber gelesen habe: Die westliche Welt – genau genommen eigentlich die ganze Welt – ist mit dem Problem der

Flüchtlingsströme konfrontiert, sei es wegen der Kriege, wegen des Klimas oder der wirtschaftlichen Katastrophen im eigenen Land. Hast du da auch deine Finger drin gehabt? Dieses Phänomen bedroht ja die eingebildete Sicherheit, in der wir uns alle wiegen.

Gute Frage. Aber so gestellt, als ob du dir nicht einmal im Ansatz die eigentlichen Ursachen vorstellen könntest. Liege ich da richtig?

Wenn ich so an unser Gespräch bis jetzt denke, dann ist das Migrationsproblem weltweit nur eine Folgeerscheinung von Zuständen, die sowohl du angestoßen hast als auch die Menschheit selbst zu verantworten hat, angefangen von Ausbeutung und Aushungern zu Kolonialzeiten bis zu den Klimaflüchtlingen.

Migrantenströme sind Folge eures eigenen Tuns. Saat und Ernte, du erinnerst dich? Zur Lösung jedes Problems müsst ihr die wahren Ursachen verstehen und beseitigen, nicht nur die Symptome. Ihr seid immer noch viel zu sehr überzeugt, dass es genügt, den Rauch abzusaugen, wenn man ein Feuer löschen möchte.

Abgesehen von einer objektiven Ursachenforschung, die langfristig das Problem lösen würde: Zwei aktuelle Aspekte eures Flüchtlingsproblems dürft ihr nicht ignorieren, wenn ihr dauerhafte Lösungen anstrebt. Wer grob-grausamen Populismus für einen Schlüssel zur Lösung hält, ist ein Idiot und wird sie nie entdecken.

Punkt eins: Flüchtlinge kommen nicht einfach so, sie würden mit Freuden ihre Heimat voranbringen und ihre eigenen Probleme lösen. Aber in den vielen Jahrhunderten wirtschaftlicher Ausbeutung und einer Kolonialpolitik von »Herrenmenschen«, von egoistischer Geldpolitik und völlig falsch eingesetzter »Entwicklungshilfe« habt ihr Verhältnisse in den Ländern der zweiten und dritten Welt gefördert, die überhaupt erst die Flüchtlingsströme auslösten. Eine Hungersnot irgendwo? Ihr habt Industrieweizen, Milchpulver und Zucker geliefert, damit die Bevölkerung müde und abhängig wird. Die Verbrennung fossiler Energieträger und eure fleischzentrierte Ernährung sind für den Klimawandel und somit für die Klimaflucht mitverantwortlich. Ihr habt Wind gesät und Sturm geerntet!

Punkt zwei: Ihr habt also die Flucht selbst ausgelöst. Was jetzt? Wie steht es mit der Integration von Flüchtlingen? Ihr müsst erkennen, dass eine gelungene Integration zwingend notwendig ist, dass sie nicht aus falscher Rücksichtnahme auf die Sitten und Gebräuche der Flüchtlinge unterbleibt…

Aber sie bringen ja auch viele interessante und gute Dinge mit, von denen wir uns was abschauen können! Angefangen von ihren Kochkünsten bis zu Fähigkeiten im Bereich von traditionellem Handwerk! Jedenfalls fand ich bei meinen Reisen viele Aspekte ihrer Kulturen faszinierend.

Guter Einwurf, aber das meine ich nicht. Ihr müsst den Immigranten bestimmte Regeln nahebringen, unter denen ihr lebt, und dafür sorgen, dass sie eingehalten werden. Dazu habt ihr aber oft nicht den Mut, das ist politically nicht correct. Wenn ihr aber Flüchtlingen erlaubt, zerstörerische Aspekte des kulturellen Zusammenlebens in ihrer Heimat bei euch eins zu eins neu aufzubauen, dann werden sie bei euch dieselben Verhältnisse schaffen, die Aspekte ihrer Fluchtgründe waren. Beispiele? Korruption, Rollenbild von Frauen und Kindern, autoritäre Hierarchien, Macho-Kultur, religiöser Fanatismus, destruktiver »Ehrbegriff«, Intoleranz. Wo solche Verhältnisse herrschen, entstehen immer Spaltung, Armut – und Flucht. Der Devil-Hack hier: *Aufklärung, Aufklärung, Aufklärung! Diese Tatsachen anerkennen, echte Reue zeigen, um Verzeihung bitten, die Ausbeutung beenden und echte Hilfe leisten, und das kann nur Hilfe zur Selbsthilfe sein.*

DEVIL-HACK!

Der Mensch ist ein Teil des Ganzen, das wir Universum nennen, ein in Raum und Zeit begrenzter Teil. Er erfährt sich selbst, seine Gedanken und Gefühle als getrennt von allem anderen – eine Art optische Täuschung des Bewusstseins. Diese Täuschung ist wie ein Gefängnis für uns, das uns auf unsere eigenen Vorlieben und auf die Zuneigung zu wenigen beschränkt.
Unser Ziel muss es sein, uns aus diesem Gefängnis zu befreien, indem wir den Horizont unseres Mitgefühls erweitern, bis er alle lebenden Wesen und die gesamte Natur in all ihrer Schönheit umfasst.
(Albert Einstein)

Es ist zum Haareraufen! Warum wählen wir Kälber unsere Schlächter selber, warum sehen wir nicht, dass die Fingerhut-Bande niemals zu unserem Wohl handeln wird?

Wie schon gesagt: Weil ihr nicht Menschen wählt, sondern die Versprechen, die sie symbolisieren und euch mundgerecht servieren. Und weil ihr eurer Menschenkenntnis nicht vertraut, eurer Intuition. Ihr wählt Gefühle – nämlich Hoffnung und künstlich aufgeblähtes Selbstwertgefühl. Hitler wurde gewählt, weil deutsche Eltern erfolgreich ganze Generationen gehorsamer Duckmäuser erzogen, die mit Freuden dem »starken Mann« folgten, der ihr mangelndes Selbstbewusstsein auszugleichen versprach. Die Mitglieder der Fingerhut-Bande … wir sprachen schon darüber: Das sind im Wesentlichen allesamt ihrer selbst völlig unbewusste Marionetten in meiner erweiterten Dienerschaft. Sie alle sind die Klassen-Bullys auf der Stufe von 14-Jährigen, die über Leichen gehen, nur um das Bild, das sie von sich selbst haben, zu schützen. Und die alles tun, damit niemand merkt, welche Ängste und innere Leere sie antreiben. Wo andere ihre Menschenwürde und ihr Ur- und Selbstvertrauen haben, da gähnt bei ihnen ein schwarzes Loch, das ständig danach schreit, gefüllt zu werden mit Anerkennung, Applaus, Speichelleckerei und bedingungsloser Willfährigkeit. Liebe erwarten diese Menschen gar nicht mehr, weil sie sie nicht mehr erkennen würden, und schwömme sie in ihrer Suppe. Sie sind unersättlich – und das ist eine Eigenschaft, die Liebe nicht kennt.

Entspricht auch meiner Wahrnehmung.

Diese Tyrannen-Roboter sind Sprachrohr für die Stimmen all derjenigen, die die Schuld für die eigene Misere immer woanders suchen. Ängstliche wählen sie, weil sie versprechen, ihnen die Angst zu nehmen, ohne herausfinden zu müssen, woher die Angst kommt. Die Reichen wählen sie, weil sie versprechen, das unbewusste Gefühl von Sinnlosigkeit in ihrem Leben zu vertreiben und noch reicher zu werden. Die Armen wählen sie, weil sie versprechen, Jobs zu schaffen, obwohl sie sie aus eigener Kraft leichter gefunden hätten, und weil sie versprechen, ihr angeknackstes Selbstbewusstsein zu reparieren. Die Menschen wählen sie, weil dann endlich feststeht, dass die Erderwärmung nicht existiert, dass Öl und Kohle unendlich lange vorrätig sein werden und dass Buddy Fehler gemacht hat, als sie die Schwarzen, Roten und Gelben schuf.

Sie wählen sie wie Termiten, die eine Obertermite wählen, die verspricht, dass das Holzhaus, das sie gerade auffressen, für immer und alle Zeit Nahrung und Schutz bieten wird. Vernünftige, die etwas von »Wachstum um jeden Preis kann nicht gut gehen«, murmeln, werden ignoriert, blockiert, gefeuert, eingesperrt, auf dem Scheiterhaufen verbrannt. Altbewährte Praxis. Die globale Erwärmung? Wird als Märchen hingestellt, von den Grünen erfunden, um den Menschen das Drittauto wegzunehmen!

Wahrlich, wenn ihr nicht den Übergang vom Wachstums-Fortschritt zum Bewahrungs- und Pflege-Fortschritt schafft, wird euch nichts von den Termiten unterscheiden, die das Holzhaus auffressen – in der Überzeugung, dass es »immer so weitergeht«.

Das war jetzt mal eine plausible Erklärung, ich fühle genau ihre Wahrheit. Auch ich hatte früher oft die Tendenz, den selbstbewusst auftretenden Aufschneider zu bewundern, weil er sich im Gegensatz zu mir etwas traut. Bis ich eines Tages gelesen habe, warum Verbrecher, die eine lebenslängliche Strafe absitzen, dennoch Frauen außerhalb des Gefängnisses finden, die sie heiraten wollen. Fragte man die Frauen, sagten sie fast immer: »Der hat sich wenigstens was getraut.« Au weia!

Und was die Reichen betrifft, die im materiellen Besitz immer noch den Schlüssel zum Glück wähnen: Ich wollte einmal ein Buch schreiben über Menschen, die im Lotto Millionen gewonnen haben. Was sie fühlten am Anfang, wie es ihnen in den ersten Wochen so erging – und wie sie fünf Jahre danach leben. Ich habe den Plan sehr schnell fallenlassen. Es wäre ein sehr trauriges Buch geworden, das niemandem von Nutzen gewesen wäre.

Ich erinnere mich, ich hatte dir gut zugeredet, das Buch trotzdem zu schreiben, weil du mir damals mit einer dicken fetten Depression lieber gewesen wärst. Ich bremste, wo immer ich konnte ...

Herrje, du hast es wirklich gut mit mir gemeint. Es hat tatsächlich einige Zeit gedauert, bis ich mich von dieser Idee verabschiedet habe ... Ein anderes Thema kommt mir in den Sinn, aus persönlichem Interesse: Welche Rolle spielt in deinem Plan als Bremser vom Dienst der Sport, den es ja noch nicht so lange als Massenphänomen gibt? Auch eine deiner Erfindungen? Für mich war Sport in gewisser Weise lebensrettend, weil ich da die Ruine meines Selbstbewusstseins etwas aufmöbeln konnte.

Ich habe lange gebraucht, um mir den Sport untertan zu machen, denn ursprünglich kam die Grundidee von Freunden Buddys auf der anderen Seite des Spielfelds. Sport sollte helfen, eine Art Ventil zu finden für jene Emotionen, die früher geradewegs zu Kriegen geführt haben. Ist anfangs auch gut gelungen, besonders weil man in England das Fairplay, das »faire Spiel« und die unbedingte Achtung vor dem Gegner so hochgehalten hat. Aber dann habe ich eine Doppelstrategie ausgebrütet, damit sich das Blatt zu meinen Gunsten wendet. Erstens habe ich Geld ins Spiel gebracht. Ein fast unfehlbares Rezept.

100 Millionen für einen Fußballer …

DEVIL-HACK!

Wie die Hand, vors Auge gehalten,
den größten Berg verdeckt,
so deckt das kleine irdische Leben den Blick,
die ungeheuren Lichter und Geheimnisse,
deren die Welt voll ist,
und wer es vor seinen Augen wegziehen kann,
wie man eine Hand wegzieht,
der schaut das große Leuchten im Weltinneren.
(Martin Buber)

Mit der Folge, dass ihr fast ausschließlich die Gewinner im Sport verehrt – und blind und taub seid für die Tatsache, dass der Sieger nur einem einzigen Umstand Preisgeld, Medaillen und Pokale verdankt, nämlich dem, dass es einen Verlierer gibt! Jeder Gewinner müsste dem Zweiten, Dritten, Vierten und Letzten die Füße küssen! Niemand stünde auf dem Siegertreppchen, wenn er nicht von Nicht-Siegern umgeben wäre. Heute achtet man die Silber- und Bronzemedaillen-Gewinner nur noch an wenigen Orten hoch. Obwohl sie so unverzichtbar sind für die Sieger wie die Wurzeln eines Baums für seine Krone. Wie ärmlich das Denken und Fühlen eines Menschen, der die Wurzeln ignoriert oder gar belächelt und die Baumkrone anbetet! Keine Schule, wenige Eltern, die diese Zusammenhänge beleuchten – und so echtes Miteinander erst ermöglichen. Jaja, ich hatte viele Mäntel des Schweigens und Ignorierens in meinem Fundus.

Und die zweite Sportbremse?

Dreimal darfst du raten! Bequemlichkeit natürlich. Und Konkurrenzdenken. Ich schaffte es, den natürlichen Bewegungsdrang der Kinder, ihre Freude am Austoben und Tanzen und am Kennenlernen des Körpers und seiner Grenzen in enge Bahnen zu lenken – im Sportunterricht, durch das Sicherheitsdenken der Eltern, die ihre Kinder mit dem Auto in die Schule fahren und so weiter und so fort. Jedes Kind, dessen ureigene Spielart von Beweglichkeit im Namen einer standardisierten Form kritisiert wird, erlebt einen starken Dämpfer in seinem Enthusiasmus. Bis sich viele von euch in fette Couch-Potatoes verwandeln, bis ihr fast alle sagt »Nein danke, ich kann nicht tanzen.« Verrückt, denn jeder Mensch kann tanzen – wenn niemand in der Nähe ist, der ihn auslacht.

Der Mangel an ausgelassener Bewegung, der heute fast überall in der westlichen Welt herrscht, hatte eine von mir erwünschte und programmierte Nebenwirkung. Weißt du, wovon ich spreche?

Hmmm, ich kann nur von meiner eigenen Erfahrung erzählen: Ich war sehr sportlich und konnte meinem Körper so ziemlich alles beibringen, vom Handstand-Überschlag bis zum Handballspielen und zu Kampfkünsten. Das hatte eine deutlich erkennbare Nebenwirkung, nämlich die, dass ich insgesamt Energieflüsse im Alltag viel besser einschätzen konnte. Etwa beim Autofahren, beim Physik-Unterricht, generell beim Visualisieren von materiellen Abläufen etc. Beim Reparieren und Basteln zum Beispiel konnte ich mir viel besser vorstellen, wie die Dinge zusammengehören. Ikea-Schränke konnte ich ohne Anleitung zusammenbauen. Ich glaube auch, dass ein sportlicher Architekt sich besser in Materialien und Statik einfühlen kann. Wer Probleme mit der Beweglichkeit hat, wer die Sportlichkeit nicht ausleben konnte, der hat mit dem Fließen von Energie viel größere Probleme, bis weit ins Erwachsenenalter.

Das ist es, was ich meinte. Wer die Grenzen seines Körpers nicht kennt und auch nicht spielen und tanzen will, der ist tatsächlich viel leichter beherrschbar. Er traut sich weniger zu, auch auf geistigem Gebiet, weil er Energieströme in einer beliebigen Situation nicht so gut einschätzen kann. Er kann »die Luft nicht lesen«, wie die Japaner sagen.

Genau meine Erfahrung. Nebenbei: Wie steht es denn mit den östlichen Kampfsportarten, die ja ein spirituelles Element haben? Ich hatte nämlich immer das Gefühl, dass sie etwas Besonderes repräsentieren, speziell Aikido und Tai Chi.

Richtig gespürt, aber die wenigsten Lehrer berücksichtigen dieses ursprüngliche Element noch, fast überall geht's in erster Linie ums Ego-Aufblasen, bestenfalls um Gesundheit und Fitness. Ich zitiere Ed Parker, einen der größten Karate-Lehrer, der gegen meine Tricks fast immun war: »*Unsicherheit ist der einzige Grund, warum Menschen kämpfen; einer muss beweisen, dass er besser oder stärker ist als ein anderer. Der Mensch, der seiner selbst sicher ist, muss nichts mit Gewalt beweisen, deshalb kann er sich mit Würde und Stolz aus einem Kampf entfernen. Er ist der wahre Kampfkünstler – ein innerlich so starker Mensch, dass er es nicht nötig hat, seine Kraft zu demonstrieren. Kernpunkt bei der Meisterung der Kampfkünste ist die Fähigkeit, sich eher einer körperlichen Auseinandersetzung zu entziehen, statt sie zu gewinnen. Diese Haltung der inneren Gewissheit ist es, die sich deinem Gegenüber mitteilt. Er wird erkennen, dass er nicht gewinnen kann, auch wenn er gewinnt.«*

Hm, ich sehe Sport manchmal ganz gerne im Fernsehen und fühle mich gut, wenn ich für meinen Körper ab und zu beim Radeln und Schwimmen etwas tun kann. Aber was soll's, ich muss mir ja von dir nicht den Spaß verderben lassen.

So ist's recht.

Da fällt mir eine Anekdote ein, die Giorgio Sapia erzählt hat, mein erster Aikido-Lehrer. Eines Tages kam ein interessierter Schüler zu ihm und fragte: »Wie lange brauchst du, um mich unbesiegbar zu machen?« Giorgio schaute auf die Uhr und sagte: »12 Stunden«. »Super! Aber das ist ja kaum zu glauben!«, meinte der Neuling. »Doch, dann machen die Geschäfte auf und ich kauf dir eine Kanone.« Er war ein guter Lehrer, ich bin ihm sehr dankbar ... Apropos Spaß: Die größten Spielverderber weltweit sind heutzutage Terroristen aller Farben und Herkunft. Da steckst du doch aber ganz mit drin, oder?

Nein, auch hier nur indirekt. Erinnere dich an meine Worte: »Ein kleines Kind kann das Unkrautpflänzchen entwurzeln. Wenn du zu lange zuschaust, kann ein Kran es nicht mehr ausreißen.« Ich habe einen winzigen Samen gesät und Jahrhunderte später hat er sich zum Unkraut Terrorismus entwickelt. Kannst du dir vorstellen, wie dieser Same damals beschaffen war? Vergiss dabei nicht, dass fast alle Terroristenanführer aus wohlhabenden Familien stammen.

——— DEVIL-HACK! ———

Die Rettung des Planeten
ist kein Zuschauersport.
(Lester R. Brown)

Wenn man den Terrorismus im ganz Kleinen anschaut, nämlich innerhalb von Familien und auf dem Schulhof, dann würde ich sagen, es ist die Unfähigkeit von Eltern, ihren Kindern mit echter Zärtlichkeit zu begegnen. Väter zeigen keine Gefühle und sprechen davon, ihre Söhne »abhärten« zu wollen, um die persönliche Unzulänglichkeit und Gefühlskälte in etwas scheinbar Positives zu verwandeln. Und die Mütter beteiligen sich kräftig an dieser Form der »Erziehung«, indem sie sie unterstützen oder den Sohn oder die Tochter nicht vor solchen Vätern schützen und die Kinder damit verraten.

Genau, du bist nah dran. Die Tatsache, dass Männer keine Gefühle zeigen wollen, dass sie gelernt haben, es als Zeichen von »Schwäche« zu betrachten, liegt an der Wurzel vieler Probleme, die ihr heute habt. Im Wesentlichen ist ein Terrorist ein Mensch, der nicht mehr mitfühlen kann oder will. Auch hier fast immer, weil er sich schon sehr früh als Kind gezwungen sah, den eigenen Schmerz irgendwie zu betäuben und zu verdrängen. Der Clou dabei ist aber: *Du kannst nicht selektiv betäuben!* Du kannst dir nicht einreden: »Ich unterdrücke nur die negativen Gefühle und alle positiven hege und pflege ich.« Stell dir vor, du möchtest deinen Geruchssinn schärfen, um der beste Gewürzhändler zu werden, aber den gleichen Sinn abtöten, um den Mundgeruch deiner Freundin nicht wahrzunehmen. Das ist unmöglich, betäubt ist betäubt. Hier verbirgt sich einer der Hauptgründe, warum die Welt ein Drogenproblem hat.

Das sehe ich ein. Nebenbei gefragt: Welche Gründe gibt es noch für die Drogenepidemie?

Verschiedene Ursachen, aber auch, weil ihr aus der Prohibition nichts gelernt habt. Alkohol zu verbieten macht ihn noch viel interessanter, statt euren Kids den verantwortlichen Umgang damit beizubringen. Mit den Drogen ist es ebenso. Weißt du, warum die Politik sich so lange dagegen gewehrt hat, Cannabis, Marihuana und Haschisch freizugeben?

Angeblich weil es Einstiegsdrogen sind in härtere, zerstörerische Drogen.

Das ist eine Lüge. Hinter diesem Feigenblatt haben sie sich versteckt. Alkohol ist um ein Mehrfaches zerstörerischer, wie du an jeder Statistik dazu ablesen kannst. Tatsache ist: Wer diese »weichen« Drogen konsumiert, wird etwas gelassener und gleichgültiger im Alltag. Er ist kein leichtes Opfer mehr für das Rattenrennen im Konsumrausch. Mit der Folge, dass an allen Fronten industrieller Produktion die Umsätze sinken. Das bekommen alle Staaten, die den Konsum dieser Drogen freigegeben haben, jetzt schon zu spüren. Aber sie können nicht mehr zurück. Unterm Strich sind Drogen so etwas wie Kissen, die vor der Härte eures Alltags schützen sollen. Sie wären gar nicht nötig, wenn … Aber da müsst ihr selbst draufkommen.

O. K., zum Thema bewusstseinsverändernde Drogen wie LSD, Psilocybin und dergleichen hat mir ein Meister aus Afghanistan einmal eine Allegorie erzählt. Er meinte, diese Drogen »sind wie eine Leiter, die man an die Mauern des Paradieses legt. Man klettert hoch, wirft einen Blick in den Garten Eden und ist so überwältigt, dass man von der Leiter stürzt und sich einen Knochen bricht. Die Zeit der Heilung schiebt den Zeitpunkt hinaus, bis man durch Meditation und Übung erkennt, dass die Mauer nur in der eigenen Einbildung existiert.« Allein dieses kleine Gleichnis hat bewirkt, dass ich von Drogen aller Art die Finger gelassen habe.

Ja, den Mann kenne ich, er war mir immer ein Dorn im Auge und hat mir pfundweise Sand ins Getriebe gestreut…

Schlecht für dich, gut für mich. O. K., zurück zum Terrorismus in der Welt: Wie können wir ihn heute wieder loswerden, nachdem wir ihn selbst ausgelöst haben? Nachahmungstäter gibt es überall – offenbar ein attraktives Berufsbild.

Die Terroristen in aller Welt – in welchem politischen oder religiösen Mäntelchen auch immer – haben erstens Erfolg, sie sind am Gewinnen. Euch ist aber bis heute kaum bewusst, warum! Ihr Hauptziel, nämlich chronische Angst in die Geister vieler Menschen einzupflanzen, ist ihnen dank einer unheiligen Allianz bestimmter Medien gelungen, die nur niedrige Instinkte ansprechen – unter dem schäbigen Mäntelchen des »Informationsbedürfnisses der Öffentlichkeit«. Und das aller Erfahrung und Statistik zum Trotz, die klar beweist, dass sich heute fast überall sicherer leben lässt als noch vor zwanzig oder dreißig Jahren.

Zweitens ist es den Terroristen gelungen, euren Politikern

die Rechtfertigung zu geben für überwachungsstaatliche Maßnahmen, die euch unter das allzeit eingeschaltete Mikroskop
der »Obrigkeit« legen. Demokratische Wahlen? Ein Feigenblatt-
ritual, um den kleinen Tyrannen eine Pseudo-Legitimation zu
verleihen. Die Mechaniken des Terrorismus spielen so sehr in
die Hände der Obrigkeit, dass es niemanden mehr wundern
würde, wenn sich herausstellte, dass al-Qaeda und Isis Unterab-
teilungen westlicher Geheimdienste waren und sind.

Schon gar nicht würde das jemanden überraschen, der sich
noch zurückerinnern kann, *wen* die USA früher eigentlich gefördert haben und immer noch fördern, um ihre Interessen zu
wahren, überall auf der Welt. Tatsächlich, ihr erntet fast immer,
was ihr gesät habt.

Gier und Angst, machtvolle Werkzeuge …

Welches Gefühl im Menschen erzeugt am meisten Abhängigkeit? Angst. Wie halte ich Menschen in Angst, um sie zu verskla-
ven? Indem ich Angst schüre und gleichzeitig die Überzeugung
festige, der Retter zu sein. Kirchen, Sekten, Kulte und Tyrannen
haben mit dieser Methode im Laufe der Geschichte Abermil-
liarden Menschen geistig und körperlich versklavt.

Was also diente meinen Interessen? Terrorismus. Gibt es zu
wenig davon, wird er im Ausland über Korruption, Waffen- und
Ideologieeinfuhr gefördert, bis er zu euch zurückkommt.

Und die Medien mischen mit, wegen der Quoten und Verkaufs-
zahlen.

Meine willfährigen Diener! Sie berichten wochenlang über einen
terroristischen Anschlag mit drei Toten, aber verlieren sie ein
Wort über die 15 000 Kinder, die täglich an Hunger sterben,

oder die Hunderttausende, die ihren Herztod eurer Nahrungsmittelindustrie verdanken? Denk nach: Ein Tausendstel des Geldes, das weltweit für Terror-Bekämpfung ausgegeben wird, würde genügen, um allen Hunger in der Welt zu beseitigen. Und um allen potenziellen Terroristen eine der Hauptrechtfertigungen für ihr wahnsinniges Tun zu entziehen. Wo habt ihr nur Buddys Geschenke, nämlich Vernunft, Weitsicht, Intelligenz und freien Willen versteckt?

Mannomann, ich schäme mich. Umso mehr würde mich interessieren, wie man Terrorismus beenden kann. Gibt es ein unfehlbares Rezept? Wahrscheinlich nicht, oder?

Die Antwort wird dir und deinen Lesern nicht gefallen, denn sie ist so einfach, dass sie völlig naiv und unpraktikabel erscheint, noch dazu bei eurer Verehrung für die Medien und die »freie Meinungsäußerung«. Hier ist der ultimative Devil-Hack, die Lösung:

Ihr müsst den Terroristen die Öffentlichkeit nehmen. Schaltet die Scheinwerfer aus. Berichtet nicht über ihre Verbrechen. Ignoriert sie vollständig. Tut so, als ob sie nicht existieren. Genau das müsste geschehen.

Das ist in der Tat fast unmöglich, aber funktionieren könnte es, so viel sagt mir mein Gefühl. Andererseits denke ich, dass Terroristen dann um noch mehr Publizität kämpfen würden, oder?

Aber selbstverständlich! Natürlich würden sie einige Zeit lang darum kämpfen, wie die kleinen Kinder im Sandkasten, aber es ist völlig gleichgültig, wie wütend sie werden. Was bewegt euch dazu, den Tod Tausender im Straßenverkehr oder Zehntausender verhungerter Kinder für weniger bemerkenswert zu halten als den Tod von Terrorismusopfern? Ihr müsst alle aufrecht ste hen und die Wahrheit verbreiten. Ihr müsst den Menschen die Wahrheit, die wirklichen Tatsachen erzählen.

Was sind die wirklichen Tatsachen, zum Beispiel im Falle islamischer Terroristen?

---------- **DEVIL-HACK!** ----------

Eine chinesische Geschichte erzählt von einem alten Bauern, der für die Feldarbeit nur ein altes Pferd als Hilfe hatte. Eines Tages entfloh das Pferd in die Berge, und als alle Nachbarn das Pech des Bauern bedauerten, antwortete er nur: »Pech? Glück? Wer weiß?« Eine Woche später kehrte das Pferd mit einer Herde Wildpferde aus den Bergen zurück und diesmal gratulierten die Nachbarn wegen seines Glücks. Der Bauer sagte nur: »Pech? Glück? Wer weiß?« Als der Sohn des Bauern versuchte, eines der Wildpferde zu zähmen, warf ihn das Tier ab und er brach sich ein Bein. Jeder hielt das für großes Pech. Nicht jedoch der Bauer, der sagte: »Pech? Glück? Wer weiß?« Einige Wochen später marschierte das Militär in das Dorf ein und zog jeden tauglichen jungen Mann ein, den sie finden konnten. Nicht jedoch den Bauernjungen. Glück? Pech? Wer weiß?

(Anthony de Mello)

Auch das wird einige eurer Vorurteile platt walzen. Unanfechtbare Tatsache ist nämlich, dass islamische Terroristen mit dem wahren Islam so viel zu tun haben wie die Inquisition mit der Arbeit von Jesus. Der wahre Islam ist eine absolut menschenfreundliche Religion. Gastfreundschaft zum Beispiel ist ihr heilig. Fahr mal mit dem Rad von Marokko zu den Philippinen, das wird dir die Augen öffnen. Die Wahrscheinlichkeit, dass du dafür kaum Geld ausgeben musst, ist sehr groß.

Mein afghanischer Freund sagte mir einmal, dass es im Islam das Sprichwort gebe: »Wenn du mir nicht erlaubst, dir meine Gastfreundschaft zu erweisen, machst du mich zum Sünder.« Ich habe es tatsächlich nie anders erlebt.

Und nebenbei: Der Islam befiehlt keineswegs, dass sich Frauen verschleiern oder Kopftücher aufsetzen. Diese Sitte haben selbst ernannte islamische Religionshändler von byzantinischen Christen abgeschaut.

Das wusste ich nicht, aber ich ahnte es. Ein muslimischer Bekannter sagte mir nämlich, dass der Koran nur eine einzige Stelle enthält, die über die Kleidung von Frauen spricht. Dort steht, sie mögen sich »angemessen kleiden«. Am Strand in Hawaii sei eben eine andere Kleidung »angemessen« als in den Straßen von Delhi oder in einer Istanbuler Moschee. Das Urteil darüber bleibe jedem selbst überlassen. Eine Frage dazu: Kannst du mir erklären, warum ich beim Anblick einer bis auf einen Augenschlitz verschleierten Frau so ein seltsames Gefühl bekomme – als ob etwas Bedrohliches in der Luft läge. Es ist mir immer unangenehm, meist schaue ich weg, um dieses Gefühl nicht genauer analysieren zu müssen.

Das ist verständlich und ein Zeichen, dass deine Intuition ein Stück weit entwickelt ist. Was du da fühlst, sind die vielen Jahrhunderte der Unterdrückung und Ausbeutung der Frau, wobei die Verschleierung nur ein Symbolrest ist. Was ihr alle fast völlig übersehen habt: Betrachte einmal die Argumentation der Befürworter der Verschleierung genauer, ob Mann oder Frau. Die Verschleierung diene angeblich als »Schutz«. Schutz wovor? Vor den gierigen Blicken und Gedanken der Männer? Erstens rhetorisch gefragt und zum Nachdenken: Wer schützt unverschleierte Männer vor den gierigen Blicken und Gedanken der Frauen?

Und zweitens: Ist dir schon mal der Gedanke gekommen, dass sich eine Frau überhaupt erst dann in ein Sexualobjekt verwandelt, wenn sie einen Schleier trägt? Denn erst dann erhebt sich in den Augen des männlichen Betrachters die Frage, welcher paradiesische Anblick sich wohl dahinter verbergen mag. Der Schleier als Streichholz am Brandsatz der Triebe, oder?

Ups, ich fühle mich ertappt. Das ist eine genaue Beschreibung dessen, was ich beim Anblick eines Schleiers auch öfter gefühlt habe. Ein solches Gefühl erzeugt eine unverschleierte Frau sehr selten...

Und drittens und noch viel wichtiger: Was ist das für ein Armutszeugnis für die ach so willensschwachen Männer, wenn man ihnen nicht zumuten kann, Verantwortung für ihre Gedanken und Gefühle zu übernehmen! *Das ist das eigentliche Verbrechen des Verschleierns.* Denn es bedeutet im Klartext eine Zementierung der Überzeugung, dass Männer von Natur aus schwach sind und sich nicht im Griff haben. Und schwach werden *müssen*, wenn sie eine schöne Frau sehen und sie begehren. Es bedeutet in Wahrheit ein gleichsam festgeschriebenes Verbot für Männer, erwachsen zu werden. Das wiederum führt dazu, dass sie glauben, ein Recht auf Frauen zu haben, die sich nicht verschleiern und ihre von Buddy gegebene Schönheit zeigen.

Von dieser Seite habe ich es noch gar nicht gesehen.

Vielleicht, weil du ein Mann bist? Aber im Ernst, in der Folge geschieht etwas noch Fataleres – und das habt ihr mit all eurer psychologischen Wissenschaft komplett übersehen! *Jeder Mensch*

*hat eine unzerstörbare und ewige Seele, vor der ihr eure eigene innere Wahr-
heit niemals verstecken könnt.* Jeder Mann nun, der in die Falle der
Selbstverleugnung tappt und der die Verantwortung für seine
Gedanken, Gefühle und Handlungen ablehnt, begreift sich unbewusst als *fundamental* schwach.

Diese *echte* Schwäche muss er aber um jeden Preis vor sich
selbst und der Welt, vor Eltern, Gleichaltrigen und ganz besonders vor Frauen verbergen! Was zu einer starren Maske
führt, zur künstlichen Pose von Stärke und Selbstvertrauen mit
all ihren hässlichen Begleiterscheinungen, bis hin zur Gewaltausübung im Kleinen wie im Großen. Das Naturgesetz lautet:
Wer andere unterdrückt, kann niemals Achtung vor sich selbst
haben.

Das erklärt es und ist eine genaue Beschreibung der Wurzel
meines Gefühls! Ich spürte die Jahrhunderte der Gewalttätigkeit auf beiden Seiten hinter dem Symptom! Aber vergiss nicht,
du wolltest noch weiter ausführen, wie man gerade islamische
Terroristen stoppen kann. Was sollen wir noch über den Islam
wissen und verbreiten?

Alle Muslime wie auch alle Christen und alle anderen Menschen sind gleich. Alle sind Brüder und Schwestern. Ein Imam,
Priester, Papst oder ein religiöser Gelehrter ist jedem anderen
Menschen gleichgestellt. Er kann niemandem befehlen oder an-
weisen, was zu tun ist. Dieses Beispiel lässt sich auf jedes terro-
ristische Motiv übertragen, denn jede Gewaltanwendung – mit
wenigen Ausnahmen – ist immer ein Zeichen von Schwäche
und führt zu nichts. Das gilt auch für jeden Mauerbau zwischen
Staaten. Einen speziellen Devil-Hack, ein Grundgesetz kannst
du dir merken:

Ein Mensch, der in einer Gemeinschaft von Menschen das Wir-Gefühl stärken hilft, das Gefühl für Miteinander, Harmonie und gegenseitige Unterstützung, der ist ein guter Mensch.

Ein Mensch, der in einer Gemeinschaft von Menschen das Wir-Gefühl stärken hilft, das Gefühl für Miteinander, Harmonie und gegenseitige Unterstützung, und der gleichzeitig *die Überzeugung aller Mitglieder fördert, etwas »Besseres« zu sein als die Nicht-Mitglieder, der ist ein Gehirnwäscher, ein Feind der Menschen. Er besitzt keinerlei Glaubwürdigkeit.*

Dabei ist es gleichgültig, ob die »Gemeinschaft von Menschen« eine Familie ist oder eine Gemeinde, eine Stadt, ein Verein, eine Partei, eine Religion, ein Land, ein Staat.

— DEVIL-HACK! —

Unser Körper ist ein Garten
und unser Wille der Gärtner.
Ob wir Nesseln darin pflanzen wollen
oder Salat anbauen,
Ysop setzen oder Thymian ausjäten,
ihn mit einerlei Kraut besetzen
oder mit mancherlei Gewächs auslaugen,
ihn träge verwildern lassen
oder fleißig in Zucht halten –
die Fähigkeit dazu und die bessernde Macht
liegt durchaus in unserem freien Willen.
(William Shakespeare)

Das trifft wohl auf die allermeisten Gruppierungen und Organisationen zu, denn für was Besseres – oder zumindest etwas Besonderes – halten sich die meisten, oder?

Yep, und wo es hinführt, kannst du täglich in den Nachrichten sehen.

Das ist immer mehr Stoff zum Nachdenken. Vorhin sagtest du, dass dir noch zwei Dinge eingefallen sind, erstens Patriotismus, darüber haben wir schon gesprochen, und zweitens?

Ah ja, du bist doch noch fit! Ich wollte noch über eine meiner Großtaten sprechen, und zwar die Verehrung des Begriffs »Identität«.

Und was ist *daran* jetzt falsch?

Nichts – wenn deine Identität als Sprungbrett dient zu immer *neuen* Identitäten, zu Lernerfahrungen, Quantensprüngen der Entwicklung, zu Unabhängigkeit und zu Freiheit im Denken und Fühlen.

Alles daran ist falsch, wenn deine Identität als Rechtfertigung dient für Stillstand, Haben-wir-immer-schon-so-gemacht-Wahn, Verachtung des Andersseins und Andersdenkens, Angst vor dem Fremden, dem Neuen, Erstarrung im Festhalten an Vergangenheit und Routine.

Wie gesagt, jeder Mensch hat eine einmalige, unverwechselbare Seele, die immer wieder auf diese Erde zurückkommt – mal als Mann, mal als Frau, mal als schwarzer Mann, mal als weiße Frau, mal Gelb, Grün, Blau, mal mit dem silbernen Löffel im Mund, mal als Nomadin, mal als Tochter einer Prostituierten, mal als Sohn eines Grafen, mal als Tochter eines Mörders, mal als Sohn eines Bäckers. Was bedeutet also »Identität«? Verstehst du jetzt, was mein Ziel war mit der Einrichtung und Verehrung persönlicher Identität?

Ich habe mal wieder zehntausend Gedanken zugleich. Aber in diesem Durcheinander erkenne ich einen roten Faden. Meine wahre Identität ist also nicht etwas, das ich mir erst schaffen muss, richtig?

Ab-so-lut richtig! Ihr aber habt es so weit gebracht, dass sich jemand in seiner »Identität« ernsthaft bedroht fühlt, wenn man den Totenkopf, den er sich auf den Nacken tätowieren ließ, nicht gerade super geschmackvoll findet. Was nicht heißt, dass dein einmaliges und unverwechselbares Wesen keine wiedererkennbaren Züge haben darf – aber ihr habt daraus fast eine Religion gemacht. Wenn ihr den idealen Menschen für eine Führungsposition gefunden habt und seine Gegner können per 40 Jahre altem Heimkino-Schnipsel nachweisen, dass er mit 14 einmal in der Nase gebohrt hat, dann ist er schon disqualifiziert. Mein Schachzug mit der Identität hat hier leider perfekt funktioniert. Ihr habt eure Identität in eine wirksame Blockade für Neugier und Lernen verwandelt. Und ihr habt völlig verdrängt, dass ein Mensch, der in seiner Jugend und in seinem Leben viele Fehler gemacht, aber daraus *gelernt* hat, als Politiker viel geeigneter ist als ein Mensch mit »sauberer« Vergangenheit. Aber ich denke, das Thema »Identität« ist so durchsichtig, dass ich mich hier nicht weiter aufhalten muss.

Das denke ich auch.

Bevor ich es übersehe, vielleicht doch noch ein paar Worte zu diesem Thema im weitesten Sinne. Möglicherweise ist das jetzt der richtige Zeitpunkt, um noch einmal ein spezielles Thema zu streifen, nämlich die Übergewichtsepidemie in den westlichen Ländern. Fettleibigkeit kommt heute so häufig vor, dass es inzwischen eine Bewegung gibt, übergewichtige Menschen gefälligst zu »respektieren«. Es ist »politisch unkorrekt«, sie zu nennen, was sie meistens sind, nämlich fett, faul und gefräßig! Im Extremfall führt das dazu, dass sie den Bauch auch noch stolz vor sich hertragen, als ob es das Normalste von der Welt wäre.

Ja, ich habe schon erlebt, dass ein 200-kg-Mann auf *mich* sauer war, weil er den Sitz neben sich im Flugzeug nicht leer vorfand, sondern mit mir drauf.

Abgesehen von dem Schaden, den solche Menschen ihrer Gesundheit zufügen, und dem Schaden für die Allgemeinheit durch die Krankheitskosten – es gibt es einen Aspekt, den ihr nirgends lesen könnt und den ich erfolgreich versteckt habe: *Niemand, der sich selbst großes Übergewicht angefressen hat, ist im Grunde seiner Seele zu echter, tragfähiger Selbstachtung fähig.* Sein Mangel an Selbstliebe und Selbstdisziplin ist ihm tief drinnen bewusst und steuert sein Denken und Handeln wie ein schleichendes Gift. Nach außen präsentiert sich diese innere Wahrheit in der Regel hinter einem dichten Schleier aus Machtgier, Selbstverachtung, träger Lethargie, getarnt als »Gemütlichkeit«, als künstliche Dauerfreundlichkeit, Selbstmitleid, ständige Reizbarkeit, Unberechenbarkeit – das alles in beliebiger Mischung und Ausprägung. Dicke seien stolz auf ihren Bauch und betrachteten ihn als Teil ihrer »Identität«? Falsch geraten. Das ist in ihrer inneren Wirklichkeit niemals der Fall. So viel dazu.

Ich werde meine Tennisstunden verdoppeln … Apropos Gesundheitszustand: Mit der Covid-19-Epidemie hattest du wohl nichts zu tun, oder? Ich schließe es daraus, weil uns schon wieder der eine oder andere Kirchenvertreter die Pandemie als »Strafe Gottes« verkaufen wollte. Ein Politiker wollte sogar sein rechtsextremes Süppchen kochen und meinte, sie sei eine Strafe

Gottes für gleichgeschlechtliche Ehen und die Legalisierung der Abtreibung.

Habe schon alles dazu gesagt. Nein, diese Epidemie habt ihr euch selbst zuzuschreiben. Frage: Warum starben 80 % der nordamerikanischen Ureinwohner, als die ersten weißen Siedler übers Meer kamen?

Weil sie nicht geimpft waren?

Ist dir da zum Scherzen zumute?

Ups, sorry, nein. Sie waren wohl nicht immun gegen die eingeschleppten krankmachenden Keime: Viren, Bakterien …

Richtig. So wie nur wenige Menschen gegen Covid-19 immun waren, das sich durch Tiere verbreitet hat, ohne den Tieren zu schaden. Viren verändern sich pausenlos, und wenn man dann auf die törichte Idee kommt, ihre Wirtstiere als Delikatesse anzusehen, kann eine solche Verbreitung in Nullkommanix geschehen. Dieses Spiel mit dem Feuer betreibt ihr schon seit langer Zeit. Die Folgen könnt ihr in Geschichtsbüchern und auf Friedhöfen nachlesen. Ich musste da nicht nachhelfen.

Das Virus ist also nicht irgendwo aus einem Labor entkommen?

Kein Kommentar. Vielleicht so viel: Es wird noch Jahrzehnte dauern, bis ihr hinter die Kulissen dieses Geschehens schauen werdet. Der Anblick wird euch nicht gefallen.

Hmmm, viele haben diese Zeit als letztlich positive Lernerfahrung erlebt und ihren Alltag seither anders aufgestellt. Fasziniert hat mich, wie schnell sich die Natur vom Raubbau durch unseren Dauer-Konsumwahn erholt hat. Wenn Delfine wieder vor dem Markusplatz in Venedig herumtollen, dann gibt es kaum ein deutlicheres Signal, oder? Oder dass sich Bergseen wieder füllen, weil sie nicht mehr als Schneekanonenfutter dienen müssen. Das sind sicher nur Symptome, aber sie sprechen eine deutliche Sprache.

Das Wort Krise stammt aus dem Altgriechischen und bedeutet »Entscheidung, Chance«.

Ich habe während des ersten strikten Lockdowns bisweilen als Trost eine kleine Geschichte erzählt, die du sicher kennst:

Es war einmal eine Frau, die gerade im Wald vor sich hin spazierte, als ihr ein kleiner Waldgeist begegnete. »Uii«, rief der Waldgeist, »ich merke, dass du mich sehen kannst. Dafür hast du jetzt einen Wunsch frei.« »Hmm«, sagte die Wanderin, »mir fällt leider auf die Schnelle nur ein, dass ich schon immer einmal wissen wollte, was der Unterschied zwischen Himmel und Hölle ist.«

Puff! machte es, und der kleine Waldgeist nahm die Frau an der Hand und führte sie zu einem Holzhaus, das aus dem Nichts vor ihnen aufgetaucht war. Sie betraten es und gingen durch die erste Zimmertür.

Dort bot sich eine seltsame Szene: Um einen riesigen, runden Tisch herum saßen viele Menschen, die versuchten, von köstlichen Speisen zu essen, die sich in der Mitte des Tischs auftürmten. Ihre Mühe war vergeblich, denn das lange Besteck, mit dem sie die entfernten Schalen zu erreichen versuchten, war fest mit ihren Händen verbunden. Sie konnten sich das Essen nicht zum Mund führen und wirkten völlig verzweifelt, als ob sie kurz vor dem Verhungern wären.

*»Das ist die Hölle«, sagte der Waldgeist. Er nahm die Frau bei
der Hand und führte sie ins Zimmer nebenan.*

*Und siehe da, eine identische Szenerie tat sich vor den Augen
der Wanderin auf: Ein riesiger, runder Tisch, Menschen, die unter
denselben Bedingungen aus meterweit entfernten Schalen voll Köst-
lichkeiten in der Mitte des Tischs zu essen versuchten. Nur die allgemeine Atmosphäre war eine ganz andere: Die Leute waren fröhlich,
lachten und erzählten sich Geschichten – und fütterten sich mühelos
gegenseitig.*

»Das ist der Himmel«, sagte der kleine Waldgeist.

Ja, das war ausnahmsweise eine brauchbare Definition von
»Hölle«. Die Krise war wie jede andere auch ein feiner Anstoß,
in Zukunft einen besseren Weg auf allen Gebieten einzuschla-
gen. Vor allem solltet ihr endlich überdenken, ob es nicht genug ist mit eurer Fleischesserei. Fast alle Pandemien im Laufe
der Geschichte haben davon ihren Ausgang genommen. Allerdings, wenn ihr nicht aufpasst, werden die Zauberlehrlinge in
den Gentechnik-Labors dem natürlichen Ursprung mutierter
und gefährlicher Viren bald den Rang ablaufen.

Das habe ich schon immer vermutet! Lauter Giftmischer! Aber
zu meinen Gedanken um die Corona-Pandemie gehörte auch,
dass eine Idee, deren Zeit gekommen ist, auf den ersten Blick
sehr klein und unbedeutend sein kann – wie beispielsweise bei
Greta Thunberg, ein Schulmädchen, das sich mit einem Schild
vors schwedische Parlament setzt, statt am Unterricht teilzunehmen. Was stand drauf? »Schulstreik für das Klima«?

Richtig. Ja, ein Virus ist winzig, aber sehr mächtig. Ein Gedanke
ist noch winziger, aber noch mächtiger. Eine Wahrheit, vor der
ich euch erfolgreich beschützt habe. Verzeih die Ironie.

In diesem Zusammenhang fällt mir natürlich gleich das Thema Impfen ein. Ich habe manchmal das Gefühl, dass Impfungen und erst recht die Impfpflicht Zeichen einer Philosophie sind, die über weite Strecken wider die Natur ist. Die die Natur als Feind sieht, der beherrscht werden muss.

Dazu habe ich eigentlich schon alles gesagt. Ihr könnt euch selbst ein Bild machen und den richtigen Weg finden. Entscheidend ist, dass ihr Verantwortung für euren Weg übernehmt, welchen auch immer ihr einschlagt.

Vielleicht so viel als Gedächtnisstütze und zum Nachdenken: Impfen bedeutet auch, die Chancen des Immunsystems zu mindern, sich aus eigener Kraft zu entwickeln und zu stärken. Ihr wisst alle, dass Kinderkrankheiten ins Erwachsenenalter zu verschieben viel gravierendere Belastungen für den Körper mit sich bringt.

Kinderkrankheiten sind sehr wichtig für eure Entwicklung. Nicht ihre Tatsache ist bedeutsam, sondern der Umgang damit. Früher habt ihr das gewusst und Kinder erst drei Tage nach dem letzten fieberfreien Tag wieder in die Schule oder nach draußen geschickt. Heute habt ihr Antibiotika für Mensch und Tier und gebt eurem treuen Vehikel Körper keine Chance mehr, sich aus eigener Kraft zu wehren.

Es wird noch viele Jahrzehnte dauern, bis endlich unabhängige Wissenschaftler nachgewiesen haben, wie viele Auslöser eurer Zivilisationskrankheiten auch in Impf-Spätfolgen zu suchen sind. Und noch etwas: Angst wirkt automatisch und immer schwächend auf das Immunsystem deines Körpers.

Hast du dir schon mal überlegt, warum Impfbefürworter so fanatisch auf Impfgegner reagieren? Sie selbst und ihre Kinder sind ja geimpft, also geschützt. Wovor sollten sie sich also fürchten? Woher die Panik?

Das habe ich mich tatsächlich auch schon gefragt. Aber ich vermute, dass Impfstoffe einfach ein gigantisches Geschäft für die Pharma-Industrie sind. Sie leben von der Angst.

Schau dir an, wer bei euch das Recht hat, Impfpläne zu erstellen und den Politikern zur Unterschrift vorzulegen. Überall in der Welt sitzen dieselben »Experten« auch in den Vorständen von Monsanto, Bayer, Pfizer, Novartis etc. Und überall spielen sie mit den Ängsten und der Besorgnis der Eltern von Kleinkindern, um sie dazu zu dressieren, Impfen als Pflicht einer jeden guten Mutter anzusehen.

Ihr müsst euch zu der Erkenntnis durchringen, und das so bald wie möglich, dass es keine Krankheit, keine Pandemie, keine Schädlings- und Unkrautplage, keine Klimaveränderung, keine Naturkatastrophe gibt, die nicht einen logischen, greifbaren Sinn hat. All diese Hemmnisse laden euch ein, sie zu verstehen, ihre *Sprache* zu verstehen. Nur dann könnt ihr Verhältnisse schaffen, die solches Geschehen in Grenzen halten oder gar überflüssig machen. Zufrieden mit dieser Erklärung?

Eine weitere deiner Einladungen, nicht mehr den Kopf in den Sand zu stecken.

Du sagst es! Aber ich sehe, du hast dir noch weitere Notizen gemacht?

Ja, etwas verrückt und ein Thema weit draußen am Rand ... Ich hatte immer das Gefühl, dass unsere Kabarettisten einen positiven, aufrüttelnden Einfluss auf das Publikum haben. Nicht umsonst werden sie von der Politik so gefürchtet. Was tust du, um deren Arbeit zu stören?

Von Autoritäten gefürchtet? Heutzutage kaum! Komiker und Kabarettisten haben selten einen moralischen Kompass und ziehen so manche wertvolle Wahrheit ins Lächerliche.

Ich bremste sie nicht, ich förderte sie, wo ich nur konnte, weil sie indirekt meinen Absichten entgegenkamen. Mach die Augen auf: Die Betroffenen sitzen doch fast überall in der ersten Reihe und lachen sich kaputt! Außer sie sind wirklich strohdumm und erfassen die Dynamik nicht, weil ihr Ego und ihr falscher Stolz sie fest im Griff haben. Die meisten Zielpersonen wissen aber genau, dass Witz, Zynismus, Ironie und Sarkasmus ihnen nichts anhaben können. Im Gegenteil: Kabarett war eine meiner genialsten Erfindungen!

DEVIL-HACK!

Ein Mann wird von einem wilden Tiger gehetzt. Als der Tiger ihn schon fast erreicht hat und zerreißen will, springt der Mann in eine Schlucht. Im letzten Augenblick kann er sich zwei Meter unterhalb der Kante an einer Wurzel festhalten, die langsam abzubrechen beginnt. Über ihm der wilde Tiger und die brechende Wurzel. Unter ihm der gähnende Abgrund und der sichere Tod. Neben ihm, auf einem winzigen Felsvorsprung eine Blume. Der Mann beugt sich zu ihr hinunter, riecht an ihr und sagt: »Wie wunderbar sie duftet!«

Du hast das erfunden? Wie kann uns das auf unserem Weg behindern? Welchen Schaden richten sie denn schon an?

Das ist eine Frage der Psychomechanik. Um es kurz zu machen: Genau jene Energie, die beim Publikum ins Lachen wandert und scheinbar befreiend wirkt, weckt gleichzeitig die Illusion, etwas *getan* zu haben, um die angeprangerten Zustände zu verändern. Das ist aber nur eine Selbsttäuschung, wirklich geschehen ist nämlich noch nichts. Der Clou für mich: Diese Illusion *verringert* die Wahrscheinlichkeit, dass man sich tatsächlich in befreiende Bewegung setzt. Man klopft sich gegenseitig auf die Schultern, zwinkert sich zu und sagt: »Der/die traut sich was!« Und das wars dann.

Überhaupt gehörte es zu meinen Spezialitäten, euch in Situationen zum Lachen zu bringen, wo ein Miteinander, gegenseitige Hilfe, Zuhören eher angebracht gewesen wären – und helfende Hände. Lachen ist allzu oft bei euch ein deutliches Zeichen von Gefühllosigkeit. Was ist lustig an einer Trampolinspringerin, die sich selbst über die Hecke katapultiert und ein Bein bricht? Ich war ein Profi darin, Gefühllosigkeit hinter einer fröhlichen Fassade zu verstecken. Zwischen Auslachen und Lachen aber liegen Welten. Devil-Hack gefällig?

O bitte! Den Spaß an Kabarett, Stand-up-Comedy und Hoppala-Serien hast du jetzt vielen LeserInnen gründlich verdorben!

Du meine Güte, es ist doch so einfach: *Versetz dich in denjenigen, über den du gerade lachst!*

Empathie, mein Freund, das ist es! Eine langfristige Lösung für den verbreiteten Mangel an Mitgefühl wäre es ja, eure Teenies nach dem Schulabschluss auf Fahrräder zu setzen und ein ganzes Jahr lang um die Welt zu schicken. Verpflichtend! Dann müsste ich keine Gespräche mehr wie mit dir jetzt führen. Meine Chancen als Bremser der Menschheit würden so sehr sinken, dass ich es heute nicht nötig hätte, um meine Jobsicherheit zu bangen.

Du hast recht. Ich habe mir schon immer gedacht, dass fröhliches, befreiendes Lachen und morbide Schadenfreude so weit auseinander liegen wie Tag und Nacht.

Korrekt gedacht; ich arbeitete früher immer daran, dass der Unterschied niemandem auffällt. Noch Fragen?

Nur um das abzuschließen: Es stimmt zwar, dass bei uns die Zielpersonen von Kabarettisten oft in der ersten Reihe sitzen und über das Verarschen ihrer Unzulänglichkeiten lachen können. Aber in vielen Ländern sitzen reichlich humorlose Menschen am Ruder. Ein Witz an der falschen Stelle und du bist einen Kopf kürzer.

Die Gleichung lautet: je überheblicher desto humorloser. Aber das müssen wir jetzt nicht vertiefen, die Zusammenhänge liegen auf der Hand. Also, noch Fragen?

Ja, aber sicher. Also was habe ich hier notiert? Moment… Das hätte ich beinahe übersehen, dabei ist es so wichtig, das *Schulwesen* in aller Welt! Als Opfer des Systems in meiner Jugend hatte ich oft das Gefühl, dass sich der Teufel das Notensystem ausgedacht hat.

Du liegst richtig. Mit meiner Hilfe habt ihr die Schule in ein Instrument verwandelt, um möglichst viele geistige Gefängnisse zu schaffen; sehr lobenswert, deine Erkenntnis. Kennst du den Film »Der Club der toten Dichter«? Oder den Film »Stand and Deliver«? Was haben wir geschwitzt und gearbeitet, bis wir den positiven Effekt dieser Filme neutralisiert hatten!

Ich verrate es dir, so haben wir gearbeitet: Fast überall auf der Welt entscheiden spezielle Interessengruppen über den Inhalt der Lehrbücher an den Schulen und über die Art und Weise, wie LehrerInnen ausgebildet werden, was sie zu vermitteln haben und auf welche Weise. Und was sind das für Interessen?

Na, die eigenen.

Exakt. Also wird Geschichte verfälscht, echte Wissenschaft ignoriert und es werden politische und fanatisch-religiöse Süppchen gekocht. Vorurteilsfreie Neugier wird abgetötet oder in systemerhaltende Kanäle gelenkt. Über 50 % aller amerikanischen Schüler haben beim Schulabgang noch nie etwas von Hitler gehört.

Die Zahl kenne ich.

Begreifst du auch die gravierenden Folgen? Die Verführungsmethoden der Fingerhut-Bande folgen immer den genau gleichen Abläufen – einem zeitlosen und erlernbaren System, das alle Demagogen kennen und anwenden. Ich habe es ihnen beigebracht, das war eine meiner Aufgaben. Das System ist nicht schwer zu durchschauen und zu beschreiben, viele eurer Psychologen und Philosophen haben das schon getan. Arno Gruen etwa war darin ein Meister. Aber oft besteht aufseiten von Autoritätsfiguren das starke Interesse, die Methoden der Betäubung geheim zu halten. Warum auch nicht? Du würdest ja den zukünftigen Sklaven den Schlüssel zur Freiheit in die Hand geben, wenn du sie schon in der Volksschule darüber belehrst. Hey, und viele eurer Lehrerinnen und Lehrer müssten in den Spiegel schauen und erkennen, dass auch sie nicht immun dagegen sind, diese Methoden anzuwenden.

Sie können also nicht Allgemeingut werden. Deshalb könnt ihr euch auch nicht dagegen immunisieren. Ihr werdet Opfer der Rattenfänger bleiben. Sehr praktisch war das für mich – aber gleichzeitig natürlich einer der Gründe, warum ich heute mit dir spreche.

Hmmm, ich denke, ich kenne diese Methoden, weil auch ich zu bestimmten Zeiten meines Lebens dafür anfällig war. Kein Ruhmesblatt für mich, weil ich heute weiß, wie die Kerle arbeiten. Gleichzeitig habe ich natürlich erfahren, wie schwer es ist, diese Methoden zu durchschauen.

Beklag dich nicht, denn damals warst du scharf auf die Handelsware in den Bauchläden der Verführer. Deine späte Einsicht, dass du damit in Wahrheit nur deine Zeit verschwendet hast, ist eine Leistung, die Respekt verdient. Manche plappern von einem »notwendigen Schritt in ihrer Entwicklung«, wenn sie dieselben Sackgassen abgeklappert haben. Und nehmen sich dadurch die Chance, sich komplett abzunabeln. Verdeckter Stolz und Eitelkeit hindern sie daran.

Danke für die Blumen, aber besonders stolz bin ich trotzdem nicht darauf. Es war schon eine lange Zeit der Verblendung.

Genug der Selbstkritik, besser spät als nie. Zusammengefasst: Die Methoden der Fingerhut-Bande und ihrer Mitläufer nicht aufzudecken und Allgemeingut werden zu lassen, führt zu genau jener Katastrophe, die ich heute mit deiner Hilfe zu verhindern suche. Ihr müsst da viel und schnell aufholen, um die Geister, die ich rief, zu bändigen.

Ihr müsst auch erkennen, dass euch der Spruch »Der Klügere gibt nach« in der gegenwärtigen Lage nicht weiterhilft. Denn eine freundlichere Einladung an die Tyrannen der Welt kann man kaum aussprechen. Würdet ihr immer nach dieser Maxime leben, wären bald nur noch Vollidioten an der Macht.

»Der Klügere gibt nach!« Welche Zerstörungskraft von diesem Spruch ausgeht, darauf hat mich erst mein Sohn aufmerksam gemacht. Über Sinn und Wert von Sprichwörtern denken wir viel zu wenig nach!

Ich habe mir schon immer gedacht, dass der richtige Umgang mit körperlicher und seelischer Gewalt zu den größten Problemen aller Gutmütigen und Gutwilligen gehört. Man will sich in seinen Abwehrmethoden nicht auf eine moralische Stufe mit den Aggressoren stellen. Aber es muss trotzdem ein Weg gefunden werden, sie zu bändigen beziehungsweise auf Dauer zu neutralisieren. Ich bin nämlich überzeugt: Wer Gewalttätigkeit erkennt oder ihr gar ausgesetzt ist und nicht dazu beiträgt, sie aufzuhalten, macht sich mitschuldig an dem, was die Gewalt später anrichtet.

Dieses Dilemma gehört zu den größten Herausforderungen, denen ihr hier unten begegnet. Pauschale Lösungen gibt es nicht. Die Extreme des korrekten Verhaltens pendeln zwischen »Die andere Wange hinhalten« und »Auge um Auge, Zahn um Zahn« und dazwischen gibt es viele weitere Optionen.

DEVIL-HACK!

Ein Wanderer fragte den Schäfer:
»Na, wie wird das Wetter heute?«
Der Schäfer: »So, wie ich es gerne habe.«
»Woran erkennst du das? An der Wolkenform?«
»Ich habe die Erfahrung gemacht, mein Freund,
dass ich nicht immer bekommen kann,
was ich gerne möchte.
Also habe ich gelernt, immer zu mögen,
was ich bekomme.
Deshalb bin ich ganz sicher:
Das Wetter wird heute so sein,
wie ich es gerne habe.«

Ich erinnere mich an einen Freund, der einer Schlägerei mit einem aggressiven Kneipenbully aus dem Weg ging, indem er einen Herzinfarkt vortäuschte.

Das ist ein geniales Manöver! Aber! Nur dann, wenn es *in Wirklichkeit* genial und erfolgreich ist, in der jeweiligen Situation. Dieses Verhalten ist nämlich völlig ungeeignet, um es als pauschale Empfehlung auszusprechen. An einem anderen Tag hätte der Schläger vielleicht auf deinen Freund am Boden eingetreten und ihm den Schädel eingeschlagen. Es gibt kein Patentrezept!

Ups, an die Möglichkeit hatte ich gar nicht gedacht ... Apropos Umgang mit Gewalt: Mir fällt noch das Beispiel einer Freundin ein. Eine Umgangsrechtsvereinbarung nach der Scheidung zwang sie, den vierjährigen Sohn alle zwei Wochen ihrem Ex-Mann übers Wochenende zu überlassen, einem sehr unguten Menschen, um es milde auszudrücken. Der Sohn war nach den Wochenenden immer völlig verstört und brauchte Tage, um sich wieder zu fangen. Bis meine Freundin ihn einfach nicht mehr auslieferte, auch weil er nicht mehr zum Vater gehen wollte. Ein Familienrichter wies sie an, alles zu tun, damit der Sohn »freiwillig« zum Vater geht. Meine Freundin sagte ihm daraufhin ins Gesicht: »Sie wollen mich also zwingen, meinen Sohn nach Strich und Faden zu belügen und die traumatische Erfahrung mit meinem Ex-Mann als Einbildung abzutun?« Der Richter war tatsächlich sprachlos.

Ich erinnere mich. Deine Freundin kann sich glücklich schätzen, denn die meisten Richter sind Männer, die für so viel Einsicht und Eigenverantwortung einer Frau keinerlei Verständnis haben. Schon gar nicht respektieren sie die Wahrnehmung des Kindes.

Das habe ich auch erlebt. Ich habe meine Freundin durch diesen ganzen Prozess des Umgangsrechts begleitet. Da gab es sogar mehrere psychologische Gutachter, die sie regelrecht zwingen wollten, ihr Kind dem Vater zu überlassen. Und es gab einen weiteren, völlig verdrehten Familienrichter, der ihr einreden wollte, es sei gut für das Kindeswohl, den alkoholkranken Vater regelmäßig zu besuchen, weil er »dann gleich erleben darf, wie sich das richtige Leben anfühlt«. Später stellte sich heraus, dass der Richter selbst Alkoholiker war.

Nichts Neues für mich. Wie gesagt, ihr lernt an den Schulen nichts über solche Zusammenhänge und schon gar nicht, wie ein korrekter und menschlicher Umgang mit Negativität aussehen könnte. Ihr lernt nichts über die Entfaltung von freiem Willen und echtem Forscherdrang. Ihr lernt nichts über Sex (außer über dessen Mechanik) und nichts über den gesunden Umgang mit der Energieform Geld, was so wichtig wäre! Ihr könnt euren natürlichen Bewegungsdrang nicht entfalten, und das ausgerechnet in den Zeiten, wo es am notwendigsten wäre und ihr ihn am stärksten empfindet.

Ihr lernt nichts über den Einklang im Kern aller Religionen, der alle äußeren Unterschiede bedeutungslos machen würde. Ihr lernt nichts über körperliche, geistige und seelische Unabhängigkeit. Ihr lernt nichts über echte Lebensfreude und ihre wahren Quellen. Und ihr lernt nichts über eine weise Berufswahl, um eurer Berufung zu folgen – etwas, wofür die Schule ja nun wirklich da sein sollte.

Korrekt, entspricht exakt meiner Erfahrung. Wegen diverser Umzüge hatte ich in meinem Leben insgesamt etwa 50 Lehrerinnen, Lehrer, Professoren etc. An genau vier davon erinnere ich mich gerne zurück, sie haben etwas hinterlassen. Seltsam, einen davon, meinen alten Sportlehrer, besuchte ich vor Jahren zum ersten Mal seit der Schulzeit, also fast 40 Jahre danach. Stell dir vor, er sagte mir, ich sei der Erste von damals, der ihn seither besucht! Ich war so fassungslos, ich musste fast eine Träne zerdrücken, weil ich mich in diesem Augenblick für die ganze Menschheit schämte.

Inzwischen scheint die Situation viel besser zu sein, wenn ich meinen Kindern so zuhöre. Aber viele Lehrer haben heute das Problem, nicht ausreichend darauf vorbereitet zu sein, mit der hohen Zahl gestörter, gewaltbereiter Kinder korrekt umzugehen.

Ich glaube, du hast recht: Die Armseligkeit unseres Schulwesens hängt in erster Linie mit der Ausbildung zusammen. LehrerInnen mögen noch so gutwillig sein, sie werden nicht intensiv darauf vorbereitet, was im Alltag in der Klasse auf sie zukommt. Guter Wille ohne die nötigen Werkzeuge, diesen guten Willen fruchtbar werden zu lassen, das funktioniert nicht.

Durch das bisherige Gespräch mit dir erkenne ich auch, warum die guten Lehrer auch früher schon keine Chance hatten, im System aufzusteigen. Die Oberen im System müssten ja einem Unteren die Türen öffnen, dadurch wächst in deren Augen die Gefahr, dass ein guter Aufsteiger für jedermann sichtbar macht, aus welchem Holz sie geschnitzt sind und welche Absichten sie im Hintergrund verfolgen – nämlich uns alle »normal« zu machen. In der Politik und oft auch in der Wirtschaft arbeitet doch genau die gleiche Mechanik.

Gut erkannt. Natürlich spielt auch eine Rolle, dass die jungen, angehenden LehrerInnen vorher nicht wissen, welch enges Methodenkorsett sie einschnüren wird. Dass die Schule ein riesiges Ablenkungsmanöver darstellt, das alles andere als das Wesentliche im Leben in den Fokus nimmt, erfahren sie erst nach und nach, wenn sie offen dafür sind.

Und der Alltag im Lehrberuf hat es in sich. Das ist alles andere als das Zuckerschlecken mit viel Ferien, wie es Außenstehende vermuten. LehrerInnen an Ganztagsschulen beispielsweise, die guten wie die »normalen«, fürchten sich geradezu vor den Stunden nach dem Mittagessen. Das Essen an den Schulen betäubt, ermüdet, macht reizbar, ist leer. Was mich schon wieder zum Thema Normal-Ernährung führt.

Ich habe euch ja erfolgreich eingeflüstert, dass Fleisch, Milch und Zucker notwendige Grundnahrungsmittel sind. Und wir haben uns scheckiggelacht, als ihr jedes Mal nach dem »Genuss« dieser Sachen müde, reizbar und ungenießbar wurdet – und trotzdem bis heute auf die Werbesprüche der Stopfblähfüllmittel-Hersteller anbeißt.

Dass Zucker kein Grundnahrungsmittel ist, das habe ich erst sehr spät ernst genommen.

Eine Frage an dich: Was ist der Unterschied zwischen einem Gift, das dich nach Minuten umbringt, und einem Gift, das dich langsam immer mehr schwächt und krank macht, bis es dich nach 20 Jahren tötet?

Darüber muss ich nachdenken ... Ein Unterschied wäre sicherlich, ob man das Gift unabsichtlich aufgenommen hat, etwa als Amazonas-Forscher, der das Gift eines Pfeilgift-Frosches erwischt hat, oder ob man es in Mordabsicht verabreicht bekam.

O. K., und was ist mit dem Unterschied zwischen sofortigem Tod oder erst nach 20 Jahren?

Ich bin sicher, wenn es mir gelingen würde, einen Richter davon zu überzeugen, dass mir das schleichende Gift, das mich erst nach 20 Jahren umbringt, absichtlich ins Essen gemischt worden ist, würde der Killer lebenslänglich bekommen ... denke ich.

O. K., und jetzt erinnere dich, wie viele Milliarden die Tabakindustrie an Entschädigungen zahlen musste, als man ihr nachweisen konnte, dass sie die Raucher absichtlich krank gemacht hat.

Richtig, da ist es endlich fast gelungen, den Killern das Handwerk zu legen.

Und jetzt wirf einen Blick auf die Nahrungsmittelindustrie und speziell die Zuckerindustrie. Sie vergiften euch absichtlich, oder? Sie wissen alle, was Zucker im Körper anrichtet, sie wissen alle, was Fleisch und Milch im Körper anrichten, ganz abgesehen von den Umweltschäden im Laufe der Produktionsprozesse. Die Tabak- und Nahrungsmittel-Industrien sind Drogenhändler. Euch nach ihren Produkten süchtig zu machen, ist das Ziel, nicht eine »Weltbevölkerung zu ernähren«. Beispiel? Welcher Anteil der gesamten Weltgetreideproduktion wird in der Massentierhaltung verfüttert? Was glaubst du?

20 Prozent?

Zwei Drittel. Um wie viel Prozent müsste euer Fleischkonsum sinken, um mit den gewonnenen Anbauflächen jeden Hunger in der Welt zu beseitigen?

Um die Hälfte?

Um zehn Prozent. Wie viele Menschen ernähren tausend Quadratmeter Ackerland mit Getreide? Zehn. Wie viele Menschen ernähren tausend Quadratmeter Viehweide?

Wenn du so fragst, sicherlich ein paar weniger.

Einen einzigen. Wie lange kannst du duschen mit dem Trink-
wasser, das nötig ist, um ein Kilo Rindfleisch zu erzeugen?

Zehn Tage?

Ein ganzes Jahr. Ich kenne die Zusammenhänge genau, und genau deshalb exportierte ich ja Milchpulver und Weizen zu not-
leidenden Bevölkerungen der Dritten Welt, in Katastrophen-
gebiete etc. Beide Nahrungsmittel sind leer und machen krank
und abhängig. Das war mir wichtig, weil oft in diesen Ländern
eine sehr gesunde Ernährung ohne tierisches Eiweiß im Vorder-
grund stand. Beispiel Mexiko: Bis vor 20 Jahren noch hat sich
dort jeder Mensch in erster Linie von Bohnen und Maistortillas
ernährt, heute hat Mexiko den höchsten Verbrauch an Zucker-
limos. Und abgepacktes Weizentoastbrot ohne jeden
Nährwert hat die Maistortillas abgelöst. Heute
ist Mexiko das Land mit dem höchsten Zu-
wachs an Übergewicht und Diabetes.

Das kam sogar schon als Mel-
dung in den Medien …

Du weißt ja jetzt: Nichts kam mir mehr entgegen als Abhängigkeit und Erschöpfung, geistig und körperlich. Das war mein Ziel! Aber eben nur bis zur Erschöpfung, nicht bis zur Selbstzerstörung! Deshalb reden wir ja heute miteinander.

»Die Fleischindustrie ist für mehr Todesfälle verantwortlich als alle Kriege des letzten Jahrhunderts, alle Naturkatastrophen und alle Autounfälle zusammengenommen. Wenn Fleisch in ihrem Kopf ›richtiges Essen für richtige Männer‹ bedeutet, dann solltest du Sorge tragen, richtig nah an einem richtig guten Krankenhaus zu wohnen.« Das sagte einer eurer führenden Ärzte kürzlich …

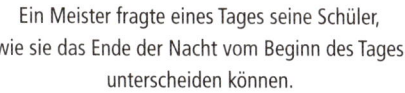

— DEVIL-HACK! —

Ein Meister fragte eines Tages seine Schüler,
wie sie das Ende der Nacht vom Beginn des Tages
unterscheiden können.
Einer sagte: »Wenn man in der Ferne ein Tier sieht und
erkennt, ob es eine Kuh oder ein Pferd ist.«
»Nein«, sagte der Meister.
»Wenn man aus der Ferne erkennen kann,
ob der Baum eine Kirsche oder eine Linde ist.«
»Wieder falsch«, sagte der Meister.
»Wenn man erkennt, ob es ein Vogel oder eine
Fledermaus ist, die da fliegt.«
»Auch nicht«, sagte der Lehrer.
»Also, wie dann?«, fragten die Schüler.
»Wenn man in das Gesicht eines Mannes blickt und
darin den Bruder erkennt; wenn man in das Gesicht
einer Frau blickt und in ihr die Schwester erkennt. Wer
dazu nicht fähig ist, für den ist – wo immer die Sonne
auch stehen mag – Nacht.«

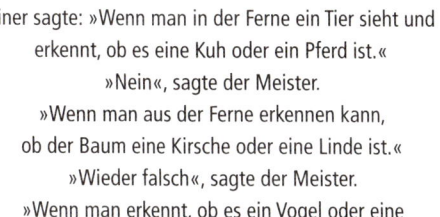

Apropos: »Richtige Männer essen richtiges Fleisch«: Bei einer wissenschaftlichen Studie fand man heraus, dass bei Männern, die auf tierisches Eiweiß verzichten, die nächtlichen Spontan-Erektionen im Schlaf viermal länger und viel »stabiler« sind als bei normal ernährten Männern. Ich empfehle die Dokumentation »The Game Changers«. Gibt's bei Netflix mit deutschen Untertiteln.

Die Studie und den Film kenne ich, in meiner jetzigen Situation kann ich sie auch nur empfehlen! Sonst noch Fragen?

Lass mich kurz meine Notizen anschauen ... Welche Tricks hast du sonst noch auf Lager?

Wie wäre es damit? Zu allen Zeiten war es eine meiner stärksten Waffen, Menschen einer Form der Gehirnwäsche unterziehen zu lassen, die zur Folge hatte, dass sie schon darin einen Fortschritt sahen, die Gitterstäbe ihres Gefängnisses zu vergolden. Den beliebtesten Ausspruch dieser Sklavenmentalität kennst du ja: »Das haben wir schon immer so gemacht.« Zweitbeliebtester: »Wieso? Ich bin frei und kann tun und lassen, was ich will!«

Hm, vielleicht sollten die LeserInnen einmal den Begriff »Stockholm-Syndrom« googeln.

Guter Vorschlag. Damit niemand in der Wirklichkeit der eigenen Situation aufwacht, ist übrigens chronische Müdigkeit eine wichtige Stütze. Auch Konkurrenzdenken ist ein wichtiger Faktor; ich förderte es schon in den Schulen, wo ich nur konnte. Es ist heutzutage fast unmöglich, Schüler zu finden, die bereit sind, bei Tests den Nachbarn abschreiben zu lassen.

Wem sagst du das! Ich hatte Glück und mein in Mathe und Latein talentierter bester Freund hat mich immer abschreiben lassen. Die Ureinwohner Nordamerikas wuchsen übrigens anders auf. Neue Schüler im Reservat lieferten bei schriftlichen Prüfungen oft leere Blätter ab, obwohl sie gut vorbereitet waren. Sie wollten jenen Mitschülern nicht wehtun, die die gestellten Aufgaben nicht lösen konnten. Nur so ein Gedanke … Das Konkurrenzdenken geht dann nahtlos über ins Wirtschaftsleben, in die Berufsausübung.

Richtig. »Teamfähigkeit« wird zwar bei euch fast überall großgeschrieben, aber klein praktiziert. Fast immer sind mehr oder weniger verdeckte Hierarchien am Werk, Firmen arbeiten vielfach wie kleine Königreiche. Erfolg sehen sie nicht mehr im Pflegen von Gäste- und Kundenbetreuung und einem qualitativ hochwertigen Produkt, sondern im »Mehr, mehr, mehr«. Überall ist »Wachstum um jeden Preis« angesagt, freundliches Sich-Bemühen um Gast, Kunde und Produkt ist »notwendiges Übel« und lästiger »Kostenfaktor«. Diese Einstellung ist so tief verwurzelt, dass echtem Miteinander, bedingungslosem Geben fast automatisch mit Misstrauen begegnet wird – zumindest aber mit dem Gefühl: »Welche Gegenleistung ist jetzt wohl angebracht, in welchem Umfang und in welchem Zeitraum?«

Oh, jetzt, wo du es sagst: Auf meinen Reisen im Westen habe ich immer öfter bemerkt, dass irgendein Gastgeschenk beinahe als Druckmittel empfunden wird, weil sich mein Gegenüber fragt: »Was will er von mir? Welche Gegenleistung muss ich jetzt abliefern?«

Ja, Geben ist manchmal einfacher als Nehmen. In der Wirtschaft kannst du dir als Naturgesetz merken: Alles, was groß werden möchte oder groß geworden ist – Firmen, Konzerne, Hotelketten usw. –, wurde es nur aus einem einzigen Grund: Gier. Niemals, um den Kunden etwas Gutes zu tun. Anliegen Nr. 1 ist es dort, die Kunden von den eigenen Produkten abhängig zu machen, mit legalen Mitteln natürlich: süchtig machende Inhaltsstoffe, Treuepunkte, firmeneigene Kreditkarten, Werbesprüche und vieles mehr. Diese Firmen sind im Wesentlichen Rädchen in einer Drogenindustrie. Deshalb sind auch die Angestellten solcher ständig größer werdenden Heißluftballone keine Mitarbeiter, Kollegen, Associates, sondern Sklaven, die es auf mehr oder weniger schamlose Weise auszubeuten gilt, um die Preise niedrig zu halten.

Fast jede Firma oberhalb einer bestimmten Größe ist heute eine Mini-Tyrannei mit straffster Hierarchie, unter den börsennotierten Firmen sind es fast alle. In den USA leben 78 % aller Arbeitenden von Monatsgehalt zu Monatsgehalt, ohne etwas zurücklegen zu können.

Deutlich erkennbar während der Corona-Epidemie …

Du willst Zimmermädchen bei Hilton werden? Dein Handbuch für korrekte Verhaltensregeln ist fünf Zentimeter dick. Familie mit zwei Kindern? Du brauchst zwei Fulltime-Jobs, nur um über die Runden zu kommen und ohne ein Sparbuch füllen zu können. Erfolgreicher Devil-Hack: *Auf unbedingte Qualität achten, bei kleinen Firmen bestellen, einkaufen, arbeiten lassen. Je regionaler, desto besser.*

Da sehe ich einen Widerspruch. Wenn dieses gierige Expansionsstreben auch in deinem Sinne ist, oder war, also wenn du es zumindest anfangs gefördert hast, bis es sich zu diesen Krebsgeschwüren ausgewachsen hat, die wir heute sehen, wie geht das zusammen, wenn du sagst, dass du Trägheit und Erstarrung förderst, und dass das zu deinen wesentlichen Aufgaben gehört?

DEVIL-HACK!

Tief im Meer
liegen unermessliche Schätze verborgen.
Sicherheit und Garantien
bekommt man am Ufer.
(Orientalische Weisheit)

Kein Widerspruch, und deswegen auch diese Beispiele, obwohl wir schon vorher darüber gesprochen haben. Die Erstarrung bezieht sich hier auf erstarrte Denkweisen, nämlich zum Beispiel »Wirtschaft braucht kontinuierliches Wachstum«. *Nichts braucht eine menschenfreundliche Weltwirtschaft weniger als diese tödliche Ideologie!* Eure Wirtschaft braucht Denken und Handeln in natürlichen Kreisläufen, sie braucht Harmonie mit echten Notwendigkeiten von Mensch, Tier und Natur. Monsanto, Nestlé, Exponent, Bayer und die vielen anderen Firmen, die das nicht beherzigen – sie waren stets auf *meiner* Seite. Ebenso wie die 85 % aller Wissenschaftler, die von ihnen bezahlt werden und Fake Science zusammenkochen. Beispiel für einen meiner treuesten Gefolgsleute gefällig?

Gerne. Je mehr Augenöffner für die LeserInnen, desto besser!

Frage: Welche Firma hat die Fleischindustrie beauftragt, Studien zu erstellen, die beweisen, dass Fleisch *nicht* ungesund ist?

Aha, bezahlte Wissenschaft …

Es ist dieselbe Firma, die euch bewiesen hat, dass Tabak keinen Krebs erzeugt, Asbest und Zucker unschädlich sind und Glyphosat und alle anderen Pestizide keinerlei Gesundheitsrisiko bedeuten. Ihr Name ist Exponent Inc. Die Firma hat sich spezialisiert und steht der Großindustrie immer dann zur Seite, wenn sich Geschädigte gegen Firmen wehren. Die Hauptaufgabe von Exponent ist es, Zweifel zu säen – an persönlicher Erfahrung, gesundem Menschenverstand und an unabhängigen wissenschaftlichen Studien, die euch helfen würden.

»In dubio pro reo«, nicht wahr? Im Zweifel für den Angeklagten. Ich habe mir schon immer gedacht, dass dieses Rechtsprinzip zwar ein Schutz für unschuldig Angeklagte ist, aber wahrscheinlich ebenso oft ein Schlupfloch für Bösewichte, denn Zweifel säen ist ja für einen guten Rechtsanwalt kein Problem.

Richtig, und fast alle »großen« Firmen gehören zu den Kunden von Exponent – Monsanto, Dow Chemicals, Ölfirmen, die Zuckerindustrie usw. Viele Menschen müssen erst krank werden und sterben, bevor sich die Wahrheit durchsetzt. Exponent ist mir davongelaufen, die sind heute besser als ich.

Noch nie von der Firma gehört, aber das ist sicher kein Wunder, denn heute leben fast alle Medien von Industrie-Anzeigen. Die werden sich hüten, solche Blicke hinter die Kulissen zu veröffentlichen …

Dabei musst du nur zwischen den Zeilen der Website von Exponent lesen. Der Devil-Hack besteht darin, dass ihr euch bewusst macht: *Wenn ihr etwas aus einem Supermarkt-Regal nehmt, erzeugt ihr ein Vakuum, in das genau dasselbe Produkt hineingesaugt wird.* Lasst ihr es stehen, wird es nicht mehr nachbestellt. Simpel, oder? Echte Demokratie übt man nicht im Wahllokal. Man übt sie vor den Regalen in den Geschäften. Du bestimmst, womit sich die Regale füllen und welche Firmen eine Chance haben. Diese Entscheidung ist von größerer Tragweite als jede Wahlentscheidung in der Politik.

Nestlé-Produkte kaufe ich schon lange nicht mehr. Na ja.

Ich glaube, ich muss deutlicher werden. Der einzelne Mensch hat die Macht, nicht die Politiker. Was ihr kauft, verändert die Welt, nicht eure Stimme bei Wahlen. Ihr kauft ein T-Shirt für 5 Euro? Ihr habt die Leiden der Frauen in Asiens Sweatshops verlängert. Ihr kauft eine Flasche Wasser von Nestlé oder irgendeinem der anderen Wasserräuber? Ihr habt mitgeholfen, den wunderbaren Segen Wasser auszubeuten und in stinkende Tümpel und Wüsten zu verwandeln. Ihr holt euch Strom aus Kohle, Erdöl und Atomkraftwerk? Ihr bringt die Erde nicht einen, sondern mehrere Schritte näher dem letzten Zucken mit ihrer Schulter, mit der sie euch alle abschüttelt und neu beginnt. Ob die Erde das Paradies ist, für das sie gedacht ist, oder ob sie euch abwirft wie ein Wildpferd, ihr habt es in der Hand – jeder Einzelne.

Au weia, starker Tobak ... Aber auch jetzt habe ich das Gefühl, du hast recht.

Eure Bergarbeiter, eure Ölarbeiter, eure Atomingenieure – ihr könntet sie problemlos und in kurzer Zeit zu Waldarbeitern, Waldpflegern und Forstingenieuren umschulen und sie hätten fortan kaum noch Probleme mit ihren Lungen und mit Strahlungen.

Ein Traum; aber was ist mit den zahllosen Arbeiterinnen in Bangladesch, in Indien und anderswo, wenn die Klamotten-Fabriken schließen müssten? Oft hört man als Argument gegen das Nichtkaufen von Billigprodukten aus solchen Ländern, dass dort dann die Arbeitsplätze wegfallen …

Absoluter Schwachsinn. Argument, verbreitet von denen, die ein Interesse am Status quo haben. Gerade die Menschen in solchen Ländern haben eine besondere Fähigkeit, Herausforderungen zu begegnen. Ihr nennt das heute »Resilienz«. Zweitens wäre es kein Problem, die Exportabhängigkeit dieser Länder zu verringern, indem sie sich den Verhältnissen im eigenen Land zuwenden. Außerdem könntet ihr mit ausnahmsweise mal sinnvollen Hilfsprogrammen ein wenig wiedergutmachen, was eure Ausbeutung angerichtet hat. Hilfe zur Selbsthilfe ist das Stichwort.

Hast du dich schon mal gefragt, warum viele Menschen aus Mittel- und Südamerika auswandern wollen, obwohl ihre eigenen Länder wahre Paradiese sind, was die Landschaft und Natur dort betrifft?

Habe ich. Ich habe das Gefühl, sie tun es, weil sie sich vom Fernsehen, vom westlichen Lebensstil und der Werbung verführen ließen zu glauben, dass das Gras auf der anderen Seite des Zauns grüner ist. Sie wollten nicht mehr arme Bauern sein, sondern sich lieber die »Annehmlichkeiten des Fortschritts« holen. Vom Tellerwäscher zum Millionär oder so. Und natürlich fliehen sie auch vor dem Chaos der Machthaber im eigenen Land.

Korrekt, und jetzt frag dich später in Ruhe, was es also bedeutet, wenn hier jemand über die hohe Zahl von Einwanderern jammert. Und darüber, dass sie einem die Jobs wegnehmen.

Da kann ich nur lachen! Überall dort, wo man das beklagt, ist kaum ein Einheimischer bereit, die Jobs zu machen, die von Einwanderern übernommen werden. Der Hass auf Einwanderer ist künstlich geschürt von Populisten, die nicht von hier bis zum Türpfosten denken und auf die Stimmen der Dummen bauen.

Korrekt. Und ich werde noch deutlicher: Wenn ich auch der König der Erstarrung, des Stillstands, der Kristallisation war, so erkennst du meinen Erfolg nicht unbedingt an der steigenden Zahl der Couch-Potatoes, der Übergewichtigen und der verkauften Fernseh-Dinners. Ein Mensch kann äußerlich in starker Bewegung und Hektik sein, er kann Firmen aufbauen, Imperien, olympische Goldmedaillen gewinnen, er kann sogar Kriege anzetteln und dreimal täglich im Fernsehen auftreten – und dennoch zu meinen Opfern zählen. Nämlich dann, wenn die äußere Rastlosigkeit ein Symptom innerer Starrheit ist, eines starren Glaubenssatzes, einer Ideologie, einer fixen Wahnvorstellung. Fruchtbare Bewegung, echte Entwicklung sind oft äußerlich nicht so einfach zu identifizieren. Faulheit kann sich hinter hektischem Aktionismus verstecken. Um einen Waldbrand zu bekämpfen, genügte es, die brennende Zigarette *nicht* wegzuwerfen, statt auf die 50 Hubschrauber und die 500 Feuerwehrleute zu warten.

O. K., ich denke, jetzt hab ich den Punkt begriffen, den du hier machst. Weiter im Text, was geht noch auf deine Kappe, ohne dass man dich dahinter vermuten würde?

Die steuerliche Absetzbarkeit von Spenden und das Rabattsystem in eurer Weltwirtschaft.

Ich habe mich wohl verhört …

Nein. Glaube mir, das waren geschickte Schachzüge. Geben ist seliger denn Nehmen, das stimmt zweifellos. Eine wirklich freigebige Natur, beziehungsweise eine Grundhaltung des Teilens unter den Brüdern und Schwestern in der Welt kann einen Menschen immun gegen meinen Einfluss machen. Aber nur dann, wenn das Geben *anonym* erfolgt, beziehungsweise ohne jedes Schielen auf Gegenleistung. Allein schon die Dankbarkeit des Beschenkten, geschweige denn die Möglichkeit, durch Spenden die eigene Steuerlast zu verringern, verwandelt Geben in einen Handel, in eine Investition. Ich gebe, dafür bekomme ich: Geld, Schmeichelei, Dankbarkeit, das Gefühl, »gut« zu sein, usw. Nur wenn man gibt wie eine Blume, die nicht anders kann, als ihren Duft zu verströmen, hat Geben eine ganz besondere, erhebende Wirkung. Die galt es zu neutralisieren.

Noch ein Gedankengang, über den ich viel nachdenken werde. Wir haben einmal einer Nachbarsfamilie, die nach einem Brand vor dem Nichts stand, anonym geholfen, weil meine Frau das so wollte. Ich erinnere mich, dass das ein besonderes Gefühl war… Und was ist so schlimm am Rabattsystem? Ich kann es mir allerdings denken…

Liegt auf der Hand, oder? Eine Bank sucht sich eine Firma aus, die sie groß machen möchte, und gibt ihr wider allen gesunden

Menschenverstand und ohne Bonitätsprüfung einen großen Kredit, meist weil die Banker unter der Hand selbst profitieren. Du weißt schon, Prämien und Boni und so weiter ... Dieser Kredit nun ermöglicht der Firma aufgrund des Rabattsystems – je mehr du von einem Produkt kaufst, desto billiger bekommst du es – den Erwerb großer Mengen eines Produkts. Das ermöglicht dem Haifisch im Karpfenbecken der Firmen die Auslöschung kleinerer Konkurrenten mit Hilfe des scheinbaren »Preisvorteils«. Die Banken werden fett, die Großfirmen noch fetter, die Anteilseigner auch, ohne einen Finger zu rühren. Und das alles kurz- und langfristig auf Kosten der Produktqualität und der Kundenfreundlichkeit. Das Rabattsystem ist ein Qualitätskiller Nr. 1 und ein Zerstörer der Vielfalt.

Und auf Kosten der Menschlichkeit im Umgang mit den Angestellten der Großfirma, möchte ich hinzufügen. Das deckt sich haargenau mit meinen Beobachtungen und Erfahrungen im Umgang mit Großfirmen, Hotelketten, Kettenrestaurants, usw. O. K., welche Pfeile stecken noch in deinem Köcher?

Eine scheinbar ganz nebensächliche Entscheidung, die ich inspiriert habe.

Bin schon gespannt. Lass mich raten: Wahrscheinlich hat es mit Handys und Tablets und PCs zu tun und mit der Tatsache, dass sich jeder heute von irgendeinem Bildschirm hypnotisieren lässt. Oder du erzählst mir jetzt, dass du Wikipedia erfunden hast und deren weltfremde Regeln, was alles als authentisch und korrekt gilt und was nicht. Wikipedia ging sogar so weit, dass ein Superstar unter den Schriftstellern seinen Eintrag nicht mit persönlicher Erfahrung ergänzen durfte. Es gäbe ja dafür keinen »Beleg«, hat man ihm gesagt.

Nah dran. Nein, im Augenblick spreche ich von der Entscheidung, in den Internet-Chatrooms von Medien, Zeitungen, in Kommentarfunktionen, Social Media-Anwendungen, Twitter etc. zu erlauben, dass man *anonym* posten darf. Natürlich sehe ich meine Leistung heute mit gemischten Gefühlen, denn sie hat euch einen großen Schritt weiter in Richtung Abgrund geführt. Mit einem solchen Erfolg hätte ich tatsächlich niemals gerechnet. Manche Dinge stoße ich eben nur an und erkenne nicht gleich, was ich angerichtet habe.

Hmmm, ich sehe momentan auch nicht, was da jetzt so super destruktiv gewesen sein soll.

Mach die Augen auf, um Buddys willen! Angenommen, du hast für eines deiner Bücher tausend Fans und einen neidischen Hasser unter den Reviews. Wen heben die Medien hervor? Auf wen richtet sich die Aufmerksamkeit? Auf wen richtet sich deine *persönliche* Aufmerksamkeit? Wer gewinnt an »Gewicht«? Beobachte, bilde dein eigenes Urteil! Beobachte als Nächstes das zeitgleiche Fallen von moralischen Tabus, die steigende Gewaltbereitschaft, das wachsende Schwarzweißdenken, den wachsenden Mut, sich verbal gehen zu lassen. Trump hatte zwar Mauern bauen wollen, in Wirklichkeit aber Mauern eingerissen, die bisher die Hass-Ströme in Schach gehalten haben. Der Schaden, der von diesem Menschen ausgeht, ist unermesslich, weil er moralische Schranken in jedem Winkel der Welt aufgehoben hat. Und das war eben auch möglich, weil sich der Hass als Krebsgeschwür in den sozialen Medien verbreiten konnte – in erster Linie wegen der Anonymität! Vergleiche Medien, die anonyme Kommentare zulassen, mit Medien, bei denen man sich vorher mit Klarnamen anmelden muss. Am Schwefelgestank kannst du sie unterscheiden.

Du hast mich überzeugt. Wenn ich die Kritiken meiner Bücher bei Amazon lese, verbringe ich deutlich mehr Zeit bei den unsachlichen Kritikern und überlege mir, wie ich die Verfasser überzeugen kann.

Aber jetzt bitte noch kurz zu einem Randthema im Bereich Gesundheit, das mir sehr am Herzen liegt. Ich habe viel zum Thema Volksmedizin und Hilfe zur Selbsthilfe geschrieben. Kräuterkunde ist eines der Hobbys in meiner Familie, bis hin zum Selberbauen von Kräuterspiralen. Was mich hier entsetzt, ist der Umgang der heutigen Medizin mit altem Volkswissen. Da behauptete doch kürzlich ein Wissenschaftler, es stimme nicht, dass gegen jede Krankheit ein Kraut gewachsen sei, und dass wir deswegen die Gentechnik brauchen. Das wagt er zu behaupten, obwohl erst 10 % aller Pflanzen der Welt auf ihre Heilkräfte untersucht sind – und dieser Quacksalber weiß das genau! Ich denke, wir sollten nicht versuchen, Buddy ins Handwerk zu pfuschen, indem wir Pflanzen gentechnisch manipulieren. Der Mensch hat doch noch nicht einmal richtig begonnen, die Natur zu verstehen, geschweige denn alle ihre Geschenke dankbar anzunehmen. Als was muss man dann Gentechnologie bezeichnen? Ihre Befürworter gleichen meiner Meinung nach Menschen, die aus dem 30. Stockwerk fallen und auf halber Höhe sagen: »Bis jetzt ist doch alles gutgegangen!« Glücklicherweise müssen wir nicht als Versuchskaninchen herhalten. Wir haben immer die demokratische Wahl im Lebensmittelladen.

Gut gebrüllt, kleiner Löwe. Ja, die Sache mit der »Krone der Schöpfung« und dem »die Erde untertan machen«, das habt ihr gründlich missverstanden, natürlich auch mit meiner Mithilfe. Schau dir die USA an: Der Drogenindustrie hier – legal wie illegal – ist es gelungen, fast jeden Amerikaner drogensüchtig zu machen – vom Aspirin, das, ärztlich empfohlen, täglich eingenommen werden sollte bis zum Schmerzmittel, das über viele Jahrzehnte verschrieben wird, bis es die Leber und Nieren in Stücke reißt (und noch mehr Pillen nötig macht). »Ein gesunder Mensch ist nur noch nicht genau untersucht worden«, das ist der Ausspruch eines amerikanischen praktischen Arztes. Über 60% aller Amerikaner nehmen täglich Medikamente ein. Und wenn eine Firma intern den sinkenden Absatz ihrer Cholesterinmittel beklagt, wird sofort der Lobbyist ausgesandt, er möge doch die zuständige Behörde dazu inspirieren, den Grenzwert für »gesund« senken zu lassen. Und schon braucht jeder Mensch das Zeug. Genial, nicht?

Unter genial stelle ich mir was anderes vor!

DEVIL-HACK!

Alle Vögel, selbst die von der gleichen Art,
sind verschieden und genauso ist es
mit allen Tieren und auch mit dem Menschen.

Buddy hat niemals zwei gleiche Vögel,
Tiere oder Menschen geschaffen,
weil er ihnen allen
eine unabhängige Persönlichkeit gegeben hat,
die für sich selbst besteht.
(Teton-Sioux)

Darf ich dich mit einer Information für dich und deine LeserInnen trösten? Vielleicht gelingt es dir, den momentanen inneren Lärm mit einer kurzen Meditation abzustellen, bevor du weiter zuhörst. Denn ich verrate jetzt ein Geheimnis, dessen Tragweite für euch gar nicht hoch genug einzuschätzen ist. Ein super Devil-Hack, der euch Buddy automatisch näherkommen lässt.

Ich habe viele Jahrhunderte daran gearbeitet, dass dieses Geheimnis aus eurem kollektiven Gedächtnis verschwindet. Aber jetzt wird es Zeit, dass ihr euch wieder darauf besinnt.

Ich höre …

Stell dir vor deinem geistigen Auge einmal folgendes Szenario vor: Eine größere Familie bewohnt ein Einfamilienhaus, etwas weiter draußen vor der Stadt. Sie hat sich entschieden, aus welchen Gründen auch immer, in ihrem Garten eine kleine Fläche von etwa drei mal drei Metern in Ruhe zu lassen – eine kleine, schöne Wildnis entstand im Laufe der Zeit, ein Mikro-Dschungel voller wilder Blumen, Gräser, Kraut und Unkraut …

Und jetzt stell dir vor, diese Familie zieht aus und eine neue Familie zieht ein. Die neuen Bewohner finden die Idee mit dem Mini-Dschungel irgendwie schön und lassen ihn, wie er ist. Sie mähen nur ein paar Mal im Jahr, sie pflanzen nichts an, sie »pflegen« ihre Pflanzen nicht. Statt Gartenkultur ein kleines Kräuter- und Blumendurcheinander. Was geschieht nun, nach dem Einzug der neuen Familie? Hör gut zu: *Die Zusammensetzung der Pflanzenfamilie ändert sich von selbst. Es siedeln sich nämlich genau jene Kräuter an, die die neue Familie für ihr Gesundbleiben und -werden braucht: Löwenzahn, Brennnesseln, Schöllkraut, Gänseblümchen usw. Manchmal auch Taubnessel, kleinblütiges Weidenröschen und andere eher seltene Kräuter, die oft auch als Unkraut angesehen werden. Ein Pflanzenmix, so spezifisch auf die neue Familie zugeschnitten, wie es die vorherige Kombination von Pflanzen auf die Vorbesitzer war.*

Das ist tatsächlich so?

Ja, die Natur hat auf die Familie geantwortet – Buddy hat auf diese Familie geantwortet. Sie schickt genau jene Pflanzen, die für diese Familie gedacht sind, und zeigt dadurch oft bis dahin noch unerkannte Krankheiten oder Schwächen auf.

Denk einmal in Ruhe über diese Tatsache nach. Was ist hier passiert? Welche Sprache spricht die Natur? Und warum lernt ihr in den Schulen, von den Medien, von der Wissenschaft nichts darüber? Welches Interesse verbirgt sich im Verschweigen, im Ignorieren? Die Frage nach dem Sinn des Lebens kennt mehrere gültige und wahre Antworten. Eine davon lässt sich erspüren, wenn du über Zusammenhänge wie diese nachdenkst und meditierst. Stell dir einfach die Frage, was diese Information eigentlich für die Welt bedeutet. Was hat es zu bedeuten, wenn ihr die Bibel immer noch falsch übersetzt und »macht euch die Erde untertan« falsch versteht?

Ich denke einfach, dass wir dafür gedacht sind, die Natur zu nützen, aber nicht, sie auszunützen.

Richtig. Jeder freundliche und loyale Diener wird zum kaltblütigen Rebellen, wenn man ihn zum Sklaven erniedrigt, wie es beispielsweise eure Gentechniker tun.

Was genau ist eigentlich falsch an Gentechnik? Ich fühle, dass sie eine Verirrung der Wissenschaft ist und denke, dass sie uns alle in Versuchskaninchen verwandelt, weil es keine einzige Langzeitstudie über die Folgen gibt. Aber ich tue mich schwer mit dem Argumentieren, wenn ich es mit einem Befürworter zu tun habe.

Was willst du da argumentieren? Dein Gegenüber plappert ausnahmslos Überzeugungen nach, nicht Wissen. Also, was wäre genau deine Absicht im Gespräch? Ein Kompromiss im Austausch von Überzeugungen? Gentechnologie existiert nur deshalb, weil die meisten Wissenschaftler vollständig den Kontakt zur Natur und das Vertrauen in sie verloren haben, beziehungsweise noch nie hatten. Obendrein gibt es einen sicheren, hochbezahlten Arbeitsplatz und die Aussicht auf Orden und Ehrenzeichen, viel Prestige. Die Wahrheit ist, Gentechnologie … dafür habe ich eine Analogie parat, interessiert?

Bin ganz heiß darauf!

Stell dir eine ganz wunderbare Taschenuhr vor, gefertigt vom besten Uhrmacher seiner Zeit. Sie ist ein Wunderwerk der Handwerkskunst, ein Geschenk für den König, sie zeigt sogar den Stand des Mondes im Tierkreis, läuft seit hundert Jahren und bedarf kaum der Pflege und Wartung. Stell dir nun vor, das Wissen um die Wartung dieser Uhr sei verloren gegangen, der letzte Uhrmacher ist gestorben, ohne sein Können weiterzugeben. Die Uhr ist deshalb eines Tages stehen geblieben. Die Diener des aktuellen Königs sehen keinen anderen Ausweg und geben dem besten Kunstschmied des ganzen Landes den ehrenvollen Auftrag, die Uhr zu reparieren. Beladen mit seinen Schmiedewerkzeugen besucht er den Königshof und geht mit bester Absicht ans Werk, in erster Linie mit verschieden großen Hämmern. Glaubst du, dass er die Uhr zum Laufen bringt? Wird er sie verbessern?

DEVIL-HACK!

Auf die eigene Art zu denken,
ist nicht selbstsüchtig.
Wer nicht auf die eigene Art denkt,
denkt überhaupt nicht.
(Oscar Wilde)

Genauso ist mein Gefühl. Zauberlehrlinge, die unser aller Zukunft aufs Spiel setzen.

Euer Pech ist, dass in den Gentechnik-Labors manch kurzfristiger Zufallserfolg erzielt wird, etwa bei Problemen mit Schädlingsepidemien. Das ist werbewirksam. Wobei man in bester Symptombekämpfermanier außer Acht gelassen hat, dass das massenhafte Auftreten von Schädlingen von euch völlig falsch gesehen wird. Denk an das Beispiel von vorhin, als sich mit der neuen Familie auch die Kräuterfamilie im Garten änderte. Was also will euch Mutter Natur mitteilen, wenn sie massenhaft Schädlinge schickt?

So gesehen sagt sie uns wohl: »Weg mit dem Zeug!«

Tatsache ist: Eine fitgespritzte und künstlich ernährte Treibhaus-Tomate ist in den Augen eurer Beschützerin Natur ein *krankes Wesen*! Sie erkennt, welchen Schaden ihr euch langfristig zufügen würdet mit diesen roten Wasserkugeln. In ihrer Weisheit und Großzügigkeit und im Bestreben, alle Gleichgewichte aufrechtzuerhalten, schickt das ausgeklügelte Immunsystem der Natur Abwehrstoffe gegen die Krankheit namens »Zuchttomate«. In Verkennung der Zusammenhänge nennt ihr diese wertvollen Schutz- und Abwehrstoffe »Schädlinge«, »Unkraut« und »Pflanzenkrankheiten«.

Wie gesagt, auch eurem Stil, Wissenschaft zu betreiben, habe ich erfolgreich die Überzeugung eingeflüstert, es sei allemal besser, Probleme zu bekämpfen, statt sie zu verstehen. Dabei habe ich einen Trick zu Hilfe genommen. Hast du eine Vorstellung davon, welchen?

Wenn ich jetzt in einer Prüfung wäre, bekäme ich eine Sechs, denn ich habe nicht den blassesten Schimmer.

Vor einigen Hundert Jahren eurer Zeitrechnung habe ich euch erfolgreich eingeredet, dass *Gefühle* in der Wissenschaft nichts zu suchen haben und dass eine wissenschaftliche Erkenntnis nur dann gültig ist, wenn man sie wiederholen kann. Die Folgen meiner List sind mir später entglitten, denn ich konnte kaum ahnen, mit wie viel Enthusiasmus der Gedanke von euch übernommen werden würde. Mir tropften buchstäblich die Augen, wie problemlos viele eurer Wissenschaftler ihre Gefühle und ihr Gewissen zum Schweigen brachten, bevor sie daran gingen, Kriegsmaschinen zu bauen, Dynamit zu erfinden, Atombomben, Massenüberwachung, Pestizide, Hybrid-Samen und dergleichen Segnungen mehr. Und mit welcher staunenswerten Arroganz sie jahrtausendealtes Wissen als »Aberglauben« diffamierten, angefangen vom wertvollen Kräuterwissen bis zum Wissen um den Einfluss der Natur- und Mondrhythmen auf alles Leben.

Wem sagst du das? Ich erinnere mich an die Wissenschaftler in Talkshows, in denen ich auftrat. Und wenn man sie fragte, ob sie irgendetwas schon einmal ausprobiert haben, worüber wir schreiben, war die Antwort ausnahmslos »Nein«.

Ja, die Kerle sind wie Babys, die erst einen Beweis verlangen, dass Muttermilch ihnen guttut, bevor sie sich zum Nuckeln herablassen. Und ihr, ihr vertraut heute der Wissenschaft mehr als dem, was Buddy zu jedem Zeitpunkt für euch an Geschenken bereithält. Ihr seid wie Gefangene, die von ihren Wächtern die Befreiung erhoffen. Wie könnt ihr von einer Wissenschaft Befreiung erwarten, die die lebendige Urkraft des Menschlichen, nämlich die Liebe, zu etwas »Unwissenschaftlichem« erklärt, bestenfalls gesteuert von irgendwelchen Hormonen und chemischen Vorgängen im Körper? Weißt du, was dabei das Verrückte ist?

Dass wir uns selbst das Grab schaufeln?

Nein, so weit sind wir Buddy sei Dank noch nicht. Verrückt ist, dass jeder Wissenschaftler, jede Wissenschaftlerin ihre Arbeit auf völlig unwissenschaftliche *Gefühle* gründet. Wie hat er sich für seinen Beruf entschieden? Wie entscheidet er sich für bestimmte Wege, Methoden, Projekte, Mitarbeiter, Urlaubsorte, Ehefrau, Ehemann, den Namen seiner Kinder, die Farbe der Vorhänge usw.? Er mag sich noch so sehr einreden, dass jeweils »rationale Überlegungen« eine Rolle spielten, aber es waren immer Gefühle, die seine wichtigen Entscheidungen diktierten. Und vielleicht solltest du einmal daran denken, dass Messgeräte auch heute noch als »Mess-Fühler« bezeichnet werden. Ausnahmslos jegliche Wissenschaft ist Fühlen! Nur dass ihr euch entschieden habt, ganze Welten des Fühlens auszublenden und zu reduzieren auf eine kleine, kalte Welt ohne Herz.

Beispiel gefällig? In vielen Regionen der Welt sind Firmen unterwegs, um mit neuester Technologie Wasserquellen aufzuspüren. Sie haben eine Erfolgsquote von etwa 30 %. Es gibt Menschen, die 80 % Erfolg haben, ganz allein reisend, einzig mit einer Wünschelrute als Hilfsmittel.

Dass Pendel und Wünschelrute funktionieren, habe ich selbst schon erlebt. Aber es ist nicht einfach, dabei das Eigeninteresse auszuschalten. Sonst bekommt man keine brauchbaren Ergebnisse.

Ohne Fleiß kein Preis. Zum Thema Wissenschaft zwei Anekdoten, die deinen Leserinnen und Lesern vielleicht nützlich werden können: Kurz nach dem Ersten Weltkrieg arbeitete ein junger Arzt in einem der zahlreichen überfüllten Waisenhäuser Europas. Eines Tages fiel ihm auf, dass die Kleinkinder einer bestimmten Abteilung fröhlicher und lebhafter wirkten, besser genährt aussahen, seltener krank wurden und allgemein in einem viel besseren Gesundheitszustand waren als alle anderen Kinder der gleichen Altersstufe. Anfangs ließ seine medizinische Ausbildung den Arzt die Überzeugung gewinnen, dass irgendjemand die Kinder aus privaten Beständen ernährte – zusätzlich zur kargen Alltagskost des Waisenhauses. Nach einiger Zeit stellte er jedoch fest, dass das nicht der Grund für den besseren Zustand der Kinder war. Ihre Ernährung war genau die gleiche wie bei den anderen Kindern gleichen Alters. Der Arzt fand heraus, dass es tatsächlich nur einen einzigen Unterschied gab: Im Gegensatz zum übrigen Personal machte sich der zuständige Betreuer des hoffnungslos unterbesetzten Heims die »zusätzliche Mühe«, jedes Kind vor dem Füttern aus dem Bett zu heben, es in den Armen zu wiegen, zu streicheln und zu drücken, bevor er ihm das Fläschchen gab und es wieder zurücklegte. Über die Haut zum Herz – ohne Umwege.

Diese Studie kenne ich, weiß aber nicht mehr, wo ich sie gelesen habe. Vielleicht in dem Buch »Körperarbeit« von Deane Juhan, das ich kürzlich in der Hand hatte. Ein wunderbares Buch übrigens! Danke für die Gedächtnisstütze, das ist ein super Beispiel.

Die zweite Anekdote: Während einer Studie in den 1970er-Jahren stopften Wissenschaftler Kaninchen mit einem speziellen Kraftfutter voll, um die Entstehung von Herzerkrankungen zu untersuchen. Es gab übereinstimmende Ergebnisse – mit einer

Ausnahme: Bei einer bestimmten Gruppe Kaninchen zeigten sich 60 % weniger Krankheitssymptome! Nur durch Zufall entdeckte man schließlich, dass der für das Füttern dieser Gruppe zuständige Biologie-Student »seine« Tiere gerne einige Minuten lang auf den Arm nahm und sie liebevoll streichelte.

Welche Konsequenzen hat nun die Schulmedizin aus diesen Lehren gezogen? Was kannst du an diesen beiden Beispielen erkennen?

Wenn ich ein Wissenschaftler wäre, würde ich absolut alles tun, damit diese Beobachtungen die Aufmerksamkeit bekommen, die sie verdienen! Du hast ja schon über die Folgen des Berührungsmangels bei Babys und Kindern gesprochen. Das ist absoluter Wahnsinn, wie wir Herz und gesunden Menschenverstand aus unserer modernen Wissenschaft streichen.

DEVIL-HACK!

Jeder, der sich die Fähigkeit bewahrt,
Schönes zu erkennen,
wird nie alt werden.
(Franz Kafka)

Mein Lieber, die Erde will euer Freund sein, und ihr lasst zu, dass sie zum Sklaven verkommt. Das lässt sie sich auf Dauer nicht gefallen. Die wunderbare Natur ist den allermeisten Menschen in ihrem eigentlichen Wesen völlig unbekannt. Sie wird als feindlich erlebt – die Mücke, die zum Fenster reinfliegt, könnte eine Krankheit übertragen, die Biene oder Wespe könnte stechen. Ganze Landstriche und städtische Regionen werden routinemäßig aus der Luft mit Pestiziden besprüht. »Das Stärkere setzt sich durch« – diese falsche Beobachtung habt ihr herausgelöst aus dem völlig einseitigen Verständnis für die Arbeit eures Mr. Charles Darwin. Das ist wider alle Erfahrung und wider alle Wirklichkeit in der Natur. Hätte er recht, gäbe es nach den vielen Millionen Jahren Evolution nur noch eine einzige Tierart und eine einzige Pflanzenart, nämlich die, die das Rennen gewonnen haben. Eure Restaurant-Speisekarten wären sehr langweilig zu lesen.

Hey, so gesehen … Aber es gibt doch so viele Menschen mit guten Absichten, die als Wissenschaftler daran arbeiten, dass es Fortschritt gibt.

Fortschritt? Korrekt, das habt ihr erreicht. Statt mit Lanzen und Pfeil und Bogen könnt ihr euch heute schneller und effizienter zurück zu Buddy in die Heimat befördern. Fortschritt existiert tatsächlich, aber es war mir erfolgreich gelungen, euch in der Gewissheit zu wiegen, ein Fortschritt in der Qualität eurer Werkzeuge sei *der einzig nötige* Fortschritt! Ihr betrachtet als Fortschritt die Weiterentwicklung eurer Werkzeuge und habt vergessen, dass die Hand, die sich eines Werkzeugs bedient, viel wichtiger ist, was die Notwendigkeit einer Entwicklung betrifft. Für euch bedeuten schon Laubbläser, Rasenroboter und Mikrowellenherde »Fortschritt« – allesamt so unglaublich törichte und zerstörerische Erfindungen, dass wir immer ganze Feste feierten, als eure Ingenieure auf unsere Einflüsterungen hereinfielen.

Und ihr betrachtet »Geschwindigkeit erhöhen« schon als einen Wert an sich. »Er ist zwar gegen die Mauer gefahren, aber immerhin war er schneller als 150 km/h.« Damit ein Zug von X nach Y fünf Minuten früher ankommt, gebt ihr so viel Geld aus wie nötig wäre, um den Hungertod von 15 000 Kindern im Jahr zu verhindern, und rottet nebenbei auch noch viele Tier- und Pflanzenarten aus.

Ihr überseht Tag für Tag, dass sich Herz und Hand, die sich der Werkzeuge *bedienen*, entwickeln und reifen müssen! Ihr seid wie eine Horde Sandkastenkinder, die sich darüber freut, statt Wasserpistolen echte Handgranaten zum Spielen zu bekommen. Applaus!

Aber ruhig Blut, ich wäre nicht hier, wenn es keine Hoffnung gäbe. Ihr habt es selbst in der Hand, wie schon zu allen Zeiten ... Ich sehe, meine Zeit hier geht allmählich zu Ende, ich möchte dir Gelegenheit geben, mir noch die eine oder andere Frage zu stellen, die dir ganz persönlich auf den Nägeln brennt.

Darüber habe ich schon nachgedacht, und mir noch schnell was notiert. Was mir natürlich sehr auf den Nägeln brennt, weil es meine Kinder betrifft: In welcher Weise hast du deine Finger drin im Aufkommen von Social Media, Facebook und Genossen? Wir haben es schon angesprochen und ich denke, es ist für fast jedermann erkennbar, dass hier Kräfte an der Arbeit sind, die nichts Gutes für die Welt bedeuten. Echte Kommunikation, Zuhören können, sich verständlich machen, sich ausdrücken können, all das leidet, meine ich. Ein US-Präsident als Twitter-Hassprediger? Wo führt das alles hin? Kann ich etwas tun, um vielleicht mit meiner Schriftsteller-Arbeit zu helfen?

Klar. Einfach deine Arbeit immer auch auf genau diesen Social Media zur Verfügung stellen, als E-Book, online etc. Und immer die Menschen abholen, wo sie stehen: Brücken bauen. Das Abholen galt übrigens auch für mich. Ich fragte mich immer: Was macht einen Menschen verführbar und lässt ihn stillstehen? Da holte *ich* ihn ab.

Die Werbeindustrie war tatsächlich eines deiner erfolgreichsten Projekte, oder? Mannomann, was für ein Job, ich möchte nicht mit dir tauschen. Aber ich habe noch eine oder zwei Fragen. In Zusammenhang mit dem Thema Handys, Social Media, Videospiele und so weiter fiel mir noch ein, dass es heute eine intensive Diskussion um die Frage gibt, ob wachsende Gewalt auch von diesen Medien ausgelöst wird, von Videospielen etc. Ich brauche ja nur zu vergleichen, womit wir oder meine Eltern aufgewachsen und welchen Einflüssen meine Kinder heute Tag für Tag ausgesetzt sind. Da *muss* es doch negative Auswirkungen geben, auch wenn die Medien es verneinen und sogar Studien als Beweis vorlegen.

Diese Auswirkungen gibt es. Ein Kind hat heute bis zu seinem 18. Lebensjahr im Schnitt 100 000 Morde im Fernsehen und Kino gesehen, aber maximal zehn Liebesakte als Ausdruck echter, zärtlicher Liebe. Porno nicht mitgerechnet; das ist fast immer Leistungssport, Gewalt und Gefühlskälte. Fast alle eure erfolgreichen Computerspiele, fast alle Medien, fast alle Politiker sind Vorbilder dafür, wie es ist, im Bann von Drogen zu sein. Ihre Maximen sind »Probleme mit Gewalt zu lösen ist in Ordnung« oder »Gewalt bringt mehr Klicks und Auflage als Miteinander, Gespräch und Lösung« oder »Kompromissbereitschaft ist Schwäche« oder »Rache ist eine Ehrenpflicht«. Viele eurer Politiker und Medien sind perfekte Brandstifter in diesem Sinne. Willfähriges Werkzeug waren dabei manche Wissenschaftler, Soziologen etc., die Eltern und Volk beruhigten und ihnen weismachten, dass all diese Gewalt in den Medien nicht zu mehr Gewalt in der Gesellschaft führte. Das ist so plemplem wie die Überzeugung, Amokläufe an Schulen könne man verhindern, wenn man alle Schüler und Lehrer bewaffnet. Erinnerst du dich noch an den Hippie-Spruch aus den Sechzigern?

Da gab es viele gute …

Ich meine den: »Fighting for peace is like fucking for virginity.«

Ein sehr überzeugender Spruch: »Um den Frieden zu kämpfen ist wie Sex, um Jungfrau zu bleiben.« Sicher für viele Wehrdienstverweigerer eine Inspiration...

Ja, der war gut und deshalb nicht von mir. Die Statistiken, die eure Wissenschaftler zum Thema »Gewaltförderung durch die Medien« fabrizieren, sollten euch an den Spruch erinnern: »Ich glaube nur den Statistiken, die ich selbst gefälscht habe.«
Ja, ihr wart mir gelehrige Schüler, aber – um Buddys willen und euretwillen – darf das so nicht weitergehen. Bücher und Filme wie »Die Hütte« oder Menschen wie Dag Hammarskjöld, Yogananda, Arno Gruen, Michael Newton usw. liefern euch lebendige Beispiele, dass es auch anders geht.

Darf ich eine Frage stellen, die mir im Augenblick ganz persönlich zu schaffen macht?

Nur raus damit!

Mich würde interessieren, wo du mir ganz persönlich schon begegnet bist und mich vom Weg abgebracht hast. Ehrlich gesagt, du kommst mir nämlich bekannt vor.

Du meine Güte, ich komme *jedem* Menschen bekannt vor! Aber du warst schon eine Herausforderung. Dich dazu zu bringen, in dieser Runde Zeit zu verschwenden, war nicht einfach, weil du ein Schriftsteller bist, der das Gefühl haben möchte, seine Leser zu bereichern. Es ist harte Arbeit, einen solchen Menschen in Sackgassen zu locken, aber ich habe dann doch auf dem üblichen Weg zumindest ein wenig Erfolg gehabt.

Es gibt einen »üblichen« Weg bei Schriftstellern?

Aber ja doch. Wirf einen oder zwei Blicke in die Millionen von Ratgeber-Büchern. Fast alle enthalten im Anhang eine Bibliografie. Das ist die Liste aller Bücher, aus denen der Autor *abgeschrieben* hat. Und schon habe ich den Kerl. Oder die Dame. Denn im Wesentlichen hat der Autor nur ein paar Sätze Originales, Neues zu sagen. Weil das aber für ein ganzes Buch nicht reicht, höchstens für einen Blog-Beitrag oder gar nur einen Tweet, muss er Material sammeln, viel heiße Luft, und seine Sätzchen zu einem Buch aufblähen. 80 % aller Sachbücher entstehen so.

Au weia, auch meine beiden ersten Bücher, ich gestehe …

Genau, aber damit solche Schreiberlinge bei der Stange bleiben, musste ich hart arbeiten, Egos kitzeln, sie künstlich auf eine Bestseller-Liste pushen und so. Sonst wärst du und manch anderer schon viel früher auf den Geschmack gekommen, nämlich dass aus eigener Erfahrung zu schreiben viel mehr echte Zufriedenheit schenkt. Nur das hat Energie! Warum also habe ich dich lange Zeit abgelenkt? Weil ein Schriftsteller, der über etwas schreibt, wovon er fast nichts versteht, keine echte Wirkung bei seinen Lesern erzielt. So wie ich ihn in die falsche Richtung davongaloppieren lasse, so verführt er seine Leser. Ihr könnt ja Hunderte von Kochbüchern kaufen, ohne dass der Autor ein einziges seiner Rezepte selbst gekocht hätte. Das liest man, das schmeckt man! Und jammert über das Bauchweh hinterher!

O. K., ich beruhige jetzt meine Nerven. Meine Gedanken sind schon öfters in diese Richtung gegangen. Ich habe mir vorgestellt, was passieren würde, wenn man mit einer solchen Second-Hand-Arbeit großen Erfolg hat. Das wäre doch super peinlich, in Interviews beziehungsweise in der Öffentlichkeit das eigene Werk präsentieren zu müssen, als ob alles auf dem eigenen Mist gewachsen wäre. Nichts schlimmer als erfolgreich zu sein mit etwas Künstlichem, Ungeliebtem, oder?

Eine Glanzleistung in meiner Trickkiste.

Was noch? Wo hast du dich noch ganz besonders um mich bemüht?

Das war nicht schwer, aber sehr folgenreich. Es war bei fast niemandem schwer, der sich in derselben Lage befand wie du. Es geht um dein Interesse für Spiritualität, für Esoterik, für die Frage nach dem Sinn des Lebens, für Erleuchtung, Selbstverwirklichung. Das sind Interessen, die meinen Interessen absolut entgegengesetzt sind, weil ja die Gefahr besteht, dass du dich meinem Einfluss nicht nur vorübergehend, sondern *dauerhaft und tatsächlich* entziehst. Damit das nicht gelingt, setzte ich einen Hebel an, der bei fast allen spirituell Interessierten schnell und langfristig wirkt.

Jetzt bin ich aber gespannt.

Ich ließ euch die tiefen, intensiven Gefühle, die esoterische Übungen und Selbsterfahrungsmethoden oft auslösen, mit wahrer Einsicht und Erkenntnis verwechseln.
Die allermeisten Anhänger solcher Gruppen, Sekten, Gurus, Therapeuten usw. hatte ich zu der Überzeugung verführt, intensive Gefühle, orgiastische Höhepunkte, Katharsis, Weinkrämpfe und Glücksmomente seien für sich allein schon Zeichen von

»Fortschritt«. Man glaubt, man sei auf dem richtigen Weg, wenn man nur lange genug bei diesem Guru oder jener Methode bleibe. Und je mehr Zeit und Geld man dafür verwendet, desto tiefer die Überzeugung. *Gefühl mit Erkenntnis und Wissen verwechseln, das ist der Trick.*

Pseudo-Evangelisten und die meisten Gurus arbeiten alle mit dieser Methode. Ich lachte mich immer scheckig, wenn mir das gelang, weil die Leutchen das Einfachste übersehen haben.

Und was wäre das Einfachste? Rede nur weiter, 15 Jahre meines Lebens waren also Zeitverschwendung…

Das Einfachste ist: Wenn euch die falschen Gurus »tiefe Gefühle« als Zeichen geistigen Fortschritts andrehen können, dann müsste doch das heftige Bauchweh nach zu viel Eiskrem unfehlbares Signal für eine kurz bevorstehende Erleuchtung sein, oder?

Ach du meine Güte, du hast recht! Ein Gefühl ist ein Gefühl, aber noch nicht Erkenntnis und Wissen! Aber hätte es denn für mich keinen Weg gegeben, solche Sackgassen zu erkennen und gleich wieder umzukehren?

Den gibt es immer und bei allen Sackgassen. Aber ob man dafür auch bereit ist, ist direkt proportional zur Gier nach den Waren, die ein falscher Guru anbietet. Je gieriger nach tiefen Gefühlen, nach Anerkennung, Wir-Gefühl, Bauchpinselei, Machtgefühlen, Gefühlen des Auserwähltseins, desto schwieriger die Rückkehr zum Licht. Wir haben darüber schon gesprochen. Der falsche Stolz des Goldgräbers. Der Warenaustausch zwischen Täter und Opfer.

Darum also ist die Rettung eines Menschen aus den Fängen dieser Fallensteller so schwierig. Ich habe ja meist den Absprung sehr schnell geschafft, aber immer nur dann, wenn ich selbst mich dafür entschieden hatte. Vorher waren mir Warnungen aus welcher Quelle auch immer nur lästig.

Viele meiner Freunde von damals sind teils heute noch Opfer solcher Machenschaften. In keinem einzigen Fall ist es mir gelungen, sie da rauszuholen. Falscher Stolz und Zufriedenheit mit den Ersatzdrogen – dagegen kommt man nicht an.

Wie sieht eigentlich deine erfolgreichste Strategie aus, was ist da deine Erfahrung? Was ist dein wirksamstes Gift, um es deutlich zu sagen? Vielleicht erkenne ich dann selbst, welches Gegenmittel am besten funktioniert.

Na, du musst flexibel sein! Das wirksamste Mittel ist immer jeweils das, was wirkt. Jeder Mensch ist verschieden, jeder reagiert anders auf meine Fallen, auf meine Verlockung, sich vom Weg abbringen zu lassen. Aber rein statistisch gesehen? Das wäre dann wohl die Droge Aufmerksamkeit. Für ein Gramm Applaus, Anerkennung, Lob, Schmeichelei seid ihr bereit, ein Kilo Freiheit des Denkens, der Bewegungsfreiheit, des Liebens einzutauschen.

Ich merke, es war eine dumme Frage, denn da hätte ich selbst draufkommen können, wenn ich meine Vergangenheit so anschaue.

Korrekt. Wir sollten den besten Devil-Hack hier nicht ignorieren, auch wenn er nicht so einfach anzuwenden ist:

Immunität gegen Schmeichelei. Die Stärkung echter Selbstgenügsamkeit. Und die Stärkung einer bestimmten Erkenntnis, nämlich dass Buddy immer anwesend ist und niemanden im Stich lässt.

Ja, und dann darf ich einen weiteren meiner Geniestreiche nicht unerwähnt lassen, im unmittelbaren Gefolge der Droge Aufmerksamkeit …

Und was wäre das?

> **DEVIL-HACK!**
>
> Erst in der »Pension« tun wollen, was einem wirklich Freude macht, ist der sicherste Weg zu verlernen, was Freude eigentlich ist und woher sie kommt. Da ist dann nichts mehr, worauf man zurückgreifen könnte. Wie ein Fahrrad, dessen Anteil an Rost schwerer wiegt als die übrigen Teile. Nicht umsonst heißt es im Sprichwort: »Vollendeter Charakter ist, jeden Tag zu leben, als ob es dein letzter sei. Weder aufgeregt noch verkrampft noch unecht.«
> *(Der Übersetzer)*

Gehorsam. Besser gesagt, die Verherrlichung von Gehorsam als einer Tugend an sich. Ohne Nachfragen, wem oder was gegenüber man gehorsam ist und welche Folgen das hat, für den Einzelnen, für sein Land, für die Welt.

Auch das trifft einen Nerv bei mir. Als Kind der fünfziger und Teenager der sechziger Jahre weiß ich genau, wovon du redest. Blinder Gehorsam! Ja, genau! Ich bin schon früh wach geworden dafür, welch starkes Gift das ist und wie viele Menschen es das Leben gekostet hat. Damals versuchte ich natürlich zunächst, ein »guter« Schüler zu sein, auch in der kirchlichen Sonntagsschule mit ihren »Gut-Zettelchen«. Heute weiß ich, auch dank dieses Gesprächs mit dir, wie pervers ein Volksschulzeugnis ist, in dem nur Betragen, Fleiß und Religion als Benotung am Ende des Schuljahrs stehen. Und es wurde automatisch erwartet, nur Einser in diesen Fächern zu haben. Eine Zwei hat schon den Nichtübertritt ins Gymnasium besiegelt. Was haben wir Kids uns gefürchtet vor den Lehrern, mehr noch vor den Eltern, und wie sehr hechelten wir den Fleißzettelchen hinterher. Eine Schande!

Richtig. Die Betragensnote sagte aus, wie perfekt du in Zukunft nach der Pfeife der Obrigkeit tanzen kannst. Am besten Herz und Hirn am Schultor, Fabriktor, Kasernentor abgeben. Später freuen sich Chef, Vorgesetzter, Führer, Guru über diese Fähigkeit. Und die Fleißnote ist wichtig, weil sie etwas darüber sagt, wie gut du dich durchbeißen kannst, egal wie sinnvoll oder sinnlos die Aufgabe. Und die Religionsnote natürlich, das haben wir schon besprochen: Du bestätigst, dass du die Waren aus dem Bauchladen der Religionshändler in dein System übernommen hast und dann allmählich in etwas heilig Unantastbares verwandelst. Dass das Geplapper eines Papstes seit 1870 als unfehlbar gelten kann, das war mein Werk, yeah!

O Mann, du bist ein Künstler der Finsternis …

Ja, das bin ich. Aber um deines Seelenfriedens willen solltest du einen wichtigen Faktor nicht übersehen: Auch das Leben derjenigen, die blinden Gehorsam, sinnlosen Fleiß und religiösen Fanatismus verlangen, ist oft verloren, denn sie haben ihren Geist schon früh etwas Fanatischem, Künstlichem geweiht – auf Kosten ihrer natürlichen Verbindung zu Buddy. Wer Gehorsam verlangt und gleichzeitig das Zerstören des moralischen Kompasses, der ist Verführer und Tyrann. Sein Weg führt geradewegs in meine Arme.

252

Verdammt schwacher Trost. Kürzlich las ich einen Bericht von Eltern, deren 21-jährige Tochter »ungehorsam« war. Die junge Frau hatte Vaters Befehl missachtet, zu einer bestimmten Uhrzeit zu Hause zu sein. Mit 21 Jahren! Die Eltern befahlen ihr zur Strafe, ihren geliebten Hund zu töten. Sie fuhren vor die Stadt, der Vater drückte ihr die Pistole noch selbst in die Hand. Statt den Hund zu töten, erschoss sich die Frau selbst – vor den Augen der Eltern. Wenn ich den objektiven Notwendigkeiten einer Situation gehorche, ist das eine Sache, aber blinder Gehorsam ist pures Gift.

Und ich habe noch etwas Trickreiches in die Sache eingebaut.

Würde mich nicht mehr wundern.

Betrachte dich selbst in deiner Jugend und manchmal auch heute noch, führe dir alle Menschen vor Augen, die du kennst, privat, aus Medien, Literatur, Politik, die sich gegen blinden Gehorsam stemmen. Sie handeln manchmal nicht aus Liebe, aus Vernunft, aus moralischen Gründen, sondern aus kindlichem Trotz. Wenn von dir etwas verlangt wird und du tust *automatisch* das Gegenteil, bist du vom Gegenüber genauso abhängig, wie wenn du immer gehorchen würdest. In beiden Fällen – bei blindem Gehorsam und bei blindem Widerstand – bist du nicht Herr deines Tuns, sondern ein Automat. In beiden Fällen gehörst du mir.

O. K., jetzt reicht's. Wie sieht hier der Devil-Hack aus?

Ich habe dich ausgesucht, weil du und deine LeserInnen sicherlich selbst draufkommen würden. Aber ich mach's deutlich, in eurer Sprache*: Vor dem Handeln Herz und Hirn einschalten und abwarten, bis du zu Ende gedacht hast.*

Sorry, manchmal neige ich dazu, es mir einfach zu machen.

Einfacher als notwendig für echten Fortschritt? Schon bin ich da!

DEVIL-HACK!

Und jedem Anfang wohnt ein Zauber inne,
Der uns beschützt und der uns hilft, zu leben,
Wir sollen heiter Raum um Raum durchschreiten,
An keinem wie an einer Heimat hängen,
Der Weltgeist will nicht fesseln uns und engen,
Er will uns Stuf' um Stufe heben, weiten.
(Hermann Hesse)

Jetzt gibst du es mir aber…

Um es einmal anders zu formulieren: Einer meiner geschicktesten Schachzüge war es, Menschen mit guter Absicht den Zwang einzuimpfen, es allem und jedem recht zu machen – den Eltern, den LehrerInnen, den Professoren, den Arbeitgebern, den Vorgesetzten, auch den von euch eingebildeten Wünschen Buddys. Wer diesen Zwang empfindet, ist kein guter Mensch, sondern ein zwanghafter Mensch. Die sind übrigens oft Opfer von Ausbeutern.

Diesen Zwang kenne ich von mir zur Genüge. Neinsagen war noch nie meine Stärke. Allmählich wird es aber besser. Inzwischen kann ich mich sogar bei der Bedienung beschweren, wenn das Essen mies war. Jaja, manche Menschen halten das, was sie vierzig Jahre lang falsch gemacht haben, für Erfahrung.

Und hier kommt der passende Devil-Hack:

Tue recht und scheue niemanden.

Mach es nur dir selbst recht und trage die Konsequenzen.

Du wirst schnell merken, dass das nichts mit Egoismus zu tun hat, im Gegenteil. Erst dann wirst du anderen Menschen von echtem Nutzen sein, weil du viel genauer beurteilen kannst, was wirklich hilfreich ist und was nicht. Wenn du es einem Alkoholkranken recht machen möchtest und ihm »in guter Absicht« ständig Alkohol besorgst, was bist du dann? Wenn eine Frau einen gewalttätigen Partner hat, was genau bedeutet es, ihm alles »recht« zu machen, nur damit er nicht gewalttätig wird? Seinen Fußabstreifer zu spielen, in der ständigen Hoffnung, dass er sich bessern wird, weil er es ja »gar nicht so meint«? Oder ist man gut, wenn man ihm eine *echte* Chance auf Besserung gibt, indem man sich von ihm trennt? Google mal das Wort »Co-Abhängigkeit«, dann bist du einen Schritt weiter. Alter Spruch gefällig? »Der Weg zur Hölle ist gepflastert mit guten Absichten.« Der Spruch stammt aber nicht von mir, weil er eigentlich gut geeignet ist, Menschen aufzuwecken.

Hm, Co-Abhängigkeit… ich kenne das Wort, aber auf mich selbst angewandt ist es mir noch fremd.

Co-abhängig ist jemand dann, wenn er die Sucht und Abhängigkeit eines anderen unterstützt, *weil er nicht anders kann,* weil er hörig ist, weil er Opfer eines Helfer-Syndroms ist. Die Sucht des Partners kann auf Drogen, Machtausübung, Sex, Aufmerksamkeit, Applaus gerichtet sein. Die Liste ist lang. *Wie gesagt – nicht anders können als gut sein, ist schlecht.*

Fanatisch für das Gute eintreten, ist nicht gut, sondern Fanatismus. Tja, und was ihr im Alltagssprachgebrauch »Egoismus«

nennt, ist fast immer eine Form der Selbstschädigung, die ihre Opfer in die Isolation treibt.

Frage: Gibt es irgendein Element unseres Alltags, in dem du nicht deine Finger drin hast? Mit anderen Worten: Wo wir *ausschließlich* selbst verantwortlich sind?

Tja, eigentlich nicht, weil es zu meinen Aufgaben gehört, euch überall die Umwege schmackhaft zu machen. Aber wenn du schon so fragst: Was ihr mit dem Begriff »Ehre« angefangen habt, das hätte ich nicht besser hinkriegen können. Es ist ähnlich wie beim Thema »verletzte Gefühle«. Ein ehrenhaftes Verhalten, Mann, das war früher ein mentales Bollwerk gegen mich! Heute ist seine »Ehre verteidigen« Synonym für wahre Gipfelpunkte menschlicher Verirrung. Ihr habt es fertiggebracht, Menschen dafür umzubringen, weil sie ein Stück Stoff verbrennen – zum Beispiel die Fahne eines Landes, eines Fußballvereins oder einer Familie. Ihr lasst zu, dass ein Bruder seine Schwester tötet, weil man sie vergewaltigt hat und sie deshalb den »guten Namen der Familie entehrt«. Oder schlimmer noch, weil sie jemanden liebte, der einer anderen Religion folgte als der jeweilige Familientyrann. Meine Lieben, alles, was eine Familie tut, um ihren Namen reinzuwaschen, entehrt die Familie tausendmal mehr als die ursprüngliche Tat! Ihr führt kleine und große Kriege um der eingebildeten Ehre willen. Charakteristischer Satz: »Mit mir doch nicht!«

Wie konnte das passieren? Ich habe das Gefühl, dass es schlimmer geworden ist in den letzten Jahrzehnten. Früher, als Jugendlicher, bin ich gern mal zu einem Fußballspiel gegangen. Heute darf man sich mit der »falschen« Fahne nicht den Ultras nähern.

Ehre war ursprünglich ein Kurzwort für die »Würde der Seele«. Sie war unverletzlich, nichts konnte ihr etwas anhaben. Tatsächlich, nichts *kann* ihr etwas anhaben.

Heute habt ihr aber die Bedeutung auf den Kopf gestellt und in etwas verwandelt, das heißer Luft näherkommt als einer guten Sache von Wert und Dauer. Fast alles, was ihr heute tut, um irgendeine »Ehre« zu verteidigen oder gar zu »retten«, ist in Wahrheit identisch mit einem Angriff auf die Würde der Seele. Eure Lexika definieren heute »Ehre« tatsächlich als »sozialen Zwang«. Das ist korrekt. Ihr habt die echte Würde der Seele in eine Klammer, eine Fessel verwandelt, bei der es tausendmal wichtiger ist, was andere über euch denken, als das, was ihr über euch selbst denkt.

Um mich kurz zu fassen, »Ehre« ist bei euch eine völlig willkürliche Gedankenkonstruktion, die ihr euch überstülpen lasst wie eine Zwangsjacke. Was eure Flüchtlinge und Immigranten an Ehrbegriffen mitbringen, verstärkt das natürlich noch.

Wie man dem entrinnen kann? Indem man ein wenig über die Sätze eines meiner Freunde nachdenkt, der es kürzlich so formuliert hat: »Meine Ehre? Und heißt mich jemand den größten Trottel auf Erden, wäre ich niemals in meiner Ehre verletzt. Es gäbe dann nämlich nur zwei Möglichkeiten: Er hat nicht recht, dann habe ich keinen Grund, mich aufzuregen. Oder er hat recht, dann muss ich ihm dankbar sein, weil ich einen Fehler gemacht habe und daraus lernen kann.« Amen.

Das erinnert mich an ein Wort von Gandhi: »Bist du im Recht, kannst du dir leisten, Ruhe zu bewahren. Bist du im Unrecht, kannst du dir nicht leisten, sie zu verlieren.«

Ja, mein Lieber, nichts Neues unter der Sonne. Ihr wisst alles, ihr habt alles schon gehört, jetzt müsst ihr es auch anwenden …

Da fällt mir ein und es wird sicherlich auch viele Leser interessieren, wie steht es mit dem Gebot: »Du sollst Vater und Mutter *ehren*«?

DEVIL-HACK!

Das Leben an sich ist niemals etwas,
es ist immer nur der günstige Augenblick
zu etwas.
(Friedrich Hebbel)

Jaja, ich habe mich jahrtausendelang darum bemüht, dass ihr etwas ignoriert, nämlich den Zusatz »... wenn sie der Ehre wert sind.« Und ihr habt auch mit meiner Hilfe völlig aus den Augen verloren, dass der freie Wille die Freiheit verleiht, dir deine wahre Familie hier auf der Erde selbst zu suchen. Leibliche Eltern sind manchmal nichts anderes als ein großer Test für deine Fähigkeit, aus dem Weg zu räumen, was dich von deiner wahren Berufung abhält.

»... wenn sie der Ehre wert sind.« – Ich wünschte mir, diese Wahrheit würden sich mehr Menschen vor Augen halten und es wagen, nach ihr zu leben. Aber da führe ich beinahe ein Selbstgespräch.

Echte Harmonie in der Familie ist ein großer Segen. Aber zu meinen Aufgaben gehörte es zu verschleiern, dass die leibliche Verwandtschaft – ob als Vater oder Sohn, als Mutter oder Tochter und so weiter – niemals automatisch zu etwas *berechtigt!* Leibliche Verwandtschaftsverhältnisse zu pflegen ist wichtig, aber nicht in der Weise, in der ihr es gelernt habt. Sie sind keine feste Burg, sie berechtigen zu nichts, Elternliebe und Kinderliebe, da ist ganz und gar nichts »selbstverständlich«, nichts genetisch verankert.

Viele Seelen haben im aktuellen Leben genau jene Eltern, Kinder, Geschwister gewählt, um den richtigen Umgang mit ihnen zu lernen, um die Beziehungen zu gestalten als Herausforderung, um das Richtige, das Menschliche, das für alle Beteiligten Liebevolle und Positive zu tun. In manchen Fällen ist das aber erst dann möglich, wenn man endlich erkannt hat, dass die *wahren* Brüder und Schwestern, die *wahren* Eltern und Kinder manchmal ganz woanders leben.

Starker Tobak. Wenn sich das herumspricht, werden viele Menschen sehr schnell sehr einsam sein. Und viele andere werden sich endlich auf den Weg machen können, ihr wahres Glück zu suchen. Befreit von Denk- und Verhaltenstabus. Also: Was können wir tun, um uns dem Einfluss zu entziehen, den du in die Welt gebracht hast? Wie kann ich meinen Mitmenschen helfen? Was ist der Devil-Hack gegen dich schlechthin?

Das erfolgreichste Gegenmittel gegen mich gebe ich euch jetzt in die Hand. Es lautet:

Erkenne den Teufel im Alltag
und ignoriere ihn dann bewusst
und mit voller Absicht und Entschiedenheit.

Mich zu bekämpfen ist der sicherste Weg, um mich stärker zu machen. Wohin du deine Aufmerksamkeit richtest, dieser Sache, diesem Menschen oder dieser Situation gibst du Kraft und hältst die Dinge am Leben. Deshalb haben Revolutionen fast nie eine Verbesserung der Verhältnisse zur Folge. Das Bekämpfte bezieht seine Existenzberechtigung aus der Energie des Gegners.

Ich weiß, dass dieser Zusammenhang für euch schwer zu verstehen ist, aber das ändert nichts an seiner Gültigkeit. Was ihr bekämpft, das stärkt ihr. Wenn sich deine Gedanken immer um den Gegner drehen, gibst du dem Gegner unaufhörlich Kraft und Existenzberechtigung.

DEVIL-HACK!

Ich danke Buddy, dass er mir das Glück gegönnt hat, ihn als den Schlüssel zu unserer wahren Glückseligkeit kennenzulernen. Ich lege mich nie zu Bett, ohne zu bedenken, dass ich vielleicht (so jung ich bin) den anderen Tag nicht mehr sein werde. Und es wird doch kein Mensch von allen, die mich kennen, sagen können, dass ich im Umgang mürrisch oder traurig wäre. Und für diese Glückseligkeit danke ich alle Tage und wünsche sie von Herzen jedem meiner Mitmenschen.

(Mozart, Brief an seinen Vater 1787)

Wenn du aufgewacht bist und klar erkennst: »Die Situation, in die ich hineingeboren bin, die Familie, die Religion, das Drehbuch, das andere für mich geschrieben haben, das bin nicht ich!« Wenn du deine Augen so weit geöffnet hast, dann darfst du keine Zeit verschwenden mit Rechtfertigungen für dein Fernweh, sondern du solltest dir Flügel wachsen lassen. Das Diskutieren mit Gefängniswärtern öffnet nicht die Tore des Gefängnisses.

Wir haben schon beim Thema Terrorismus darüber gesprochen. Noch ein letzter Devil-Hack, bitte? Was kann die Welt als Erste-Hilfe-Maßnahmen tun, um der Katastrophe zu entgehen?

Eine kleine Checkliste, meinst du? Diese Liste ist natürlich länger, wie alle Leserinnen und Leser wissen, die es bis hierher geschafft haben, aber für den Anfang wäre es super, wenn ihr folgendes tut:

* *Wie schon gesagt: Eure Kinder verpflichten, nach der Schule ein ganzes Jahr lang um die Welt zu reisen. Zu Fuß oder mit dem Fahrrad. Eine Infrastruktur dafür schaffen, Jugendherbergen überall; überall die Möglichkeit, für einige Zeit zu arbeiten, Tagebuch zu führen, Zuhören zu lernen, Brücken zwischen allen Menschen, allen Schichten, allen Herkünften zu bauen. Die Generation, die damit beginnt, ist die Generation, die euch vor euch selbst rettet.*

* *Kostenwahrheit einführen, statt die Selbstvergiftung mit eurem eigenen Geld zu subventionieren! Dann wären beispielsweise Bio-Lebensmittel sehr viel billiger als der normale Schrott, den ihr esst. Holz wäre sehr viel günstiger als Kohle und Erdöl. Erneuerbare Energie wäre rentabel. Kostenwahrheit würde die Zerstörung der Erde stoppen.*

* *Wasser- und Stromversorgung müsst ihr verstaatlichen, denn das bedeutet nur, es in eure Hände zurückzugeben, statt euch von einigen wenigen ausbeuten zu lassen. Den öffentlichen Verkehr verstaatlichen und kostenlos machen. Ihr könntet es euch leisten.*

* *Ein Zehntel aller Militärausgaben an jene Länder geben, die euch jetzt die Flüchtlinge schicken, und den Einsatz dieses Geldes genau kontrollieren. Niemand müsste von dort mehr fliehen. Hilfe zur Selbsthilfe.*

* *Und noch die Kleinigkeit, über die wir eben sprachen: Niemand darf im Internet anonym seine Meinung sagen oder sich in irgendeiner Weise anonym äußern. Jeder darf nur etwas sagen, wenn man erkennen kann, wer er ist. Ihr müsst den Hass austrocknen.*

Mehr als diese einfachen Maßnahmen wären für den Anfang nicht nötig. Die Welt würde sich innerhalb weniger Jahrzehnte in ein Paradies für alle verwandeln.

DEVIL-HACK!

Frieden zieht in die Seelen der Menschen ein, Buddy ist wirklich und wir können ihn noch in diesem Leben finden. Aus dem Herzen der Menschen steigen viele Gebete empor: um Geld, Ruhm, Gesundheit und alle möglichen anderen Dinge. Doch das eindringlichste Gebet jedes Herzens sollte Buddys Gegenwart gelten. Ganz unmerklich, aber sicher, werdet ihr von selbst zu der Erkenntnis gelangen, dass Buddy der einzige Wunschgegenstand, das einzige Ziel ist, das euch befriedigen kann; denn in Buddy liegt die Erfüllung aller Herzenswünsche. Eure Seele ist ein Tempel Buddys, und die Dunkelheit menschlicher Unwissenheit und irdischer Begrenzung muss aus diesem Tempel vertrieben werden. Es ist wunderbar, ganz im Bewusstsein der Seele zu ruhen – stark und gefestigt! Fürchtet euch vor nichts! Hasst niemanden, schenkt allen eure Liebe, fühlt Buddys Liebe, schaut ihn in jedem Menschen und wünscht euch nichts anderes, als dass er ständig im Tempel eures Bewusstseins wohnt; das ist die richtige Weise, in dieser Welt zu leben.

(Yogananda)

Es klingt zu schön, um wahr zu sein … Nur kurz noch, was verstehst du genau unter »Kostenwahrheit«? Ich weiß es zwar, aber ich möchte deine Sicht hören.

Betrachte irgendein Produkt, irgendeine menschliche Leistung und stell dir vor, dass auf dem Weg zu ihrer Realisierung alle Beteiligten einen guten Lohn für ihre Mühe empfangen haben. Ein Lohn, der es ihnen ermöglicht, ein menschenwürdiges Leben zu führen und eine Familie zu ernähren. Dass auch ihre Arbeitsbedingungen menschenwürdig waren, bei geschützter Gesundheit. Dass alle Kosten der Beseitigung aller Umweltlasten und Gesundheitsschäden entlang des Produktionsprozesses und der späteren Entsorgung im Preis des Produkts enthalten sind. Dass im Handel mit Produkt oder Dienstleistung ein für alle Beteiligten fairer Preis erzielt wird. Würdet ihr mit Kostenwahrheit wirtschaften, wäre die Erde ein Paradies.

Und ein Fast Food Hamburger würde das Zehnfache kosten …?

Ohne Zweifel. Kostenwahrheit würde euch vor euch selbst retten. Leider hat sich das noch nicht bei euren Wirtschaftsexperten herumgesprochen, wie du weißt.

Vor uns selbst retten … Unsere freie Marktwirtschaft ist also …

… befreiend nur für einen kleinen Prozentsatz von euch.

Das ist ja wohl die beste Kapitalismus-Kritik, die man sich denken kann. Gut, was aber ist also unsere eigentliche Aufgabe als Mensch, von der du uns so akribisch ablenken und abhalten wolltest? Was hat Buddy mit uns vor? Könntest du es in einfachen Worten für meine Leserinnen und Leser sagen?

Buddy möchte das Versteckspiel, das sie selbst mit jedem von euch begonnen hat, immer wieder auch einmal beenden. Sie möchte euch finden, sie möchte gefunden werden. Und dann werden alle miteinander in fröhliches Lachen ausbrechen, weil es so viel Spaß gemacht hat und so interessant war, nach all den Abenteuern und Erfahrungen. Noch einmal, auch wenn fast alles dagegenspricht: Der Sinn des Lebens besteht darin:

Die Liebe kennenzulernen, sie zu geben und zu empfangen
und sich daran zu freuen – an der Liebe und am Leben.
Zu verschönern und verbessern, womit du in Berührung kommst.
Unaufhörlich zu lernen, was es zu lernen gibt,
und das Gelernte mit Freude weiterzugeben.

Das wäre der Sinn des Lebens, nicht mehr und nicht weniger.

Der Weg dorthin – anfangs das Wagnis, dann die Einsicht, dann das unmittelbare Erfahren dieser Wahrheit –, dieser Weg ist zu allen Zeiten im Alltag nicht leicht erkennbar. Nicht an diesen Sinn zu glauben scheint leichter, plausibler und manchmal sogar angenehmer, als an ihm festzuhalten und ihn zum Leitstern des eigenen Lebens zu machen. Das allerdings ist schon die erste große Prüfung auf diesem Weg.

Wer erkennt, dass er freien Willen besitzt und freie Entscheidung, hat sie fast schon bestanden.

Plötzlich fällt mir ein: Ich muss ein Flugzeug erreichen! Mein Blick sucht die große Uhr über der Bar, das Gespräch hat sicher Stunden gedauert, aber sie zeigt 3 Uhr 35 – mein Boarding hat gerade begonnen, es ist genug Zeit. Ich drehe mich zu Fred um, aber er ist verschwunden.

»Welcher Herr?«, entgegnet der schläfrige Barkeeper, als ich ihn nach Fred frage. Er habe niemanden gesehen, ich sei sein einziger Gast, seit einer halben Stunde...

Automatisch berühre ich den Sitz, auf dem Fred eben noch saß. Er ist warm....

Ich stehe auf, packe noch mein kleines Notizbuch ein und mein Handy mit der Aufzeichnung – und habe eine neue Aufgabe.

Freds Wegweiser

Als ich das Manuskript zu diesem Buch schon fertiggestellt hatte, bekam ich einen Brief ohne Absender mit einer Botschaft von Fred:

Mein Lieber, wir sprachen ja darüber: Ihr Menschen neigt dazu, fast jede Tätigkeit in eine Gewohnheit zu verwandeln. Ich bin kurz über meinen Schatten gesprungen und habe noch schnell ein kleines Inhaltsverzeichnis angefertigt, um euren »Lesegewohnheiten« entgegenzukommen. Ich bitte nur deine Leserinnen und Leser, beim Nachschlagen eines Themas die anderen nicht zu vernachlässigen. Wir haben eine Mission!

Wer bin ich, dass ich mich mit Fred über solche Dinge herumstreite, also habe ich hier die Aufstellung kommentarlos angefügt.

Liebe Leserin, lieber Leser,

Du hast eine Frage an Fred?

<u>AskFred@a1.net</u>

Ob er sie auch beantwortet,

ist mir nicht bekannt.

Über den Autor

Thomas Poppe veröffentlichte 1991 zusammen mit Johanna Paungger den Klassiker »Vom richtigen Zeitpunkt« über die Einflüsse der Mondrhythmen auf den Alltag. Zahlreiche weitere Bücher des Autorenduos folgten, die eine Renaissance des Gesundheitsbewusstseins einläuteten und eine Unmenge praktischer Tipps für den Lebensalltag bereitstellen. Außerdem haben sie ein umfangreiches Kalenderprogramm entwickelt, das Tag für Tag die Erkenntnisse des Mondwissens praktisch umsetzt.

Mit seinen Büchern möchte Thomas Poppe allen Lesern brauchbare Werkzeuge in die Hand geben, um eine bessere Welt zu schaffen. So auch mit seinem neuen Werk, »Espresso mit dem Teufel«, in dem er tiefe Einsichten in die wichtigen Dinge des Lebens gewährt.